ÉTICA:
PESQUISA E PRÁTICAS COM CRIANÇAS NA EDUCAÇÃO INFANTIL

SONIA KRAMER
ALEXANDRA PENA
MARIA LEONOR P.B. TOLEDO
SILVIA NÉLI FALCÃO BARBOSA
(ORGS.)

ÉTICA:
PESQUISA E PRÁTICAS COM CRIANÇAS NA EDUCAÇÃO INFANTIL

PAPIRUS EDITORA

Capa | Fernando Cornacchia
Coordenação | Ana Carolina Freitas
Copidesque | Isabel Petronilha Costa
Diagramação | DPG Editora
Revisão | Anna Carolina G. de Souza

Dados Internacionais de Catalogação na Publicação (CIP)
(Câmara Brasileira do Livro, SP, Brasil)

Ética: Pesquisa e práticas com crianças na educação infantil/Sonia Kramer... [et al.]. – Campinas, SP: Papirus, 2019.

Outros organizadores: Alexandra Pena, Maria Leonor P.B Toledo, Silvia Néli Falcão Barbosa
Bibliografia.
ISBN 978-85-449-0327-8

1. Educação infantil – Metodologia 2. Ética (Educação infantil) 3. Pedagogia 4. Pesquisa educacional 5. Prática de ensino 6. Professores – Formação profissional I. Kramer, Sonia. II. Pena, Alexandra. III. Toledo, Maria Leonor P.B. IV. Barbosa, Silvia Néli Falcão.

19-26804 CDD-372.21

Índices para catálogo sistemático:

1. Educação infantil 372.21

Iolanda Rodrigues Biode – Bibliotecária – CRB-8/10014

1ª Edição – 2019

Exceto no caso de citações, a grafia deste livro está atualizada segundo o Acordo Ortográfico da Língua Portuguesa adotado no Brasil a partir de 2009.

R. Barata Ribeiro, 79, sala 316 – CEP 13023-030 – Vila Itapura
Fone/fax: (19) 3790-1300 – Campinas – São Paulo – Brasil
E-mail: editora@papirus.com.br – www.papirus.com.br

SUMÁRIO

AS CRIANÇAS

FORMAÇÃO E PESQUISA

PREFÁCIO

Em vários campos do conhecimento e da vida acadêmica, raros são os grupos de pesquisa que hoje completam 25 anos, como o grupo de pesquisa Infância, Formação e Cultura (Infoc) da PUC-Rio. Vinte e cinco anos é também o tempo que me une a uma das coordenadoras do grupo e organizadora deste livro: Sonia Kramer. É um nome que dispensa apresentação, referência na área da educação. Para minha alegria, muito do que hoje se apresenta em minha trajetória se deve à possibilidade de um diálogo não apenas profissional, mas também pessoal com Sonia. O convívio de 25 anos é tecido por inúmeras experiências, no sentido defendido por Walter Benjamin, que também com Sonia aprendi. E nas experiências foi-se construindo uma amizade perpassada pelo carinho e pelo respeito.

Com a professora-pesquisadora Sonia Kramer também aprendi a compreender teoricamente a infância, as práticas desenvolvidas com as crianças nas instituições de educação infantil e nos espaços de educação não formal, a priorizar a ética na pesquisa e nas práticas com as crianças – foco deste livro.

Portanto, quando recebi o convite para escrever o Prefácio desta obra, em meio à satisfação, parecia-me tarefa fácil, pois, além de um caminho trilhado com Sonia, conheço bem as professoras Alexandra

Pena, Maria Leonor Toledo e Silvia Barbosa – que já há muitos anos são amigas, igualmente queridas, além de profissionais e pesquisadoras brilhantes. Também conheço cada um dos autores: alunos, ex-alunos, companheiros de luta, também amigos. Mas, e talvez por todos esses laços, a empreitada se tornou difícil, pois tive receio de não dar conta de apresentar a riqueza das narrativas, dos trabalhos, das reflexões que compõem este livro. Contudo, ao ler a Apresentação, o Sumário e os capítulos, compreendi que poderia apenas fazer um convite ao leitor para mergulhar na leitura da obra.

O livro proporciona ao leitor acesso a resultados de dissertações e teses realizadas nos últimos dez anos no âmbito do Infoc, e está organizado em três eixos: as práticas; as crianças; a pesquisa e a formação. Já na Apresentação é possível constatar a qualidade do material que se tem em mãos: as organizadoras esclarecem que pretendem devolver o que aprenderam e "partilhar as perguntas que a observação e a escuta suscitaram". Estas são tarefas imprescindíveis: precisamos manter o compromisso ético com a divulgação dos resultados de estudos e pesquisas e partilhar nossas perguntas, como caminho para continuar questionando, refletindo, pesquisando.

O direito à educação infantil foi assegurado pela Constituição de 1988. Mas como nossas crianças têm sido atendidas nas instituições de educação infantil? Que práticas têm sido desenvolvidas nesses espaços? Um acentuado comprometimento está presente nos textos e nas investigações aqui apresentados, tanto relacionados à educação das crianças quanto à ética na pesquisa. Os autores demonstram que é possível (e necessário!) o exercício de escuta e observação na pesquisa com crianças: ao longo dos estudos, esses sujeitos são efetivamente ouvidos e estão no centro da cena. O leitor terá a oportunidade de conhecer várias crianças, como Maira, de 9 anos, que fez a seguinte declaração: "Acho que eu vou querer ser pesquisadora... Ainda não sei o que eu vou pesquisar".

A seriedade com que o Infoc conduz as pesquisas merece não apenas o reconhecimento, mas o agradecimento pela oportunidade de, além de deixar conhecer os trabalhos desenvolvidos pela equipe, igualmente denunciar práticas. O livro aponta, portanto, para a necessidade de assumir a responsabilidade ética no processo de fazer pesquisa.

Num momento em que a ética em vários campos tem sido questionada, ter um livro que aborda a educação infantil na perspectiva da ética na pesquisa e nas práticas com crianças configura-se em material valioso para aqueles que se interessam não apenas pela educação das crianças, mas por um país em que a ética seja, de fato, o fio condutor das ações e práticas desenvolvidas em todo e qualquer âmbito.

Ainda com relação ao processo de escrita deste Prefácio, mais um dos elos que me unem a Sonia Kramer me conduziram ao nosso amigo-professor Marcelo Andrade, filósofo e doutor em Educação, defensor da tolerância como mínimo ético nas relações interpessoais. É nossa (e de todos que tiveram a alegria de com ele conviver) a saudade daquele que tão cedo nos deixou. Marcelo ficaria feliz ao ler este livro. Em cada texto, a preocupação com a educação das crianças *caminha com* e é orientada *pela* ética – temática cara ao professor-pesquisador que lutou pela tolerância, pelos mínimos éticos, pela preservação dos direitos.

A obra que agora chega às mãos do leitor é um convite não só para pensar sobre os direitos das crianças a uma educação de qualidade, mas a todos que compreendem a ética como um saber que pretende orientar as ações humanas.

Tentando entender o mundo, as práticas e as atitudes humanas, é possível dizer que o pesquisador, assim como as crianças, tem *mania de explicação*. Uma mania relatada em livros, vídeos e várias mídias. Mas, nessa tentativa de explicação e explicitação do mundo, o pesquisador precisa assumir seu compromisso ético perante o sujeito pesquisado. Esse aspecto é adotado em todas as investigações aqui apresentadas. Em um dos estudos, a pesquisadora conversa com as crianças sobre o que é uma pesquisa, e uma delas menciona, de modo simples, o quanto *pesquisar é fazer da pesquisa uma questão para o outro*. A ética não é e não pode ser neutra. Este livro foi, então, feito para você, leitor. Desfrute da leitura!

Cristina Carvalho

Doutora em Educação pela PUC-Rio, onde atua como professora, vice-decana de graduação do Centro de Teologia e Ciências Humanas (CTCH), coordenadora do curso de especialização em Educação Infantil e do Grupo de Estudo e Pesquisa em Educação, Museu, Cultura e Infância (Gepemci).

APRESENTAÇÃO

Sem dúvida, esta vida frágil entre o nascimento e a morte pode significar uma realização: quando é um diálogo. Vivendo pelo diálogo, nós somos interpelados; pensando, falando, fazendo, produzindo, exercendo, podemos nos tornar respondentes.
Martin Buber (2004, p. 21)

É na aposta ou na certeza de que a relação educativa é dialógica, que se constrói por laços de reciprocidade, fundados na experiência ética que inclui o outro (Buber 2004), que chegamos aos 25 anos do grupo de pesquisa Infância, Formação e Cultura (Infoc). Fazer da pesquisa um lugar que assume a responsabilidade política e ética sobre o conhecimento produzido envolve o sinuoso fio que une teoria e prática. Essa relação está presente nos inúmeros projetos, publicações, teses e dissertações que tiveram origem nos estudos realizados no âmbito do Infoc ao longo desses 25 anos, envolvendo temas da formação de professores, das histórias de vida, da leitura e da escrita e das interações e práticas de crianças e adultos, visando contribuir para enfrentar desafios relativos à qualidade das práticas de educação infantil e das políticas públicas de infância e formação.[1] Por isso, mais uma vez, a celebração é acima de tudo marcada pelo compromisso com a divulgação dos resultados dos nossos estudos e pesquisas.

Do ponto de vista teórico-metodológico, o enfrentamento dessas questões acontece no campo dos estudos da linguagem e estudos culturais e filosóficos, tendo como principais referências Mikhail Bakhtin, por sua compreensão da linguagem fundamentada na história e na sociologia; Lev Vygotsky, por sua psicologia fundada na história e na sociologia; Walter Benjamin, por sua concepção de infância na cultura contemporânea e Martin Buber, por sua filosofia antropológica que permite pensar o reconhecimento do outro e de sua alteridade como engajamento responsável e diálogo. O estudo desses teóricos e as contribuições da antropologia e da sociologia da infância têm favorecido a construção de um conhecimento denso, sensível e ético, tanto para compreender crianças e adultos e suas interações no mundo contemporâneo, quanto para tecer proposições para as políticas educacionais e para a formação de profissionais que atuam especialmente na educação das crianças de zero a dez anos que frequentam instituições de educação infantil e séries iniciais do ensino fundamental.

Nesse sentido, este livro tem como centralidade a discussão do tema da ética no campo da educação e em especial da educação infantil. Pensar a ética para além das questões burocráticas coloca o pesquisador diante da responsabilidade em cada etapa do processo de pesquisa, desde a entrada no campo à devolução dos resultados. Nas pesquisas com crianças, a ética também se faz presente na perspectiva da qualidade das práticas: o compromisso do pesquisador é com as crianças.

Os eixos que compõem a obra abordam a educação infantil em suas diferentes dimensões – espaços, relações entre crianças e entre crianças e adultos, práticas pedagógicas, formação de professores,

---

1. A história dessa trajetória encontra-se na apresentação do livro organizado por Kramer, Nunes e Carvalho (2013), uma publicação que celebrou e marcou na época os 20 anos do Infoc.

currículo, avaliação –, tendo como fio condutor o tema do engajamento responsável e do compromisso com o outro. Nessa perspectiva, esta publicação também é um compromisso ético de devolução dos resultados de dissertações e teses realizadas no âmbito do grupo de pesquisa Infoc nos últimos dez anos, e está organizada em três eixos: as práticas; as crianças; formação e pesquisa.

No primeiro eixo, quatro capítulos procuram conhecer as práticas oferecidas às crianças e analisá-las quanto à pertinência e à qualidade, em aspectos que vão dos espaços e acervos à avaliação da criança e sua escuta como sujeito de pesquisa.

"Pátios de escolas de educação infantil: A dimensão ética das políticas", de Maria Leonor P.B. Toledo, estende a lente sobre pátios de nove instituições de educação infantil, procurando compreender como configuram diferentes cenários para as interações, levando especialmente em conta os vestígios sobre como são utilizados pelas crianças e pelos adultos que ali circulam. Trata-se de um convite para pensar sobre os direitos das crianças a uma educação de qualidade e a olhar os espaços da escola, para além de suas características físicas, como lugar privilegiado de interações e de vida.

"Avaliação na educação infantil como compromisso ético: O que se espera que as crianças aprendam?", de Marina Castro e Souza, reflete sobre o tema da avaliação na creche, que vem ganhando visibilidade diante da ampliação do acesso das crianças à educação infantil. Fundamentada em Bakhtin, a investigação permite pensar a avaliação como arena de disputas de concepções – uma prática social que deve ser compreendida em sua historicidade.

"A pesquisa também é das crianças: O retorno ao campo como resposta responsável", de Gabriela Scramingnon, apresenta a experiência de retorno ao campo para a devolução dos resultados de uma pesquisa com crianças de seis a dez anos, que teve como objetivo conhecer o que elas falam da experiência de ser criança no mundo contemporâneo e de como se dão suas relações com os adultos.

A delicadeza de "Bebês e livros: A relação como princípio", capítulo de Nazareth Salutto, no diálogo com Martin Buber e Donald

Winnicott, tece de maneira densa a sutil relação que os bebês estabelecem com o mundo à sua volta. Nas muitas faces do trabalho institucional com os bebês, seja no encontro cotidiano com os livros ou em qualquer outro momento, o capítulo aponta para a necessidade de adultos que assumam uma prática respeitosa e acolhedora, marcada pela sutil arte de apoiar o bebê na complexa trama de forjar sua subjetividade ao mesmo tempo em que experimenta com alegria as surpresas do mundo.

O segundo eixo apresenta três capítulos, com as crianças no centro da cena, trazendo suas perspectivas sobre ser criança, sobre espaço, sobre currículo e sobre as relações estabelecidas entre seus pares e com os adultos em instituições de educação infantil. As reflexões apontam para a postura ética que envolve a escuta das crianças e os sentidos que elas produzem para esse cotidiano.

"'Isso é o que eu não sei responder': O currículo nas palavras das crianças", de Marta Maia, dá visibilidade ao que pensam as crianças sobre o currículo das escolas de educação infantil. Dialogando com Mikhail Bakhtin, Walter Benjamin, Manuel Sarmento e Jens Qvortrup, a autora problematiza o currículo pautado na sucessão de datas comemorativas a partir dos sentidos construídos pelas crianças sobre o que lhes é proposto.

"Conhecer os espaços com as crianças: Escuta como postura ética", de Liana Garcia Castro, traz as narrativas das crianças a fim de compreender seus olhares e perspectivas a respeito do que veem e registram do espaço que frequentam e onde vivem cotidianamente. Na interlocução com a psicologia histórico-cultural e com a sociologia da infância, a autora convoca o leitor a considerar as crianças e suas possibilidades de ações nos espaços escolares para construir, em diálogo com os adultos, compreensões e saídas para os problemas.

"'Gostaram da história? Muito bem!': Ser criança e ser aluno na educação infantil", capítulo de Anelise Monteiro do Nascimento, discute o impacto da escolarização na experiência de infância de crianças da educação infantil. Construído especialmente no diálogo com Walter Benjamin e autores do campo da sociologia da infância, o texto assume a infância como categoria que tem a escolarização como uma de suas marcas, apontando como a criança, nesse espaço que lhe é imposto, vai construindo o ofício de criança e o ofício de aluno no processo de reprodução interpretativa e na sua cultura de pares.

Já os capítulos do terceiro eixo abordam as formas de fazer pesquisa com adultos e crianças – discutindo as especificidades da pesquisa com crianças – e suas contribuições para a formação inicial e continuada de professores de educação infantil, destacando o debate sobre diálogo, alteridade e ética.

"Diálogo, encontro e agir ético: A contribuição das histórias de vida para a formação de professores", de Alexandra Pena, discute o tema da formação de professores. A partir das narrativas de dez educadoras, tecidas com as contribuições de Mikhail Bakhtin, Paulo Freire e Martin Buber, a autora defende uma formação que considere a inteireza de cada sujeito e se configure como relação dialógica entre o conhecimento intelectual e o conhecimento de si.

O capítulo "'Deixa eu escrever meu nome aí?': O assentimento como estratégia ética e metodológica na pesquisa com crianças", de Silvia Néli Falcão Barbosa, discute o lugar da criança como sujeito da pesquisa e suas implicações éticas. Fundamentado em Walter Benjamin e Mikhail Bakhtin, o artigo é um convite para pensar uma metodologia da pesquisa que considere o lugar de alteridade que as crianças ocupam nesse processo, que não pode ignorar seu modo peculiar e intenso de olhar e significar o mundo à sua volta.

"Uma leitura ética da política de educação infantil sobre os direitos das crianças", de Maria Fernanda Rezende Nunes, apresenta uma releitura de pesquisas produzidas no contexto de uma parceria institucional entre grupos de pesquisa sobre os direitos das crianças. Os grupos de pesquisa congregam graduandos e pós-graduandos que se aventuram na difícil arte de pesquisar a educação infantil, a formação de professores, a infância e a cultura.

Pensar a formação do professor e do pesquisador é o objetivo do capítulo "Aprender a ser: O encontro do *Eu pesquisador* e do *Eu professor* na pesquisa com histórias de vida", de Alexandra Pena, Amanda da Silva, Pedro Lontra e Rafaela Trugilho. Compartilhando dúvidas e inquietações, os autores problematizam a teoria produzida sobre a pesquisa em ciências humanas a partir da metodologia das histórias de vida.

"Des/acertos, silêncios e conflitos éticos: O que você faz com os resultados da sua pesquisa?", de Sonia Kramer, discute as questões éticas envolvidas na pesquisa em geral e em particular na pesquisa com crianças, mostrando que esse é um processo que implica as necessidades das instituições e os limites do pesquisador. Das questões que envolvem a autorização para a entrada no campo à devolução dos resultados da pesquisa, o capítulo debate o lugar da pesquisa no cenário atual, enfatizando que a ética do pesquisador deve prevalecer sobre exigências burocráticas de sistemas e instituições na entrada, no processo da pesquisa e na saída.

Vale dizer ainda que a pesquisa se apropriou, para a análise do material empírico, do conceito de evento proposto por Kramer (2009, p. 21):

> No âmbito da sociologia da infância, Corsaro (1985) define eventos de interação na educação infantil como sequências de ações compartilhadas que começam com o conhecimento da presença de dois ou mais atores que se relacionam em alguma área e suas tentativas abertas de chegar a um sentido comum. (...) A partir da concepção de linguagem de Bakhtin, trabalhamos com o evento no sentido de acontecimento discursivo.

Assim formulado, o conceito de evento se aproxima da noção de reciprocidade em Buber, baseado na presença de integrantes do evento da relação.

Por fim, cabe agradecer. O presente trabalho só pôde ser realizado graças a creches, pré-escolas e escolas, professores/as, funcionários/as e profissionais de gestão que nos abriram portas, se deixaram ver, ouvir, fotografar, que nos contaram histórias. A todos/as nosso sincero agradecimento. Este livro é uma maneira de – assim o entendemos – devolver o que aprendemos e partilhar as perguntas que a observação e a escuta suscitaram.

Referências bibliográficas

BUBER, M. (2004). *El camino del ser humano y otros escritos.* Salamanca: Kadmos.

KRAMER, S. (org.) (2009). *Retratos de um desafio: Crianças e adultos na educação infantil.* São Paulo: Ática.

KRAMER, S.; NUNES, M.F. e CARVALHO, M.C. (orgs.) (2013). *Educação infantil: Formação e responsabilidade.* Campinas: Papirus.

AS PRÁTICAS

1
PÁTIOS DE ESCOLAS DE EDUCAÇÃO INFANTIL: A DIMENSÃO ÉTICA DAS POLÍTICAS[1]

Maria Leonor P.B. Toledo

O Espaço

Não há espaços iguais

o espaço
entre o núcleo
do átomo
e os eléctrons
nada tem a ver
com o espaço
entre o sol
e os planetas
nem com o espaço
entre
minha mesa de jantar
e as paredes em volta

1. Uma versão deste capítulo foi publicada na revista *Educação e Pesquisa* em novembro de 2016.

não há espaço vazio
cada espaço
é feito
dos corpos que estão
nele
que o deformam e o formam
é feito
de suas energias
e cargas elétricas
ou afetos
Ferreira Gullar (2010, p. 90)

Com delicadeza, Ferreira Gullar nos leva a perceber que espaço e ambiente não são sinônimos. O espaço, dimensão material, tangível, concreta, torna-se ambiente na medida em que a vida ali acontece, em múltiplas interações (Lima 1989).

Este capítulo apresenta os resultados de uma pesquisa de doutorado sobre pátios de escolas públicas de educação infantil no estado do Rio de Janeiro (Toledo 2014). A pesquisa focalizou os pátios em sua dimensão material, sem deixar de considerá-los ambientes. Procurou compreender como configuram diferentes cenários para as interações, ou seja: considera não apenas o aparente e o exposto de suas características físicas, mas também os vestígios que falam de quem circula e como circula por eles. Foram objetivos da pesquisa: (i) conhecer as características físicas dos pátios em sua multiplicidade de aspectos, articulando-os às concepções de infância, conhecimento e relação entre ser humano e natureza; (ii) conhecer como os pátios são usados pelas crianças e pelos adultos; e (iii) delinear os aspectos de aproximação e distanciamento entre as situações dos pátios e os documentos orientadores brasileiros.

Os espaços escolares estão diretamente implicados na concretização dos dois desafios enfrentados atualmente pela educação infantil no Brasil: a expansão da cobertura do atendimento e o aumento da qualidade. Em meio a tensões e disputas, a educação infantil brasileira tem caminhado, nas últimas três décadas, no sentido de uma busca pela efetivação dos direitos das crianças. No entanto, na prática, a situação não mudou como desejado desde os estudos de Rosemberg (1999) e Kramer *et al.* (2001). Pesquisas recentes apontam que ainda há uma incongruência entre o atendimento previsto em lei e o realizado pelos municípios: a cobertura do atendimento à educação infantil no país, apesar de estar avançando, continua muito longe de atender à demanda (Nunes, Corsino e Kramer 2011b; Campos *et al.* 2011; Campos 2011).

Apesar dos avanços legais na educação infantil, muitas das diretrizes ainda não estão concretizadas (especialmente no caso das creches). As diferenças regionais e sociais neste Brasil de dimensões continentais afetam o atendimento: tanto o acesso à educação infantil como a qualidade do atendimento estão distribuídos, no âmbito nacional, de forma desigual entre os diferentes segmentos da população brasileira (Campos *et al.* 2011).

Pesquisa publicada em 2011[2] mostra que entre 1999 e 2009 houve, no estado do Rio de Janeiro, um aumento de 13,8% das matrículas na educação infantil. No entanto, tendo como base os números absolutos das matrículas em creche e pré-escola nos censos de 2001 e 2009, percebe-se que houve uma expansão de 75,7% na creche e uma redução de 0,7% na pré-escola. O aumento das matrículas na creche está relacionado à indução do setor público na responsabilidade desse atendimento e à circulação de ideias sobre a importância da educação nos primeiros anos de vida da criança. Em relação à pré-escola, o decréscimo de 0,7% das matrículas deve-se à redução da faixa etária desse segmento, pela

---

2. O grupo de pesquisa Infância, Formação e Cultura (Infoc), coordenado pelas professoras Sonia Kramer (PUC-Rio), Maria Fernanda Rezende Nunes (Unirio e PUC-Rio) e Patrícia Corsino (UFRJ), realizou de 2009 a 2011 a pesquisa "Formação de profissionais da educação infantil no estado do Rio de Janeiro: Um balanço 10 anos depois", que investigou os avanços e desafios para a efetivação do direito das crianças a uma educação de qualidade. Foi realizado um balanço da situação da educação infantil no estado 15 anos após a LDB e 10 anos após a pesquisa realizada em 1999 por esse mesmo grupo. As estratégias metodológicas foram aplicação de questionários (respondidos por 59 municípios) e 23 entrevistas com as coordenações de educação infantil das secretarias municipais de educação (Nunes, Corsino e Kramer 2011a e 2011b).

inclusão das crianças de seis anos, e até menos, no ensino fundamental com nove anos de duração. Considerando as crianças de quatro e cinco anos do estado, a cobertura da pré-escola é de 66%, o que pode significar um número considerável de crianças fora da escola ou cursando indevidamente o ensino fundamental (Nunes, Corsino e Kramer 2011b). Apesar do expressivo aumento percentual na última década, a situação da cobertura de atendimento em creche nos municípios do estado do Rio de Janeiro ainda é alarmante: atinge pouco mais de 16% das crianças de zero a três anos de idade.[3]

É forte a relação entre a expansão da oferta de atendimento à educação infantil e a qualidade dos espaços escolares. Afinal, para aumentar a cobertura do atendimento é preciso dispor de espaço físico. No caso da educação infantil, ainda, o espaço deve ser adequado às necessidades das crianças pequenas.

A estratégia dos municípios de rebaixar a qualidade do atendimento vem sendo utilizada desde a década de 1990 (Lima 1995). No estado do Rio de Janeiro, é grave a situação de inadequação e de más condições dos espaços escolares. A expansão das redes tem ocorrido de diferentes formas, com iniciativas mais efetivas (como a criação de novos espaços para a educação infantil; aquisição de equipamentos e materiais; municipalização de instituições estaduais e comunitárias) ou precárias e emergenciais, dentre elas a diminuição da oferta de horário integral e adoção de horário parcial, inclusive para as crianças pequenas; o não atendimento às crianças menores de dois anos; a prioridade de matrícula para filhos de mães trabalhadoras e para as crianças de quatro e cinco anos ou para os mais velhos; a prioridade para moradores do município e os que residem próximos à instituição; e a contratação de auxiliares/agentes/recreadores para atuar como docentes, sem a formação mínima

3. Embora a partir de 2016 a matrícula das crianças de quatro anos, por ter se tornado obrigatória, possivelmente tenha impactado os dados relativos ao atendimento em creches e pré-escolas, pode-se afirmar que a cobertura do atendimento às crianças pequenas continua muito distante das metas estabelecidas pelo Plano Nacional de Educação e que a situação de inadequação dos espaços escolares se mantém.

exigida por lei, como forma de baratear os custos. Os municípios têm alugado casas, salas e prédios comerciais e aproveitado salas em escolas de ensino fundamental, sem as devidas adaptações à educação infantil. Nesses casos, as turmas de educação infantil são frequentemente alocadas em espaços ruins e separados, em construções anexas à edificação principal, como "puxadinhos".

A inadequação dos espaços escolares se concretiza na falta de área externa, de material didático-pedagógico e na precariedade com que são adaptados às especificidades das crianças pequenas. Tal precariedade interfere no trabalho dos professores e impacta negativamente a qualidade do atendimento oferecido às crianças. A realidade mostra a contradição e a tensão entre a precariedade de alguns espaços e a qualidade desejada, prevista nos documentos orientadores, evidenciando o processo não linear de efetivação dos direitos conquistados legalmente.

Entre os documentos relevantes para a educação infantil, destacam-se as Diretrizes Curriculares Nacionais para a Educação Infantil (Brasil 2009a), os Parâmetros Nacionais de Qualidade para a Educação Infantil (Brasil 2006c), os Critérios para um Atendimento de Qualidade que Respeite os Direitos Fundamentais das Crianças (Campos e Rosemberg 2009) e os Parâmetros Básicos de Infra-estrutura para Instituições de Educação Infantil (Brasil 2006a e 2006b). Neles há referências tanto às características físicas que os espaços escolares de educação infantil devem ter, como aos direitos das crianças relacionados a essas características e ao uso dos espaços. Porém, a efetivação ou não de tais direitos está diretamente vinculada à qualidade desses espaços.

Apesar de os marcos legais garantirem os direitos das crianças e de os documentos orientadores ressaltarem a especificidade da educação infantil, na prática as mudanças alcançadas pelos avanços das políticas de educação ainda estão longe de se concretizarem nos espaços.

Os espaços escolares e suas implicações para a educação das crianças

A pedagogia se faz no espaço. Espaço este que se imagina e se projeta e que, sendo suporte, possibilita uma construção por parte dos que ali circulam: o espaço, então, se transforma em lugar (Frago e Escolano 2001, p. 61).

A escola é espaço institucional, frequentado pelas crianças por horas diárias, anos a fio. As crianças são entendidas como sujeitos históricos, sociais e culturais, que se constituem na interação com o meio do qual fazem parte. Seres humanos são seres de natureza e cultura: não se nasce humano, mas torna-se humano na relação com os outros e com o meio no qual se vive. Desde que nasce, a criança vai sendo inserida no mundo da cultura por aqueles que cuidam dela e com os quais ela convive (Vygotsky 2003). Se os diferentes espaços suscitam diferentes relações das crianças consigo mesmas, com as outras, com os adultos e com o próprio espaço, eles influenciam a constituição da subjetividade das crianças. Frequentar a escola lhes possibilita experimentar um contexto espacial (material e simbólico), social e cultural diferente de seu ambiente primário, a família. A escola deve ampliar o leque de experiências das crianças, consequentemente, dando subsídios à sua atividade criadora. A imaginação depende da riqueza e da diversidade de experiências anteriores do ser humano, pois a experiência é a base para a construção da fantasia. Assim, quanto mais rica for a experiência humana, tanto maior será o material de que dispõe essa imaginação: quanto mais a criança experimentar, mais será capaz de imaginar (Vygotsky 2009).

Os espaços escolares podem e devem oferecer às crianças o que Oswald (2011) chama de educação pela carne, que é o que se aprende pelo fazer, sentir, mexer, ver, ouvir, cheirar e saborear. É o que se aprende com todo o contexto em que se vive:

> A educação que um menino recebe dos objetos, das coisas, da realidade física – em outras palavras, dos fenômenos materiais de sua condição social – torna-o corporalmente aquilo que é e será por

toda a vida. O que é educado é sua carne, como forma de seu espírito. (Pasolini, *apud* Oswald 2011, p. 23)

Lembrando que estética tem origem em estesia – sensação, sensibilidade –, a autora defende uma educação pautada na experiência estética, como aquela que emociona, sensibiliza, mobiliza afeto: "Experimentar algo esteticamente supõe impregnar-se do mundo físico e social pelos sentidos" (Oswald 2011, p. 25).

A escola é espaço estético educativo, lugar privilegiado de investigação dos processos de autonomia e dependência que se produzem *no* espaço e *com* o espaço físico, de modo que as capacidades implícitas ou explícitas que podem ser descobertas nas crianças estão, às vezes, em relação recíproca, direta ou indireta com as possibilidades do espaço físico onde se desenvolvem. A dimensão estética é princípio educativo: as experiências que as crianças vivem nos espaços escolares devem ser experiências estéticas e de prazer. A escola se torna lugar habitado pelas crianças, onde se sentem acolhidas e pertencentes na medida em que seus elementos físicos, sociais e culturais despertam informações, comunicações e vivências pessoais e coletivas. A arquitetura escolar é parte do projeto pedagógico e de sociedade (Hoyuelos 2005).

Impregnados de um discurso e com materialidade que reflete concepções e políticas, os espaços escolares impactam as práticas pedagógicas. Possibilitam umas e inviabilizam outras, mas sempre geram implicações para as relações das crianças com o espaço, consigo mesmas, com as outras crianças e com os adultos. Não somente a metragem ou as características objetivas definem o espaço, mas a forma como ele é experimentado, como se transforma em ambiente de interações e vida (Lima 1989). As crianças, produzidas na cultura e também suas produtoras, estabelecem relações dialógicas com o contexto do qual fazem parte. Elas se apropriam criativamente da cultura do mundo em que vivem e contribuem para a sua produção e transformação (Corsaro 2011). O espaço escolar é palco dessas relações dialógicas. Como espaço de experimentação e descobertas, é coadjuvante no processo de construção de conhecimento (Silva 2006).

Os pátios escolares são espaços com especificidades: amplos, ao ar livre, com organização e elementos diferentes das salas, têm implicações para a forma como crianças e adultos interagem com ele e nele, tanto individual como coletivamente. "Devemos estar convencidos de que nossa vida, nosso organismo, nossa humanidade, nossa cultura, nossos sentimentos estão conectados sempre com a natureza, com o ambiente e com o universo" (Hoyuelos 2005, p. 171). Considerando o tempo de vida que as crianças permanecem na escola, pesquisar os pátios é importante na medida em que estar lá ou não, brincar lá ou não, aprender lá ou não, faz diferença na forma como elas constroem conhecimento e constituem sua subjetividade.

Diálogos teórico-metodológicos com Benjamin

Benjamin (1994, 1995 e 2006) é o principal referencial teórico-metodológico da pesquisa: sua obra contribui para o olhar sobre o campo por múltiplos aspectos, dentre os quais se destaca a visão do todo no fragmento e da singularidade como possibilidade de compreensão da totalidade, o que se relaciona à escrita alegórica. O autor estabelece uma relação entre as alegorias e as ruínas, sendo a primeira do reino dos pensamentos e a segunda do reino das coisas. A escrita alegórica explicita sua visão de que o (aparentemente) insignificante, a singularidade, possibilita o conhecimento do todo, do universal. No século XIX, Benjamin toma as *Passagens* parisienses como núcleo da metrópole moderna, "miniaturas da cidade burguesa tal como ela desejaria ser" (Konder 1988, p. 80), nas quais se evidenciavam as "formas de comportamento marcadas pela mentalidade de lucro e de consumo", tão explícitas atualmente (Bolle 2009, p. 25).

Benjamin escreve sobre espaços considerando tanto suas características físicas quanto aspectos intangíveis, relacionados à impressão estética que tais espaços suscitaram nele. Os movimentos das pessoas, seus hábitos, a incidência da luz, os cheiros, os sons são tão importantes para a sua compreensão quanto os aspectos físicos. Justamente por considerar tais aspectos, Benjamin sabe que os espaços são vivos e mudam conforme as ações das pessoas. Afinal, "não há canto no qual o morador já não tenha deixado seu vestígio" (Benjamin 1995, p. 266).

A pesquisa procurou produzir significados sobre o campo a partir de um olhar benjaminiano: atento ao que estava exposto nos espaços (suas características físicas) como também ao avesso, às dobras (dos lugares, da história), aos vestígios (deixados como marcas dos que ali estiveram) e aos esconderijos (possibilidades percebidas pelas crianças ao atribuírem novos significados aos espaços e objetos).

Trazendo Calvino (1994) e João Cabral de Melo Neto (2008) para o diálogo com Benjamin (1994 e 1995), foi possível perceber que as narrativas dos três autores são fotografias literárias dos lugares e dos personagens por eles descritos, leituras/olhares impregnados de significação. Por isso, a fotografia foi o recurso metodológico escolhido, na medida em que colabora para enriquecer o olhar do pesquisador em suas leituras/narrativas sobre o campo da pesquisa: no diálogo com a imagem, o pesquisador tem a possibilidade de criar novos sentidos, de inventar composições que alterem sua percepção de mundo.

> A imagem construída, forjada, trabalhada, enriquecida com a multiplicidade de experiências e situações captadas do cotidiano em um único enquadramento, recria a realidade, transforma o real, sugere novas possibilidades para o exercício de uma variedade de experiências culturais. (Jobim e Souza 2000, p. 19)

Outra contribuição de Benjamin está na figura do colecionador. Ele escreve sobre a criança desordeira: "Cada pedra que ela encontra, cada flor colhida e cada borboleta capturada já é para ela princípio de uma coleção, e tudo que ela possui, em geral, constitui para ela uma coleção única" (Benjamin 1994, p. 39). Para o autor, a existência do colecionador e da coleção são "uma tensão dialética entre os polos da ordem e da desordem" (Benjamin 1995, p. 228), que se tensionam no movimento do colecionador de organizar e reorganizar a coleção, ora pelo que une as peças que a compõem, ora pelo que as diferencia. Inspirada na figura do colecionador benjaminiano no sentido epistemológico, a pesquisa compôs uma coleção de 113 fotografias de nove escolas exclusivas de educação infantil da rede pública de oito[4] municípios da região metropolitana,[5] incluindo a capital do estado do Rio de Janeiro.[6]

As fotos de cada escola foram tomadas como representativas do município: a singularidade permite ver a totalidade. A política nacional de educação se concretiza nas políticas municipais, que são muitas, diversas e mudam de uma gestão para outra. Portanto, há que considerar as diferenças dentro das próprias redes municipais, pois as escolas que as compõem não são iguais. Entretanto, como o campo da pesquisa ficou circunscrito a um território geograficamente conciso e com aproximações históricas, sociais e políticas, é possível afirmar que a escola de um município poderia fazer parte das redes de escolas dos outros. Nesse sentido, a pesquisa compreendeu os municípios como coleção. Ao mesmo tempo, compreendeu cada um deles como contexto, com sua história e perfil. Por isso, optou-se por não identificar os municípios a que pertencem as escolas. Para identificá-las, foram criados nomes que contemplam sua singularidade e contexto: escola-reluzente; escola-acolhedora; escola-imponente; escola-que-quer-ser-futuro; escola-desconhecida; escola-desencantada; escola-equilibrista; escola-escondida e escola-que-não-deveria-ter-sido.

Elas foram analisadas individualmente, comparativamente e também com relação aos Critérios para um Atendimento em Creches que

---

4. Os municípios escolhidos foram Rio de Janeiro (capital), São João de Meriti, Itaguaí, Guapimirim, Duque de Caxias, São Gonçalo, Belford Roxo e Niterói. Um dos municípios participou da pesquisa com duas instituições, que caracterizam dois tipos de escolas dessa rede, uma antiga e uma recente.
5. Municípios da região metropolitana do estado do Rio de Janeiro: Rio de Janeiro (capital), Belford Roxo, Duque de Caxias, Guapimirim, Itaboraí, Itaguaí, Japeri, Magé, Maricá, Mesquita, Nilópolis, Niterói, Nova Iguaçu, Paracambi, Queimados, São Gonçalo, São João de Meriti, Seropédica e Tanguá.
6. Essa opção deve-se ao fato de a capital e toda a região metropolitana do estado do Rio de Janeiro concentrarem 69% da população, 65% das matrículas de creche e 63,9% das de pré-escola (Nunes, Corsino e Kramer 2011b, p. 22).

Respeite os Direitos Fundamentais das Crianças (Campos e Rosemberg 2009), aos Parâmetros Básicos de Infraestrutura para Instituições de Educação Infantil (Brasil 2006a e 2006b) e às Diretrizes Curriculares Nacionais para a Educação Infantil (Brasil 2009a). Assim procurou-se delinear a distância entre o real e o ideal, dimensionando as condições que os espaços oferecem para que crianças estabeleçam relações pedagógicas e políticas entre si e com os adultos. Porém, como leitura da realidade, as análises são marcadas pela provisoriedade, assim como foi o exercício de organizar, desorganizar e reorganizar a coleção de fotografias – tentativa de criar alguma ordem na desordem, como a criança que elege um critério para organizar as peças de sua coleção e, ao terminar a arrumação, subitamente a desfaz e define outro critério de ordenação, e assim sucessivamente. Essa perspectiva permitiu olhar para o campo de forma dirigida, mas também se deixar surpreender por ele.

As análises seguiram os rastros das pessoas e dos documentos, buscando as marcas e os marcos para fazer uma leitura crítica da execução da política de Educação Infantil realizada pelos municípios. Marcas das crianças e adultos que fazem cotidianamente a Educação Infantil, dando vida àqueles espaços. Marcos da lei e dos documentos de orientação da Educação Infantil.

O contorno da distância: Entre o real e o ideal

As nove escolas mostram a totalidade que se revela na singularidade (Benjamin 1995). Mais que imagens-fragmentos, juntas elas formam um panorama da situação da educação infantil na região metropolitana do estado do Rio de Janeiro.

As escolas evidenciam que as condições das instituições de educação infantil não são boas. A precariedade se dá a ver já na escolha dos terrenos ou imóveis, com características quase sempre inadequadas ao funcionamento de escolas de educação infantil, quando a escolha de terreno para construção de uma escola deveria estar condicionada à verificação das "condições de infraestrutura básica, como pavimentação da rua, rede de esgoto, energia, abastecimento de água e lixo", além da presença de rede telefônica e transporte coletivo (Brasil 2006c, p. 23). Terrenos inundáveis e oriundos de aterro sanitário também devem ser evitados. Porém as autoridades parecem não tomar conhecimento de tais orientações. A escola-equilibrista, inaugurada em 2003 no Programa Nova Baixada, foi construída em terreno inundado, e como consequência, ao longo dos anos, surgiram rachaduras no chão, que também sofreu afundamento. Em final de 2012, as rachaduras aumentaram a ponto de oferecer perigo às crianças e às professoras, e a escola foi fechada, só retomando suas atividades em junho de 2013, após obras de manutenção que, de acordo com a coordenadora da escola, não foram realizadas adequadamente. No chão das salas, as marcas de uma obra que não teve uma finalização adequada permaneciam como anúncio dessa instabilidade.

Os municípios, executores da política de educação, persistem em realizar ações pontuais e desarticuladas, mesmo quando competem à mesma instância. Apesar de ter realizado o reparo das rachaduras e do afundamento do piso, a prefeitura do município não se movimentou para canalizar a vala de esgoto que corre a céu aberto junto ao muro da escola. Tão absurdo quanto escolher um terreno vizinho a uma vala de esgoto para construir uma escola de educação infantil é deixar que essa situação permaneça por dez anos, sem previsão de mudança. Essa escola foi ainda inaugurada sem ligação com a rede de água e esgoto, tendo sido abastecida, durante dez anos, por carros-pipas, que enchiam uma cisterna que não foi instalada corretamente e está até hoje acima do solo, na nesga do pátio atrás da edificação. Cansada de esperar a ação do estado, a comunidade conectou clandestinamente a escola-equilibrista à rede de água, assim como o fez com suas casas.

Esses problemas mostram que a política de educação vai sendo feita a toque de caixa, sem respeitar condições mínimas e, muito menos, as crianças. Tal condução é contrária a uma política de creche comprometida com o bem-estar e o desenvolvimento infantil, que toma esses dois eixos como norteadores dos projetos de construção e reforma das creches (Campos e Rosemberg 2009).

As escolas mais antigas parecem oferecer pátios melhores e mais interessantes às crianças do que as construídas/instaladas recentemente, o que é curioso na medida em que essas escolas foram erguidas no início do século XX, época em que a concepção de educação para as crianças pequenas era bem diferente da defendida hoje. Num Brasil ainda sem unidade educacional instituída, foram construídas as duas escolas mais antigas da coleção, com características que, pelos padrões de hoje, são consideradas relevantes à educação infantil: amplitude dos pátios; presença de brinquedos fixos e bancos em materiais naturais e não naturais; organização do pátio que convida ao encontro e à interação das crianças com o espaço e entre elas. Nas duas escolas, a presença de árvores traz sombra para o pátio, dizendo que o tempo de brincar aqui é sempre.

As escolas mais recentes parecem apontar para o fato de que são recorrentemente instaladas sem priorizar as crianças, o que lhes é melhor e de direito – espaços amplos para se desenvolverem em liberdade –, seja por incompetência técnica, seja por submissão a interesses eleitoreiros ou escusos.

Os pátios são diversos quanto ao tamanho, aos elementos e à organização, o que não significa oferta de boas condições para as crianças. Para além da dimensão, os elementos presentes nos pátios e sua organização convidam as crianças a ali brincar e permanecer, ou não, pela presença ou falta de brinquedos, cantinhos, bancos e sombra.

Os brinquedos de plástico estão presentes em três escolas. Em outras quatro os brinquedos, especialmente os fixos, são de ferro e madeira. Vale notar a falta de brinquedos soltos, observados em somente uma escola – cabe destacar que são de plástico. Em outra, há peças de concreto, mas não se pode afirmar que sejam brinquedos. Sem verde ou sombra, as escolas apenas se elevam altas e frias do chão, afirmando uma estética que não convida à imaginação criadora.

Há poucas casinhas de boneca: das nove escolas apenas quatro têm casinhas, sendo que uma delas não é exatamente uma casinha, com duas paredes altas sustentando um telhado de concreto. Uma das escolas tem três casinhas de boneca, sendo duas de plástico e uma de alvenaria, pintada com as mesmas cores do prédio da escola. Esta última, porém, serve como depósito, impossibilitando o uso pelas crianças. Do lado de dentro, em vez da imaginação infantil, observam-se um balde, um suporte de quadro, um bebedouro, uma estante de aramado, entre outros objetos, que esperam passivos pelo conserto que talvez um dia aconteça.

Embora a presença da casinha não seja condição para que as crianças brinquem de faz de conta, sua materialidade as convida à brincadeira. Diante da dificuldade de ter uma casinha nas salas, o pátio é o espaço privilegiado. Mas o fato de somente quatro escolas contarem com casinhas de boneca sinaliza que, apesar de muito se falar na importância da brincadeira para as crianças, ela não é valorizada nem nos pátios, espaços culturalmente destinados a isso. Nenhuma das escolas tem anfiteatro ou espaço semelhante dedicado às dramatizações, evidenciando que a brincadeira, especialmente o faz de conta, não é prioridade da educação infantil, acontecendo à revelia do planejamento pedagógico.

Em comum, os pátios mostram poucas marcas e vestígios das crianças, considerando marcas as deixadas intencionalmente e vestígios as não intencionais – a presença na ausência. Das nove escolas, apenas quatro trazem marcas das criança. Uma delas é a escola-desencantada, na qual mãos de crianças estão impressas com tinta nos canteiros perto da casinha de boneca. Nas escolas acolhedora, imponente e na que quer-ser-futuro, as marcas estão nos murais, que exibem produções das crianças, evidenciando autoria e singularidade.

Vestígios deixados pelas crianças, indícios de suas atividades e brincadeiras foram encontrados em quatro escolas, como a cadeira de balanço, as cadeiras e o cavalinho de pau no chão da escola-acolhedora. Ambos os brinquedos não são próprios da área externa: o fato de estarem no pátio indica que foram esquecidos ali. Também na escola-acolhedora veem-se folhas secas picadas no chão de uma das casinhas de boneca, que parecem indícios de brincadeira de comidinha.

Na escola-imponente e na escola-que-não-deveria-ter-sido, os vestígios estão relacionados ao uso dos brinquedos: as pinturas ficaram gastas devido ao uso repetido, seja na rampa do escorrega, nos assentos da gangorra e do carrossel e nos lugares onde se apoiam as mãos no balanço e no escorrega. Toalhas de banho e roupas infantis penduradas em duas escolas também são vestígios da presença das crianças, embora tenham sido deixados pelos adultos, dando a impressão de que, mais que pátio, é o quintal da casa de alguém.

A análise da coleção de fotografias escolhidas para este estudo evidencia que há mais vestígios das crianças que marcas nos pátios, ou seja, o que se vê da presença das crianças é mais acidental que intencional. Isso indica que os pátios são espaços dos quais elas pouco se apropriam e que pouco transformam. Embora eles sejam locais onde as crianças constroem conhecimento, os poucos vestígios encontrados nas fotografias não indicam a realização de atividades dirigidas, propostas pelos professores. Em relação aos adultos, as marcas se resumem aos elementos decorativos nas portas e nos murais, e seus vestígios, às bicicletas.

Os pátios são o lugar onde a natureza se faz presente na escola: árvores, arbustos, areia, grama e terra. Embora a presença da natureza seja fundamental, por si só não garante às crianças a experiência de fruição, o exercício da sensibilidade e de aguçar o olhar para a beleza do mundo. A criança se constitui subjetivamente na interação com o contexto do qual faz parte, em suas dimensões física, social e cultural (Vygotsky 2003). O desenvolvimento de uma relação de proximidade e pertencimento das crianças em relação à natureza acontece pela mediação do outro, no caso da escola, os professores. Nesse sentido, chama atenção a ausência de água à disposição das crianças, seja em chuveiros, torneiras ou mangueiras. Por que, num estado com temperaturas elevadas como o Rio de Janeiro, as crianças não podem brincar com água?

Os elementos mais característicos dos pátios são os brinquedos fixos, embora não estejam presentes em todos. As fotografias permitiram observar que há gerações de brinquedos que se sucedem: os de ferro, os de madeira e os de plástico. Em relação aos brinquedos de plástico, cabe problematizar sua recomendação nos manuais do Ministério da Educação (MEC) para aquisição de mobiliário do Programa Nacional de Reestruturação e Aquisição de Equipamentos para a Rede Escolar Pública de Educação Infantil (Proinfância), assim como recomendação de grama sintética nos *playgrounds* (Brasil 2011). A chancela do MEC tem peso, mais ainda a exigência de que sejam esses os brinquedos das escolas do Proinfância.[7] A metodologia adotada pelo Fundo Nacional de Desenvolvimento da Educação (FNDE), ao centralizar a compra de todos os materiais, mobiliário e equipamentos usados nas escolas do Proinfância, constituiu um cartel de fornecedores, que são os maiores beneficiados. Embora nenhuma das escolas pesquisadas tenha sido construída com recursos do Proinfância, pois, quando o campo empírico foi composto, o programa ainda estava sendo implementado, essa questão precisa ser pontuada. Ainda que essa estratégia tenha sido elaborada com o apoio do FNDE aos municípios, para fazer frente às exigências técnicas do Proinfância, não se pode ignorar o quanto essas exigências também prejudicam as crianças, no sentido de empobrecer sua experiência estética e de ferir seu direito, por exemplo, de ter contato com a natureza, como no caso da recomendação de grama sintética.

Os pátios das escolas evidenciam as dificuldades dos municípios em efetivar com qualidade a política de educação. Tal situação está historicamente relacionada ao processo iniciado a partir da Constituição (Brasil 1988), em que os municípios assumiram a responsabilidade pela educação básica, organizando sistemas de educação próprios. A dificuldade de atender à demanda de vagas para a educação infantil foi agravada com a obrigatoriedade a partir dos quatro anos (Brasil 2009b). O processo de descentralização, desde o início, tem sido sujeito

---

7. O Proinfância teve início em 2007, como parte das ações do Plano de Desenvolvimento da Educação (PDE) do MEC, considerando que a construção de creches e pré-escolas e a aquisição de equipamentos para a rede física escolar desse nível educacional são indispensáveis à melhoria da qualidade da educação. As escolas construídas com recursos do Proinfância seguem dois modelos e têm, além de salas de aula e instalações administrativas e de serviço, sala de informática, biblioteca, sanitário, fraldário, área coberta, parque e refeitório. É um programa com exigências técnicas complexas, o que parece dificultar a aptidão dos municípios para receber os recursos.

à interferência de fatores como capacidade fiscal e administrativa das unidades de governo e a cultura cívica local (Arretche 1999).

As diferenças entre os pátios se devem, além das diferentes formas de execução das políticas de educação pelos municípios, também ao fato de essas escolas terem sido instaladas em momentos diferentes da história – de 1909 a 2012. Feita essa ressalva, pode-se dizer que os pátios apresentam uma grande distância em relação aos documentos orientadores, ou seja, a realidade das escolas está longe do que hoje é considerado ideal. Os documentos por si sós não geram mudanças. O fato de estar sugerido nos Parâmetros de Infraestrutura (Brasil 2006a) ou afirmado nas Diretrizes Curriculares (Brasil 2009a) e nos Critérios para um Atendimento (Campos e Rosemberg 2009) não garante que se torne realidade. Os documentos não são políticas: eles expressam políticas, ajudam a materializá-las, mas não mudam a prática. Os Parâmetros de Infraestrutura (Brasil 2006a) parecem ter exercido pouca influência nos pátios escolares desde sua publicação.

A criança e seus direitos: Bússola das políticas

É preciso mudar essa situação. Ações em diferentes eixos, articuladas entre si, podem dar conta da multiplicidade de fatores envolvidos na questão. A primeira é a elaboração de parâmetros de infraestrutura para escolas públicas de educação infantil por parte das secretarias municipais de educação, conforme sugestão dos Parâmetros de Infraestrutura (Brasil 2006a) aos dirigentes municipais. Essa elaboração deve ser feita por equipes técnicas qualificadas e competentes, que orientem suas ações pelos documentos legais da educação infantil, estabelecendo um diálogo entre três atores: quem entende de crianças, os profissionais da educação; quem entende de espaço, os arquitetos; e as próprias crianças, para quem os espaços são construídos. É preciso considerar os sentidos que elas constroem sobre as escolas. Que seus espaços sejam contemplados com o que as crianças desejam e com o que lhes interessa, afinal, são elas as destinatárias desses espaços e lá passam boa parte dos seus dias, muitos anos de suas vidas. As crianças podem contribuir para sua qualificação, tornando-os espaços acolhedores e instigantes para a construção do conhecimento.

Os conselhos municipais de educação são importantes nesse projeto. Diante da realidade e do papel destinado a eles nos sistemas, é necessário fortalecer sua atuação no sentido de normatizar e fiscalizar as escolas públicas e as privadas. Assim, tornam-se também viáveis deliberações que assegurem que as reformas e adaptações fiquem restritas às escolas públicas de educação infantil já em funcionamento e que não sejam mais abertas escolas em espaços alugados ou comprados, que não ofereçam as condições compatíveis com uma educação infantil de qualidade.[8]

A formação de professores e gestores é eixo de ação fundamental. Ainda que os documentos sejam importantes por assegurar direitos e instituir deveres, sozinhos não geram mudanças, assim como condições de espaço favoráveis não garantem que as Diretrizes Curriculares (Brasil 2009a) aconteçam no cotidiano das escolas de educação infantil. As Diretrizes Curriculares (Brasil 2009a) são mandatórias e precisam ser discutidas numa formação processual, associada a acompanhamento ou supervisão, para que seus eixos, a brincadeira e as interações, ganhem vida nas escolas. Para isso, professores e gestores precisam conhecê-las e, mais, colocá-las em prática.

A legislação garante direitos às crianças. Mas eles, em sua maioria, não estão garantidos cotidianamente às crianças. É ético ter uma legislação tão clara e rica quanto a esses direitos, mas, na prática, eles não se efetivarem?

---

8. Em função da importância da atuação dos conselhos municipais de educação, recomenda-se um estudo sobre o processo de concessão de autorização de funcionamento das escolas de educação infantil, verificando as diferenças existentes quanto à concessão de autorização para as instituições públicas, privadas, comunitárias e confessionais. O que é exigido? O que não é? O espaço é fiscalizado? Que direitos das crianças os conselhos municipais de educação consideram ao autorizar o funcionamento das instituições? Que direitos são feridos?

A ética, na dimensão da relação com o outro, não se contenta com a explicitação dos direitos (assegurados na legislação), mas precisa que, na prática, esses direitos sejam efetivados, que estejam garantidos. Para que isso aconteça, é preciso que todos, de professores a prefeito, firmem um compromisso ético e político com as crianças. Ético no sentido de guia para elaborar e executar ações que coloquem as crianças no centro das decisões políticas, buscando garantir seus direitos pelo acesso à educação infantil de qualidade. A resposta responsável dos atores adultos envolvidos na educação às crianças, atores a quem se destina a educação. Por uma educação infantil que tenha como denominador comum os direitos e que se concretize em diferentes pátios, para as diferentes infâncias em diferentes contextos. Que a educação infantil seja para todas as crianças e também para cada uma.

Referências bibliográficas

ARRETCHE, M.T.S. (1999). "Políticas sociais no Brasil: Descentralização em um Estado federativo". *Revista Brasileira de Ciências Sociais* [*on-line*], v. 14, n. 40, pp. 111-141.

BENJAMIN, W. (1994). *Obras escolhidas I*. São Paulo: Brasiliense.

_______ (1995). *Obras escolhidas II*. São Paulo: Brasiliense.

_______ (2006). *Passagens*. Belo Horizonte: UFMG; São Paulo: Imprensa Oficial do Estado.

BOLLE, W. (2009). "As passagens de Walter Benjamin: Um ensaio imagético". *In*: JOBIM E SOUZA, S. e KRAMER, S. (orgs.). *Política, cidade, educação: Itinerários de Walter Benjamin*. Rio de Janeiro: Contraponto, pp. 19-60.

BRASIL (1988). Constituição da República Federativa do Brasil. Promulgada em 5 de outubro de 1988. Brasília: Senado Federal.

_______ (2006a). Ministério da Educação. Secretaria de Educação Básica. Parâmetros Básicos de Infra-estrutura para Instituições de Educação Infantil. Brasília: MEC/SEB.

_______ (2006b). Ministério da Educação. Secretaria de Educação Básica. Encarte dos Parâmetros Básicos de Infra-estrutura para Instituições de Educação Infantil. Brasília: MEC/SEB.

_______ (2006c). Ministério da Educação. Secretaria de Educação Básica. Parâmetros Nacionais de Qualidade para a Educação Infantil, v. 1 e 2. Brasília: MEC/SEB.

_______ (2009a). Resolução n. 5, de 17 de dezembro de 2009, do Conselho Nacional de Educação. Fixa as Diretrizes Curriculares Nacionais para a Educação Infantil. Brasília: Diário Oficial da União.

_______ (2009b). Emenda Constitucional 59, de 11 de novembro de 2009. Brasília.

_______ (2011). Programa Nacional de Reestruturação e Aparelhagem da Rede Escolar Pública de Educação Infantil (Proinfância). Brasília: MEC. [Disponível na internet: http://portal.mec.gov.br/index.php/?option=com_content&view=article&id=12317, acesso em 18/7/2017.]

CABRAL DE MELO NETO, J. (2008). *Poesia completa a prosa.* 2ª ed. Rio de Janeiro: Nova Aguillar.

CALVINO, I. (1994). *As cidades invisíveis*. São Paulo: Companhia das Letras.

CAMPOS, M.M. e ROSEMBERG, F. (2009). *Critérios para um atendimento em creches que respeite os direitos fundamentais das crianças*. 6ª ed. Brasília: MEC/SEB.

CAMPOS, M.M. *et al.* (2011). "A contribuição da educação infantil de qualidade e seus impactos no início do ensino fundamental". *Educação e Pesquisa*, v. 37, n. 1, jan.-abr. São Paulo, pp. 15-33.

CAMPOS, R.F. (2011). "'Política pequena' para as crianças pequenas? Experiências e desafios no atendimento das crianças de 0 a 3 anos na América Latina". Trabalho apresentado na 34ª Reunião Anual da Anped, Natal.

CORSARO, W.A. (2011). *Sociologia da infância.* 2ª ed. Porto Alegre: Artmed.

FRAGO, A.V. e ESCOLANO, A. (2001). *Currículo, espaço e subjetividade.* 2ª ed. Rio de Janeiro: DP&A.

GULLAR, F. (2010). *Em alguma parte alguma.* São Paulo: José Olympio.

HOYUELOS, A. (2005). "La escuela, ámbito estético educativo". *In*: CABANELLAS, I. e ESLAVA, C. (orgs.). *Territorios de la infancia: Diálogos entre arquitectura y pedagogía.* Barcelona: Graó, pp. 166-175.

JOBIM E SOUZA, S. (org.) (2000). *Mosaico: Imagens do conhecimento*. Rio de Janeiro: Rios Ambiciosos.

KONDER, L. (1988). *Walter Benjamin: O marxismo da melancolia*. Rio de Janeiro: Campus.

KRAMER, S. *et al.* (2001). *Relatório da pesquisa: Formação de profissionais da educação infantil no Estado do Rio de Janeiro*. Rio de Janeiro: Ravil.

LIMA, M.S. (1989). *A cidade e a criança*. São Paulo: Nobel.

_______ (1995). *Arquitetura e educação*. São Paulo: Nobel.

NUNES, M.F.R.; CORSINO, P. e KRAMER, S. (2011a). "Políticas públicas municipais de educação infantil: Um balanço da década". Trabalho apresentado na 34ª Reunião Anual da Anped, Natal. [Disponível na internet: http://34reuniao.anped.org.br/images/trabalhos/GT07/GT07-998%20int.pdf.]

_______ (orgs.) (2011b). *Relatório de pesquisa: Educação infantil e formação de profissionais no estado do Rio de Janeiro (1999-2009)*. Rio de Janeiro: Traço e Cultura.

OSWALD, M.L. (2011). "Educação pela carne: Estesia e os processos de criação". *In*: PASSOS, M.C.P. e PEREIRA, R.M.R. (orgs.). *Educação experiência estética.* Rio de Janeiro: Nau, pp. 83-91.

ROSEMBERG, F. (1999). "Expansão da educação infantil e processos de exclusão". *Cadernos de Pesquisa* [*on-line*], n. 107, pp. 7-40.

SILVA, D.S.G.G. (2006). "Reflexões sobre o diálogo entre espaços físicos e o cotidiano na educação infantil". Trabalho apresentado na 29ª Reunião Anual da Anped, Caxambu.

TOLEDO, M.L.P.B. (2014). "Entre o exposto e o escondido, marcas e vestígios de pátios de escolas de educação infantil". Tese de doutorado em Educação. Rio de Janeiro: PUC-Rio.

VYGOTSKY, L.S. (2003). *A formação social da mente.* São Paulo: Martins Fontes.

_______ (2009). *Imaginação e criação na infância.* Comentado por Ana Luiza Smolka. São Paulo: Ática.

2
AVALIAÇÃO NA EDUCAÇÃO INFANTIL COMO COMPROMISSO ÉTICO: O QUE SE ESPERA QUE AS CRIANÇAS APRENDAM?

Marina Castro e Souza

Criança tem pressa de viver, e não lhe prometam uma compensação no futuro, a necessidade é urgente, o bálsamo que venha já, amanhã será tarde demais...
Carlos Drummond de Andrade (1987, p. 16)

O sentido da palavra é totalmente determinado por seu contexto. De fato, há tantas significações possíveis quantos contextos possíveis.
Mikhail Bakhtin (2002, p. 106)

Este capítulo tem como objetivo refletir sobre o tema da avaliação na creche, tomando eventos descritos em uma pesquisa de doutorado como objeto de análise. As discussões apresentadas revelam sutilezas na maneira como as crianças são avaliadas no cotidiano da creche, com implicações éticas para a ação docente. A partir da compreensão de que a palavra é produção histórica, social e ideológica, que não se limita ao significado do dicionário, a avaliação não pode ser considerada uma ação neutra, e sim complexa, arena de disputas de concepções; uma prática social que deve ser compreendida em sua historicidade (Bakhtin 2002). Suas formas, conteúdos e usos estão marcados por questões político-ideológicas: O que se espera que as crianças aprendam? O que se espera com as avaliações? Acredita-se que aspectos problemáticos da avaliação, tão discutidos pelos pesquisadores que se dedicam ao ensino fundamental e médio, parecem reverberar nas práticas e políticas no campo da infância.

O tema da avaliação na educação infantil vem ganhando visibilidade diante da ampliação do acesso das crianças às creches e às pré-escolas, ocupando a agenda política, bem como o interesse acadêmico na produção de pesquisas que discutam seu significado na educação brasileira. Diferentes propostas disputam compreensões sobre qualidade, avaliação e educação infantil. Identificam-se duas tendências sobre avaliação no Brasil: a primeira, voltada às condições de oferta; e a outra, ao desempenho dos alunos. Essas diferentes propostas trazem projetos educacionais e sociais que estão em confronto, configurando impasses que não se restringem à dimensão técnica, mas dizem respeito à dimensão política da avaliação.

Estudos mais recentes afirmam que as crianças não podem ser avaliadas isoladamente, e que os investimentos na educação infantil afetam as condições de aprendizagem e desenvolvimento das crianças pequenas. Também são reafirmadas as especificidades da avaliação na creche e na pré-escola, seu caráter dialógico, de experiência formativa (Castro e Souza 2017). Preocupa o momento político brasileiro de desarticulação de políticas tão caras para o campo da infância. Num momento de perda de direitos, de retrocessos, será que as diretrizes e os parâmetros, construídos como resultado de luta dos profissionais da educação infantil, poderão funcionar como contrapalavra? (Bakhtin 2003).

Avaliar como uma ação de qualidade: Especificidades da educação infantil

No processo de redemocratização do país, a luta pelo direito das crianças ao atendimento em creches e pré-escolas ganha destaque com ampla participação dos movimentos sociais e de mulheres, além dos próprios profissionais da educação. Um novo sentido para o atendimento às crianças de zero a seis anos passou a ser construído a partir de um ordenamento legal atualizado – a Constituição da República Federativa do Brasil de 1988 (Brasil 1988) e a Lei de Diretrizes e Bases da Educação Nacional (LDB), lei n. 9.394, de 1996 (Brasil 1996) –, o que significou a busca pela superação de posições antagônicas e fragmentadas, assistencialistas e/ou preparatórias.

A Constituição (Brasil 1988) insere a criança como sujeito de direito, cidadão, prioridade absoluta. Esse novo quadro político traz a educação infantil como direito das crianças pequenas. Em 1996, a LDB (Brasil 1996) determina que a educação infantil (creches e pré-escolas) é a primeira etapa da educação básica – direito da criança, dever do Estado e escolha da família –, tendo como finalidade o desenvolvimento integral das crianças de até cinco anos em seus aspectos físico, psicológico, intelectual e social (art. 29). O atendimento às crianças de zero a três anos que se realiza nas creches, ambiente de relações complementares à família, também é contemplado na legislação como direito da criança. A opção brasileira institui a educação como um direito público subjetivo do cidadão desde o nascimento.

Com a ampliação de investimento público, a educação infantil começa a ser submetida a maior controle social, consolidando a preocupação de regulação do governo por meio de estratégias que possam interrogar a qualidade do atendimento, trazendo a demanda de verificar se o valor investido dá retorno. O que as crianças estão aprendendo?

A discussão da avaliação traz, de forma subjacente, uma reflexão sobre qualidade. A concepção de qualidade é, muitas vezes, considerada de forma descolada da história, não sendo tratada em sua complexidade, como um termo polissêmico, como produção da política. Segundo Moss

(2008), definir qualidade é um processo importante por si mesmo, que oferece oportunidades para compartilhar, discutir e entender valores, conhecimentos e experiências. Chama atenção para a necessidade de o processo ser participativo, dinâmico e democrático, incorporando grupos diversos e privilegiando as necessidades, as perspectivas e os valores dos sujeitos envolvidos, mesmo que diferentes. Para o autor, a definição de qualidade traz a oportunidade de uma ação de contínua reflexão, que permita revisões, discussões feitas a partir de uma noção de qualidade transformada pela história, pela cultura, pela sociedade, distante de um enunciado fixo, fechado, final.

Nessa perspectiva, Bondioli (2013a, p. 33) afirma que a qualidade deve ser construída a partir de processos de integração e participação, devendo ser negociada – "a qualidade de uma instituição não é um 'dado de fato'". As autoras, ao falarem da especificidade das instituições educativas, mencionam que a discussão é sobre valores e objetivos formativos desejados. Perguntam: "Que crianças queremos formar? Em que valores nos inspiramos? Que ideia de relação adulto-criança temos em mente? Que papel têm as famílias e que papel têm as educadoras no crescimento de uma criança? Como é possível cooperar?" (*ibidem*). Essa compreensão de qualidade negociada atua na construção da identidade do trabalho educativo das creches e pré-escolas por meio de reflexões, diálogo e argumentações sobre as experiências pedagógicas implementadas.

A partir dos avanços legais mencionados, o termo qualidade está relacionado: à garantia dos direitos humanos fundamentais previstos na Constituição (Brasil 1988) e no Estatuto da Criança e do Adolescente (ECA), lei n. 8.069, de 1990 (Brasil 1990); ao reconhecimento e à valorização das diferenças de gênero, etnia e raça, religião, cultura e pessoas com deficiências; aos conhecimentos científicos produzidos sobre a infância, no que se refere ao desenvolvimento, à cultura infantil, às especificidades do educar e cuidar; e aos conhecimentos produzidos como resultados de pesquisas sobre a educação infantil brasileira que consideram o processo de avaliação como oportunidade de reflexão e aprimoramento da qualidade.

A LDB (Brasil 1996) afirma que creche e pré-escola devem criar processos de *acompanhamento* e *registro* do desenvolvimento da aprendizagem das crianças, sem o objetivo de promoção. Na mesma linha, as Diretrizes Curriculares Nacionais para a Educação Infantil (Brasil 2009a, pp. 4-5) afirmam a responsabilidade das instituições de educação infantil em criar procedimentos de acompanhamento do trabalho educativo e para avaliação do desenvolvimento das crianças, por meio da

> observação crítica e criativa das atividades, das brincadeiras e interações das crianças no cotidiano; utilização de múltiplos registros realizados por adultos e crianças (relatórios, fotografias, desenhos, álbuns etc.); a continuidade dos processos de aprendizagens por meio da criação de estratégias adequadas aos diferentes momentos de transição vividos pela criança (transição casa/instituição de Educação Infantil, transições no interior da instituição, transição creche/pré-escola e transição pré-escola/Ensino Fundamental); documentação específica que permita às famílias conhecer o trabalho da instituição junto às crianças e os processos de desenvolvimento e aprendizagem da criança na Educação Infantil; a não retenção das crianças na Educação Infantil.

O documento citado considera a criança centro do planejamento curricular, sujeito histórico e de direito que, nas interações, relações e práticas cotidianas que experimenta, constrói sua identidade pessoal e coletiva, brinca, imagina, fantasia, deseja, aprende, observa, experimenta, narra, questiona e constrói sentidos sobre a natureza e a sociedade.

Documentos orientadores da educação infantil brasileira, como os Indicadores da Qualidade na Educação Infantil (Brasil 2009b) e os Parâmetros Nacionais de Qualidade para a Educação Infantil (Brasil 2006), afirmam que a educação de qualidade colabora para a formação das crianças nos diferentes aspectos: sociais, culturais, políticos, antropológicos e econômicos. A qualidade passa a ser referenciada socialmente, flexível, negociada, com base em tradições e valores de uma determinada cultura, dos conhecimentos científicos sobre a infância, dos contextos histórico, social e econômico. Tais documentos trazem a compreensão de que esse conceito é baseado em direitos, necessidades, demandas, conhecimentos e possibilidades.

Nos dispositivos legais sobre a educação infantil, é normatizada a avaliação do desenvolvimento e da aprendizagem das crianças, bem como da política educacional. A avaliação *na* educação infantil refere-se àquela que é realizada no interior do processo educativo, tendo foco na trajetória das crianças, suas produções, seus avanços e desafios. "Seu âmbito é o microambiente, o acontecer pedagógico e o efeito que gera sobre a criança" (Didonet 2014, p. 340). Já a avaliação *da* educação infantil tem como objetivo verificar se essa etapa tem cumprido sua função social, respeitado as diretrizes e os parâmetros de qualidade estabelecidos. Este capítulo pretende analisar o que se espera que as crianças aprendam, contudo parte-se da compreensão de que essas diferentes dimensões da avaliação estão articuladas, produzindo sentidos dialeticamente, apontando um caminho para a construção de uma educação infantil de qualidade.

A análise dos documentos legais aponta para a necessidade do delineamento de uma avaliação da educação infantil, sem perder de vista suas especificidades e seus objetivos. Esses documentos rejeitam propostas reducionistas que não englobam a complexidade do trabalho da creche e da pré-escola, bem como uma noção de qualidade da educação que não respeita os direitos fundamentais das crianças. Eles também propõem uma noção de avaliação baseada na democratização da educação, permitindo que as políticas educacionais promovam uma educação de qualidade para todos e que, no âmbito das instituições, os profissionais da escola possam aprimorar o trabalho educativo, encarando as crianças como cidadãos de direito, indivíduos únicos e singulares, sujeitos sociais e históricos, possibilitando seu desenvolvimento integral.

Portanto, os processos de aprendizagem extrapolam a ação de verificação, contribuindo para o desenvolvimento da sensibilidade do educador, para um maior conhecimento das crianças, suas características pessoais e grupais, emoções, reações, desejos, interesses, interações e apropriações da cultura e para a construção de laços com as famílias.

Avaliar é uma tarefa de observar, escutar, sentir; é estar disponível ao outro; é ter compromisso com a ampliação das experiências das crianças e a transformação da realidade educacional. Para Micarello (2010, p. 2), avaliar é "o exercício de um olhar sensível e cuidadoso para com o outro ou, dito de outro modo, é parte do exercício de 'amorosidade' que o ato educativo encerra (...)".

O campo da pesquisa: Opções teórico-metodológicas

Com a tarefa de analisar as concepções de avaliação expressas na ação docente, o estudo assumiu caminhos metodológicos que permitiram uma aproximação dos sentidos produzidos no interior das práticas e suas condições de produção. Nesse sentido, a pesquisa procurou retratar a realidade, englobando uma multiplicidade de dimensões presentes no contexto da creche. Por mais que não se tenha o compromisso da generalização, a pesquisa não ocorre num "vazio sociológico" (Elias e Scotson 2000, p. 16). Elementos históricos podem ser identificados como produtores de relações e práticas que podem ser encontradas em outros contextos.

A metodologia adotada apostou nas relações, na opção de entrar em contato com os sujeitos, estabelecer diálogos, identificar tensões e conflitos, lidar com o desafio da alteridade, do conhecimento do outro, trazendo assim uma perspectiva humana, em que as histórias dos sujeitos, das instituições e das propostas são valorizadas. Essa compreensão não traz o discurso científico como único, mas como um saber teórico construído no cotidiano das relações sociais, em permanente troca entre as visões de mundo. Nesse processo, as contradições, dúvidas e incertezas são explicitadas, a fim de que o pesquisador possa ver, ler, interpretar, concluir, perceber convergências e afastamentos, trazendo a complexidade do fenômeno estudado.

Dentro da perspectiva bakhtiniana, são tensionadas concepções de sociedade, sujeito e linguagem: "Estabilidades e instabilidades, monólogo e diálogo, sistema e discurso, eu e outro, ideologia do cotidiano e sistemas ideológicos" (Goulart 2013, pp. 70-71). Para Bakhtin (2002), os signos ideológicos invadem a vida social em situações fortuitas ou em relações de caráter político. A ideologia organiza e regula as relações histórico-materiais no interior da sociedade. Sua expressão responde a interesses diferentes, conflitantes, que podem colaborar para a manutenção da lógica dominante ou resistir às formas de dominação:

> (...) a ideologia do cotidiano e os sistemas ideológicos se inter-relacionam pela linguagem, também num caminho de via dupla: não há determinação unilateral. Todo produto da ideologia leva o selo da individualidade, mas todo o selo é social... Psiquismo e ideologia têm relação dialética, sempre renovada pela enunciação. Não há apenas um eu e um meio que lhe é externo: a linguagem acontece porque há um nós. (Kramer 2007, p. 75)

Toda pesquisa é uma leitura da realidade apreendida a partir do olhar também contextualizado do pesquisador, em termos sociais, históricos, culturais e políticos. Silva, Barbosa e Kramer (2008, p. 83) reiteram a importância do olhar e do ouvir, uma vez que "a tarefa do pesquisador implica recortes e vieses, em procurar a distância, o afastamento, a exotopia (o pesquisador é sempre um outro), de forma a favorecer que o real seja captado na sua provisoriedade, dinâmica, multiplicidade e polifonia".

A pesquisa apresenta o desafio da reflexão crítica em um mundo marcado pela racionalidade, pela velocidade das informações, pelo consumo de ideias e objetos. O exercício da pesquisa não é uma atividade intelectual que acontece de forma desarticulada de outras atividades humanas – a economia, a política, a tecnologia –, nem está isenta das intenções subjetivas do próprio pesquisador (Japiassu 1977).

Na pesquisa, o trabalho de campo foi tomado como descoberta e também como crítica do conhecimento. Entrar na instituição seria a possibilidade de se aproximar do objeto de estudo e criar conhecimentos a partir do contexto; a oportunidade de deparar-se com um palco de manifestações subjetivas e culturais, com formas próprias de interações, com visões de mundo expressas na organização do trabalho com as crianças.

O exercício de escrita procurou mostrar o contexto pesquisado em suas múltiplas facetas (Barbosa 2013), a partir da compreensão de que o discurso é produzido no interior das relações e das práticas. Isso não significa dizer que as análises aqui apresentadas se baseiam num suposto encontro com o real. A escrita é marcada pela alteridade do pesquisador, pela pluralidade de vozes, sendo uma interpretação, ou seja, uma tentativa de aproximação com o contexto estudado.

"Como vai para o maternal I se não sabe calçar o chinelo?": Formas sutis de avaliação das crianças

Por meio da observação de interações entre crianças e adultos, num Espaço de Desenvolvimento Infantil (EDI) – equipamento mais recente na cidade do Rio de Janeiro, que atende crianças de três meses a cinco anos –, foram recortados eventos da tese de doutorado já mencionada sobre o tema da avaliação na creche. Foram construídas categorias a partir das observações, agrupando ideias, concepções e elementos, organizados em eventos: "Todo enunciado, mesmo o mais simples, é um acontecimento; uma espécie de drama cujos papéis mínimos são o locutor, o objeto e o ouvinte" (Amorim 2004, p. 121). A concepção de linguagem como produção discursiva que engloba o contexto da enunciação, a totalidade do discurso, permitiu a produção de compreensões, "uma chave de entrada na empiria" (Kramer 2009, p. 22). A pesquisa de campo tomou o conceito de evento proposto por Kramer (2009), a partir da sociologia da infância, como descrito na Apresentação deste livro.

O conceito de ambivalência dialética de Bakhtin foi muito relevante para esse movimento de análises, já que enfatiza tensões, conflitos, a simultaneidade entre a afirmação e a negação, o caráter polifônico, plural e múltiplo do discurso. Essa dialética dialógica traz uma postura de aceitação com o diferente, uma postura crítica que se afasta do monólogo, tomando o discurso num sentido crítico (Freitas 2002).

Com base nas observações, foi possível identificar formas sutis de avaliação das crianças pequenas, numa perspectiva cumulativa e desenvolvimentista, na qual a creche seria um espaço para conquista de metas, mesmo sendo normatizado que a avaliação na educação infantil é processual, não podendo classificar e reter.

> *A professora vê que a pesquisadora está com um menino e comenta:*
> – M. estaria muito melhor se tivesse entrado no início do ano, já estaria falando. (Caderno de campo, Berçário, 9/9/2015)

> *Uma criança em especial chama atenção pela sua articulação, fala muito, extremamente expressiva, engraçada. As profissionais percebem que a pesquisadora estava encantada com a menina, que comenta:*
> – Ela é muito esperta.
> *A professora responde imediatamente:*
> – D. não tem bom desenvolvimento motor.
> (Caderno de campo, Berçário, 16/11/2015)

Não são provas ou testes que conferem se as crianças estão aptas ou inaptas a prosseguir em sua trajetória, mas estratégias sutis que agem sobre os corpos e comportamentos infantis, normatizando e normalizando o desenvolvimento infantil. Os eventos trazem o tema do desenvolvimento infantil de forma dicotômica – bom e mau –, tendo a creche como espaço privilegiado de estimulação das habilidades, um caminho para a conquista do dito desenvolvimento adequado. Dentro dessa lógica, as crianças vão acumulando habilidades em busca de uma forma mais sofisticada. Essa compreensão de desenvolvimento é marcada pela normatividade e pela fragmentação. As falas apontam para uma concepção de infância impregnada do ideário de progresso e do saber objetivo, tendo o adulto como referência, como ponto de chegada. A noção de desenvolvimento encontrada nos eventos traz uma dureza para pensar o crescimento das crianças, focando apenas na destreza, na apreensão de habilidades (sabe ou não sabe?; consegue ou não consegue?). Parece que os objetivos estabelecidos para o crescimento da criança são dados de forma apriorística, sem considerar as crianças e suas necessidades. Identifica-se uma corrente da psicologia pautada numa visão linear do crescimento, estanque; deixando de ver a vida em sua inteireza e reservando à infância o lugar da minoridade.

O projeto da modernidade, pautado numa visão de progresso da história coletiva e também individual, traz legitimidade para a crença do aperfeiçoamento da espécie e do indivíduo ao longo do tempo. No contexto da sociedade industrial, com a criação de uma psicologia e uma estatística aplicadas à educação, tem-se o controle na seleção, na orientação e na estruturação escolar para as massas urbanas. Nesse período, foi difundida a noção de indivíduo como unidade básica de análise, bem como a classificação como procedimento na escola – tem-se a organização de classes supostamente homogêneas com o objetivo de agrupar alunos com o mesmo nível de aprendizagem.

A psicologia do desenvolvimento se ocuparia em descrever e sistematizar as mudanças no ciclo da vida com a "missão de contribuir para a individualização da diferença através da 'normalização'" (Castro 1998, p. 23). Ou seja, a variabilidade humana seria quantificada, de acordo com uma determinada curva. Qualquer aspecto da mente e da conduta humana passaria a ser conteúdo das práticas de objetificação pelo uso do artifício técnico. A noção de criança normal orientaria essas práticas, pautando "mecanismo de minimização das diferenças entre os sujeitos, e maximização das semelhanças" (Castro 1998, p. 24). O processo de escolarização das crianças normatizaria uma infância com base em medidas psicométricas e na definição de uma direção desejável e correta para o desenvolvimento. A racionalização moderna aconteceria no nível dos processos industriais, na organização das escolas e também na psique individual.

Essa perspectiva da psicologia do desenvolvimento tem consequências constitutivas entre os sujeitos em formação, operacionalizando enquadramentos em etapas ou fases. Na busca por compreender como se dá o desenvolvimento, ao investigar comportamentos cognitivos, afetivos, psicomotores, psicossociais, estruturam e moldam as experiências (Jobim e Souza 1996). Tais modelos de desenvolvimento enfatizam processos de maturação biológica, universais para toda a espécie humana.

Assim, o desenvolvimento infantil não é compreendido como um processo de idas e vindas, de construção de conhecimentos sobre si e sobre o mundo, que demanda mediações. Essa expectativa de que as crianças realizem sozinhas as tarefas, significando um bom desenvolvimento, traz a questão: O que leva as profissionais da creche a não perceberem as crianças sem rótulos, como sujeitos reais, em sua potência e seus limites? Será que o cansaço de cuidar de um grupo grande de crianças leva os adultos a não perceberem as crianças em suas singularidades? A hipótese é que esse problema não se deve apenas à formação, à falta de conhecimento em relação às especificidades infantis, mas às condições de trabalho precárias, que endurecem o olhar, o escutar, o sentir, fazendo com que adultos e crianças convivam em um espaço com rituais mecânicos, sem a produção de encontros entre os sujeitos.

É compromisso da avaliação na educação infantil observar o desenvolvimento das crianças, suas relações e aprendizagens. A especificidade do trabalho com as crianças pequenas demanda esse olhar abrangente, tomando as experiências educativas em sua totalidade. Mas tal movimento não deve ser feito com intuito de sentenciar as crianças como capazes ou incapazes, mas como uma sistemática de análise sobre suas trajetórias singulares. A ação avaliativa dos adultos aparece de forma sutil no cotidiano: em um momento de não cumprimento das orientações dos adultos, na recusa pela participação de uma atividade, na observação dos pais na entrada com dificuldade de separação, num diálogo com um adulto sobre algo da cultura familiar etc. Esses elementos podem ser utilizados para uma maior aproximação das crianças, para pensar a prática pedagógica, ou para sentenciá-las como inadequadas.

> *As auxiliares comentam sobre algumas crianças do berçário que irão para o maternal I no próximo ano e uma delas diz:*
> – Imagina ele no M I.
> *Uma criança estava com dificuldade para tirar o chinelo, uma das auxiliares comentou:*
> – Como vai para o M I se não sabe tirar o chinelo?

Uma menina demorou muito para dormir. Uma auxiliar fez o mesmo comentário:

– Como vai ser no maternal?

(Caderno de campo, Berçário, 23/11/2015)

Na maioria das vezes, as intervenções observadas mostram um olhar fragmentado, artificial para os objetivos do trabalho da creche, indicando uma ideia de progressão, de modelação ao verificar se as crianças já são capazes de calçar o chinelo, se estão disciplinadas aos horários da rotina, se já conseguem realizar ações com autonomia, se falam ou não. Mesmo identificando essa massificação das crianças pelas normas, da docilização dos corpos, elas transgridem as regras.

As expressões infantis, seus comportamentos, suas capacidades singulares parecem não ter espaço na creche. Sua forma autêntica de ser e estar no mundo, na relação consigo mesmas e com seus pares, é definida por um sistema, por uma organização hierárquica externa. E esse sistema pode não reprovar as crianças na prática, ou seja, não pode impedir que saiam do berçário para o maternal, mas simbolicamente é dito para elas que são menos capazes para pertencer àquele grupo, que não possuem um desenvolvimento motor adequado, que não conseguem calçar os chinelos. Quais seriam as repercussões dessa reprovação "oculta", que, por meio do discurso, informa às crianças que elas não alcançaram o nível esperado?

As leituras dos eventos e o diálogo com os autores trazem o desafio: como enfrentar questões que estão no campo social e que atravessam a realidade das creches, impedindo a construção de um trabalho que crie e afirme potência? A tarefa de avaliar, compreendida como instrumento político que pode incluir ou excluir, torna-se ainda mais difícil por ser uma relação que pode ser marcada pela dominação. Essa situação é ainda mais complexa quando falamos de crianças tão pequenas, historicamente consideradas incapazes de ser porta-vozes dos seus desejos e direitos.

As críticas aqui apontam para a prevalência de processos de individualização, não considerando questões sociais, políticas e históricas que constituem a subjetivação. Além desses questionamentos, a creche, como lugar legalmente garantido às crianças – que deve respeitar suas especificidades, com profissionais qualificados –, traz um aligeiramento para o lugar da infância, para o seu desenvolvimento. Os eventos revelam pressa para o crescimento das crianças, com expectativas que trazem insegurança em vez de fortalecerem as ações e invenções infantis.

Considerações finais

Diante das observações analisadas, emerge a necessidade de superação de uma perspectiva de avaliação classificatória e desenvolvimentista, para a construção de uma proposta que dê continuidade, movimento, redimensionamento das relações pedagógicas, dando espaço para as dúvidas, para o inacabamento, como elementos pertencentes ao processo de avaliar. Mesmo com os avanços na educação infantil, a avaliação parece ocupar lugar disciplinador e de controle, afinada com a tradição escolar que pretende identificar atrasos, deficiências ou a não realização de aprendizagens esperadas, com pouco espaço para as expressões das crianças. Assim, compreende-se que a avaliação é uma atividade relacional, ou seja, é no confronto com os outros que essa ação pode ser construída, inacabada, sempre aberta a novos contornos.

Dessa forma, rejeita-se a noção de que os processos de aprendizagem são lineares, e defendem-se diversos ritmos e formas para aprender. O aprender demanda uma postura reflexiva, construída ativamente pelos sujeitos, e tem a dialogicidade como princípio para a construção do "pensar verdadeiro", "pensar crítico" (Freire 2004). Tal posicionamento toma as aprendizagens como processos sociais complexos, que partem das interações, dos significados culturais que os alunos atribuem ao seu redor. "A educação problematizadora se faz, assim, um esforço permanente através do qual os homens vão percebendo, criticamente, como estão sendo no mundo *com que* e *em que* se acham" (Freire 2004, p. 72; grifos do original).

Nessa perspectiva, o educador parte do pressuposto de que todos os alunos, seres do mundo e com o mundo, podem aprender e reconhece a diversidade cultural dos sujeitos. Os alunos devem ser desafiados com novas provocações no processo de refletir e propor respostas, mesmo que provisórias, favorecendo o compromisso com a realidade histórica e social e o reconhecimento como sujeito inconcluso e inacabado.

Em concordância com Paulo Freire, Luckesi (2011, p. 211) afirma que "o ato de avaliar, constitutivamente, é amoroso", o que significa ser capaz de incluir, acolher, integrar. Essa atitude traz o compromisso de conhecer a trajetória do educando, de ter abertura ao outro, acolhendo suas experiências, necessidades e desejos, tendo em vista a transformação. Amorosidade e diálogo são indispensáveis no processo educativo, pois, no encontro, mediado pelo mundo, é possível transformar e humanizar todos. Essa discussão indica a necessidade da criação de uma nova cultura de avaliação, que extrapole a dimensão técnica e incorpore a ética.

A partir dos referenciais teóricos assumidos neste texto, é na previsibilidade e na imprevisibilidade, na tensão entre o previsível e o imprevisível, que negociações são realizadas. Assim, avaliar é uma ação reflexiva, crítica, uma postura ética comprometida com as crianças. O debate realizado compreende o tema da avaliação como espaço de disputa, que os sentidos são forjados "na luta com as palavras" (Goulart 2013, p. 72), estabelecendo formas de pensar e agir dentro das instituições educativas. É urgente pensar a avaliação na educação infantil a partir das especificidades da creche e pré-escola, tomando a pluralidade das experiências das crianças pequenas, resistindo à ideia da infância como minoridade.

Referências bibliográficas

AMORIM, M. (2004). *O pesquisador e seu outro: Bakhtin nas ciências humanas*. São Paulo: Musa.

BAKHTIN, M. (2002). *Marxismo e filosofia da linguagem: Problemas fundamentais do método sociológico da linguagem*. São Paulo: Hucitec.

_______ (2003). *Estética da criação verbal.* São Paulo: Martins Fontes.

BARBOSA, S.N.F. (2013). "'Vem, agora eu te espero' – Institucionalização e qualidade das interações na creche: Um estudo comparativo". Tese de doutorado em Educação. Rio de Janeiro: PUC-Rio.

BONDIOLI, A. (2013a). "Construir compartilhando a qualidade: A contribuição das partes interessada". *In*: BONDIOLI, A. e DONATELLA, S. (orgs.). *Participação e qualidade em educação da infância: Percursos de compartilhamento reflexivo em contextos educativos*. Curitiba: Ed. UFPR.

_______ (2013b). "Dos indicadores às condições do projeto educativo: Um percurso pedagógico-político de definição e garantia da qualidade das creches da região da Emília-Romanha". *In*: BONDIOLI, A. (org.). *O projeto pedagógico da creche e a sua avaliação: A qualidade negociada*. 2ª ed. Campinas: Autores Associados, pp. 14-33.

BRASIL (1988). Constituição da República Federativa do Brasil. Promulgada em 5 de outubro de 1988. Brasília: Senado Federal.

_______ (1990). Estatuto da Criança e do Adolescente. Lei n. 8.069, de 13 de julho de 1990.

_______ (1996). Lei de Diretrizes e Bases da Educação Nacional. Lei n. 9.394, de 20 de dezembro de 1996. Brasília: Diário Oficial da União.

_______ (2006). Ministério da Educação. Secretaria de Educação Básica. Parâmetros Nacionais de Qualidade para a Educação Infantil, v. 1 e 2. Brasília: MEC/SEB.

_______ (2009a). Resolução n. 5, de 17 de dezembro de 2009, do Conselho Nacional de Educação. Fixa as Diretrizes Curriculares Nacionais para a Educação Infantil. Brasília: Diário Oficial da União.

_______ (2009b). Ministério da Educação/Secretaria da Educação Básica. Indicadores de Qualidade na Educação Infantil. Brasília: MEC/SEB.

CASTRO, L.R. (1998). *Infância e adolescência na cultura do consumo*. Rio de Janeiro: Nau.

CASTRO E SOUZA, M.P. (2017). "Políticas e práticas de avaliação na creche: Uma pesquisa pública no município do Rio de Janeiro". Tese de doutorado em Educação. Rio de Janeiro: PUC-Rio.

DIDONET, V. (2014). "Avaliação na e da educação infantil". *In*: GUIMARÃES, C.M.; CARDONA, M.J. e OLIVEIRA, D.R. (orgs.). *Fundamentos e práticas da avaliação na educação infantil*. Porto Alegre: Mediação, pp. 339-355.

DRUMMOND DE ANDRADE, C. (1987). "A salvação da alma". *In*: DRUMMOND DE ANDRADE, C. *Contos de aprendiz*. Rio de Janeiro: Record, pp. 13-21.

ELIAS, N. e SCOTSON, J.L. (2000). *Os estabelecidos e os outsiders: Sociologia das relações de poder a partir de uma pequena comunidade.* Rio de Janeiro: Jorge Zahar.

FREIRE, P. (2004). *Pedagogia do oprimido.* Rio de Janeiro: Paz e Terra.

FREITAS, M.T. (2002). "A abordagem sócio-histórica como orientadora da pesquisa qualitativa". *Cadernos de Pesquisa* [*on-line*], n. 116, jul. São Paulo, pp. 21-39.

FREITAS, M.T.; SOUZA, S.J. e KRAMER, S. (orgs.) (2003). *Ciências humanas e pesquisa: Leituras de Mikhail Bakhtin.* São Paulo: Cortez.

GOULART, C.M.A. (2013). "Política como ação responsiva: Breve ensaio acerca de educação e arte". *In*: FREITAS, M.T.A. (org.). *Educação, arte e vida em Bakhtin.* Belo Horizonte: Autêntica, pp. 69-93.

JAPIASSU, H. (1977). "As máscaras da ciência". *Revista Ibict*, v. 1, n. 6. Rio de Janeiro, pp. 13-15. [Disponível na internet: http://revista.ibict.br/ciinf/article/view/93, acesso em 19/11/2018.]

JOBIM E SOUZA, S. (1996). "Ressignificando a psicologia do desenvolvimento: Uma contribuição crítica à pesquisa da infância". *In*: KRAMER, S. e LEITE, M.I. (orgs.). *Infância: Fios e desafios da pesquisa.* Campinas: Papirus, pp. 39-54.

KRAMER, S. (2007). *Por entre as pedras: Arma e sonho na escola.* São Paulo: Ática.

_______ (org.) (2009). *Retratos de um desafio: Crianças e adultos na educação infantil.* São Paulo: Ática.

LUCKESI, C.C. (2011). *Avaliação da aprendizagem escolar: Estudos e proposições*. São Paulo: Cortez.

MICARELLO, H. (2010). "Avaliação e transições na educação infantil". Ministério da Educação. Brasília. [Disponível na internet: http://portal.mec.gov.br/index.php?option=com_docman&view=download&alias=6671-avaliacoesetransicoes&category_slug=setembro-2010-pdf&Itemid=30192, acesso em 19/11/2018.]

MOSS, P. (2008). "Para além do problema com qualidade". *In*: MACHADO, M.L.A. M. (org.). *Encontros e desencontros em educação infantil*. São Paulo: Cortez, pp. 235-248.

SILVA, J.P.; BARBOSA, S.N.F. e KRAMER, S. (2008). "Questões teórico-metodológicas da pesquisa com crianças". *In*: CRUZ, S.H.V. (org.). *A criança fala: A escuta de crianças em pesquisas.* São Paulo: Cortez, pp. 79-101.

3
A PESQUISA TAMBÉM É DAS CRIANÇAS: O RETORNO AO CAMPO COMO RESPOSTA RESPONSÁVEL

Gabriela Scramingnon

> *Certa vez, um chassídico do "vidente de Lublin" jejuou de Sabá a Sabá. Na tarde de sexta-feira, ele sentiu uma sede tão terrível que achou que iria morrer. Daí ele avistou um poço, foi até lá e quis beber. Ao mesmo tempo, porém, ele se lembrou de que estaria estragando todo o trabalho de uma semana por uma horinha que ainda teria de suportar. Ele não bebeu e se afastou do poço. Estava orgulhoso por ter superado a difícil prova. Ao perceber isso, falou para si mesmo: "É melhor eu ir lá e beber do que meu coração ser tomado por orgulho". Ele voltou e se aproximou do poço. Quando se preparava para se curvar sobre ele para apanhar a água, percebeu que a sede tinha sumido. Depois do início do Sabá, ele foi à casa do professor. "Trabalho malfeito", disse aquele que estava junto à soleira.*
>
> Martin Buber (2011, p. 25)

O conto narrado introduz o terceiro capítulo do livro *O caminho do homem segundo o ensinamento chassídico* (2011), no qual Buber expõe que a dureza com que o mestre trata seu discípulo o impressionou na primeira vez que escutou a história. Essa rigidez impacta especialmente por termos em mente a importância de realizar um trabalho perfeito, impecável, como nos pareceu, à primeira vista, o trabalho do chassídico ao buscar superar tanto o poder do seu corpo, quanto o desvio de sua alma em ceder ao orgulho. Contudo, Buber chama atenção para o fato de que a repreensão do mestre tem a ver com o modo como o trabalho foi feito, pois havia algo no proceder impedindo-o de alcançar um degrau superior da própria alma, como era seu objetivo. "Trata-se do avanço e retrocesso, do ir e voltar – o grave é o caráter de vai e vem da ação" (Buber 2011, pp. 24-25).

A crítica ao "vidente" remete à ideia de que, quando o homem toma consciência do lugar onde está e aonde vai, assume a responsabilidade pela própria vida. Assim, a oposição de trabalho malfeito, no ensinamento chassídico, não é o perfeito, e sim o coerente. E um trabalho desse tipo só pode ser alcançado com a inteireza do homem: "A tarefa que fazemos deve ser feita com todos os membros, isto é, todo o ser do homem deve estar envolvido, nada dele pode ficar de fora" (*ibidem*, p. 28). A discussão proposta por Buber trata da necessária vivência da ética em todas as situações da existência. O autor enfrenta uma questão fundamental nessa obra: Como assumir nossa responsabilidade no mundo? Onde estamos?

O primeiro contato com os textos desse livro se deu no âmbito dos estudos do grupo de pesquisa Infância, Formação e Cultura (Infoc).[1] A leitura do conto permitiu que construíssemos uma reflexão sobre o tema da ética na pesquisa, sobre o trabalho do pesquisador e sobre como é necessário um trabalho coerente quando pensamos na metodologia, no desenvolvimento da investigação, cuidando para que estejamos inteiros na realização da tarefa proposta. A coerência enseja a recomendação de que antes de uma ação é necessário indagar sobre os caminhos para sua execução.

---

1. Coordenado pelas professoras Sonia Kramer e Maria Fernanda Rezende Nunes, o Infoc é um grupo de pesquisa que atua desde 1993 no Departamento de Educação da PUC-Rio.

A partir dessa compreensão, a ética como postura de pesquisa tem a ver com a autoria do pesquisador e não está dada *a priori*, mas é um pressuposto ao longo de todo o trabalho: desde o momento inicial da investigação à obtenção do seu consentimento informado, bem como à sua implicação durante todo o percurso, que abarca a devolução aos participantes. A reflexão presente no conto sobre a importância de tomar consciência do lugar onde se está e aonde desejamos ir como responsabilidade na vida cabe à pesquisa, e é trabalho do pesquisador. Ao pedir autorização para iniciar um estudo, o pesquisador assume o compromisso da devolução dos dados obtidos durante as observações. Os termos de assentimento e consentimento são caminhos de entrada. Após esse primeiro momento, é a ética pessoal que estabelecerá aquilo que será realizado no trabalho. A ética implica uma postura que se instaura desde o surgimento das questões iniciais até o compartilhamento de seus resultados, contemplando muitos encontros: do pesquisador com ele mesmo; com o referencial teórico que embasa o estudo; com os sujeitos (Pereira 2015).

Considerando o compartilhamento dos resultados de uma investigação como etapa que constitui o processo de pesquisa, este capítulo apresenta a experiência de retorno ao campo para a devolução dos resultados, no contexto de uma pesquisa com crianças (Scramingnon 2017). A tese de doutorado teve como objetivo conhecer o que falam crianças de seis a dez anos da experiência de ser criança no mundo contemporâneo e como se dão as relações entre elas e os adultos. O encontro com as crianças ocorreu entre 2015 e 2016, em uma instituição não governamental sem fins lucrativos, empenhada na formação e na produção artística cultural. O estudo teve como estratégias metodológicas a observação e a realização de entrevistas coletivas no formato de um jornal, denominado pelas crianças de *Jornalzinho da Manhã.*

No percurso da investigação esteve presente o desafio de fazer uma pesquisa *com* e não *sobre* elas (Macedo e Flores 2012). O *com* reafirma o desejo de ouvi-las por elas mesmas em vez de as informações serem fornecidas pelos adultos. E mais do que ouvi-las a respeito das perguntas feitas pelo pesquisador, o *com* carrega a responsabilidade de não planejar muito distante delas, de considerar as pistas que oferecem. O *com* não significa abrir mão do lugar do pesquisador, já que este não é um posicionamento tomado em investigações feitas com os adultos, mas compreender a assimetria da relação entre adultos e crianças. O *com* é o reconhecimento de que as crianças são pessoas como os adultos, que merecem respeito e ética no trato com elas.

Para Kramer (2002, p. 57), "as crianças certamente têm sido menos ouvidas que os adultos e a elas o retorno das pesquisas quase não ocorre". Quanto a esse aspecto, Macedo e Flores (2012, p. 245) destacam:

> Se, por um lado, deve-se ter clareza da importância deste movimento de devolução e, de certa forma, publicização de pesquisas no intuito de enriquecer a produção de conhecimento e dialogar com os diferentes campos do saber, é preciso reconhecer, por outro lado, que a mesma lógica adultocêntrica – já tão amplamente discutida e criticada nos estudos contemporâneos que se dedicam a questões da infância – define as bases do processo de produção de conhecimento sobre as crianças. Ainda que muitos trabalhos científicos sustentem se referir a pesquisas *com* crianças, é *sobre* (e não *com*) elas que falam os adultos quando concluem seus estudos.

As autoras destacam a relevância de o diálogo com as crianças ser sustentado também durante a devolução dos resultados, quando, segundo elas, esse momento muitas vezes é para falar sobre elas com os adultos, como forma de devolver os dados. O retorno ao campo para compartilhar resultados de uma investigação tem sido tratado nas ciências humanas e sociais como questão ética que envolve a pesquisa. De acordo com as especificidades dos estudos realizados, a devolução pode ocorrer em encontros que acontecem direta ou indiretamente com os participantes; com respostas às instituições que abriram suas portas; nas secretarias dos municípios e estados responsáveis pela autorização da pesquisa; por meio da mídia e a partir de publicações recomendadas e apresentações em eventos acadêmicos.

A devolução com crianças tem sido discutida no campo dos estudos da infância. "Que especificidades a pesquisa com crianças instaura na ampla tarefa da ciência? Que contornos o debate sobre a ética adquire quando circunscrito ao campo interdisciplinar dos estudos da infância?" (Pereira 2015, p. 50). As indagações da autora permitem pensar que não é preciso fazer do mesmo jeito que fazemos com os adultos, mas que a ética e o respeito pelas crianças devem ser considerados em suas singularidades.

Como ensina o conto que introduz este capítulo, não existe trabalho perfeito. Entretanto, é preciso buscar coerência, desejar construí-la, e é nesse sentido que o retorno ao campo é entendido. É a tomada de consciência do lugar onde se está e aonde se deseja ir. A seguir, abordaremos como foi a experiência de retorno ao campo para compartilhamento com as crianças dos resultados da pesquisa. Esse percurso está organizado em quatro itens: "abrindo caminhos"; "o retorno como uma nova entrada no campo"; "a leitura da pesquisadora e a leitura das crianças"; "aonde a pesquisa pode ir depois de seu fim".

Abrindo caminhos

O que as crianças tinham a dizer do trabalho feito com elas, mas escrito pela pesquisadora, foi a questão que conduziu a decisão de retorno ao campo. Esse interesse exigia delinear encaminhamentos: quando e como fazê-lo? A pesquisa foi realizada no Instituto de Artes,[2] com a presença dos adultos responsáveis pelas crianças, e, assim, a devolução aconteceu para ambos, crianças e adultos.

O retorno ao campo aconteceu antes da defesa da tese, e o processo de devolução dos resultados compôs seu último capítulo. Essa decisão fundamentou-se no desejo de assegurar que as crianças que haviam participado da pesquisa integrassem a conversa, o que não estaria garantido após a data da defesa, março de 2017.

2. Optou-se pelo uso de nomes fictícios para a instituição e para as crianças. Essa discussão foi aprofundada na tese.

As crianças frequentavam o Instituto de Artes em encontros às terças e sextas-feiras, das 9 às 11 horas da manhã, em turmas formadas anualmente, com possibilidade de entrada e saída durante o ano – o que pôde ser observado durante a realização da pesquisa de campo, em 2015. Não havia impedimento por parte do instituto para que elas ali permanecessem por vários anos; porém, devido à organização de vida de seus familiares e de seu horário das escolas, algumas não conseguiam continuar e isso dificultaria o encontro com elas.

A devolução foi planejada juntamente com a equipe do instituto, já que demandava um tempo específico do calendário de atividades do semestre para os encontros. Na ocasião, foi possível tomar ciência de sete novas crianças do ingresso, que não tinham participado das entrevistas para a tese. As oficinas realizadas no instituto tinham duração de duas horas, contando com o horário de entrada, lanche e desenvolvimento das propostas. Diante dessa dinâmica, a devolução foi organizada em quatro encontros, para aumentar a possibilidade de diálogo com todas as crianças – o que poderia não acontecer caso existisse apenas um encontro e nele houvesse um número expressivo de faltas.

Para a concretização dessa etapa da pesquisa, foi fundamental o espaço disponibilizado pelo Instituto de Artes: a coordenação e seus arte-educadores esclareceram que essa seria a primeira devolução de pesquisa diretamente aos participantes de forma presencial, já que haviam vivenciado em outras ocasiões apenas a versão final impressa, como retorno do material produzido.

A responsabilidade de fazer com que as crianças se reconhecessem no texto escrito pelo adulto encaminhou a decisão de apresentar o resultado das análises e categorias construídas com base nas entrevistas realizadas no *Jornalzinho da Manhã*, estratégia metodológica usada para ouvi-las. Esse encaminhamento considerou o fato de elas não terem acesso às informações se a devolução consistisse apenas na tese impressa. Assim, a devolução aconteceu entre setembro e novembro de 2016, e contemplou categorias centrais do estudo, que emergiram do diálogo com a participação direta das crianças.

O retorno como uma nova entrada no campo

O título deste item expressa o sentimento de retorno ao campo, que, apesar de apresentar uma proposta diferente da primeira entrada, também carregava as indagações como marca do processo: Como devolver? Como conversar com as crianças? Como estabelecer o diálogo a partir dos dados? As estratégias foram planejadas, mas, sem abrir mão dessa responsabilidade, interessava o imprevisível, o retorno que as crianças dariam.

Nos encontros estiveram presentes as crianças e os dois arte-educadores responsáveis pelo trabalho com a turma. O primeiro teve como proposta esclarecer o retorno ao campo como oportunidade também de reapresentação, especialmente por conta das crianças novas que não frequentavam o instituto no período das entrevistas. O texto da tese foi impresso como forma de mostrar o que já havia escrito, e foram levados os livros: *Casa das estrelas: O universo contado pelas crianças* (Naranjo 2013) e *Dicionário de humor infantil* (Bloch 1997). A opção pelos livros se deu considerando a possibilidade de apresentar às crianças a existência de outros textos, com formatos diferentes, mas que também haviam sido escritos a partir da escuta delas.

Essa conversa teve como intuito anunciar o retorno para dar notícias do conhecimento produzido com base na pesquisa feita com elas, e que nos encontraríamos em outras ocasiões para tratar disso. O momento de apresentação, que *a priori* seria rápido, suscitou questões por parte das crianças. Logo no início mostraram que um encontro instaurado com ética implica abrir mão da pretensão da previsibilidade sobre o outro.

> Gabriela: Meu nome é Gabriela, algumas crianças aqui ainda não me conhecem e queria me apresentar para vocês e dizer o que estou fazendo aqui. Sou uma pesquisadora e estudo em uma universidade chamada PUC. *Antes de terminar a frase, Maitê, que passou a frequentar o Instituto em 2016, interrompe.*
> Maitê (8 anos): Você está estudando para ser professora do Instituto?
> Gabriela: Não. Já sou professora.
> Maitê: Aqui ou de escola?

Leo (9 anos): De escola.
Maíra (9 anos): Se você for professora de matemática, podia ser professora da minha escola.
Gabriela: Sou professora de matemática também, mas já trabalho em uma escola. Aqui não vim para ser professora, mas para fazer uma pesquisa. Queria fazer uma pesquisa com criança que não fosse em escola e por isso estou aqui no Instituto.
Maria Clara (7 anos): Quero te perguntar duas coisas: qual o nome da escola que você dá aula e quantos anos você tem?
Respondi o nome da escola e, antes que respondesse minha idade, as perguntas continuaram.
Maitê: Minha mãe vai me mudar de escola e acho que vou estudar lá.
Cauã (7 anos): Estudo lá.
Maria Clara: E quantos anos você tem?
Gabriel (6 anos): 37!
Gabriela: Não. Tenho 34.
Cauã: Você é professora do primeiro turno?
Gabriela: Do primeiro e do segundo.
Maitê: Então se eu mudar de escola vou para a sua turma, mas teria que repetir de ano para estudar lá.
Gabriela: Você não seria da minha turma porque lá sou professora de crianças de 3, 4 e 5 anos.
Maitê: Tenho irmão que vai fazer 5 anos.
Maíra: No Colégio Militar[3] você dá aula?
Gabriela: Não.
Neste momento, uma criança disse sua idade, e as outras começaram a falar também.
(Encontro 1, Instituto de Artes, 23/9/2016)

Havia pensado um jeito de esclarecer a intenção em retornar ao campo, mas, para algumas crianças, mais do que entender o que eu faria, interessava saber quem eu era e, da mesma forma, falar delas também, como aconteceu com Maitê, Maria Clara e Maíra, que estavam me conhecendo naquele momento. Para elas, o interesse pela pessoa veio primeiro. Houve abertura para o outro, para que eu dissesse quem sou,

3. Instituição no município do Rio de Janeiro com turmas do 6º ano do ensino fundamental ao ensino médio. O ingresso acontece por concurso público.

antes de ser pesquisadora. Importava mais a pessoa que estava diante delas do que saber antes o que ela fazia. Quando respondi à pergunta sobre onde dava aula, falaram de algo que vivenciam no segundo semestre do ano letivo: a renovação de matrículas, a troca de escolas, as tentativas de ingresso em diferentes instituições. Estava posto o desafio de ouvir as crianças e, ao mesmo tempo, estabelecer o diálogo sem me distanciar do tema proposto para o encontro. Retomamos a conversa em meio ao assunto sobre as idades.

> Gabriela: Então, queria fazer uma pesquisa com crianças de diferentes idades, por isso quis conversar com vocês. Ano passado estive aqui, entrevistei vocês e conversamos sobre o que vocês achavam de ser criança, falamos das crianças e dos adultos, e fizemos um jornal de entrevistas: o *Jornalzinho da Manhã*. Quem lembra?
> *As crianças foram dizendo que lembravam e expliquei que algumas não participaram porque ainda não frequentavam o Instituto.* Depois das entrevistas, passei um tempo lendo e escrevendo sobre tudo o que vocês disseram, que virou esse texto de muitas páginas que depois ganhará uma capa, como um livro, que as pessoas poderão ler, como conversamos no ano passado. Quando estiver pronto vou trazer um para ficar aqui no Instituto. Voltei este ano porque quero dar notícias do que descobri da pesquisa que fiz com vocês. Da mesma forma que ouvi vocês, outros pesquisadores também ouviram outras crianças e hoje eu trouxe dois livros para mostrar, que foram escritos a partir da escuta das crianças e trazem muitas coisas que as crianças disseram. O que estou escrevendo vai mostrar as falas de vocês.
> Leo (9 anos): Posso ver? *Neste momento passei os livros para Leo e outras crianças pediram para ver.*
> Maíra (9 anos): Mas vende em livrarias?
> Gabriela: Vende.
> Valentina (6 anos): Quero falar uma coisa. A minha avó tem um caderno que todas as coisas engraçadas que eu falo ela anota no caderno dela.
> Gabriela: Que legal! Sabe que também faço isso nesse meu caderno aqui? Anotei várias coisas que vocês falaram.
> Valentina: Por que você anota?
> Gabriela: Porque acho muitas coisas que vocês falam interessantes e anoto para não esquecer.

Valentina: Vi o que minha avó anota e é muito engraçado o que eu falo. Também faço desenhos para a minha avó.
(Encontro 1, Instituto de Artes, 23/9/2016)

Depois da fala de Valentina, perguntei se tinham dúvidas, se gostariam de esclarecimentos. O arte-educador perguntou por que o instituto havia sido escolhido para a realização da pesquisa. Respondi que, além da proposta e de encontrar em um só lugar crianças de diferentes idades realizando oficinas juntas, na primeira visita eu havia achado o espaço físico interessante, especialmente o quintal. Enquanto falava, Maitê teceu comentários:

Maitê (8 anos): Na escola é tudo separado: crianças do primeiro ano, segundo ano...
Cauã (7 anos): Eu não posso falar com as crianças mais velhas da minha escola. Não posso conversar com os garotos do 6º, 7º...
Arte-educador: Por quê?
Cauã: A professora não deixa.
Maitê: Na minha escola não posso falar nem com os mais velhos e nem com os mais novos.
Cauã: A gente não pode falar com os garotos mais velhos, mas mesmo assim eu vou lá falar.
Gabriela: Mas por que não pode?
Cauã: Não sei.
Gabriela: Você nunca perguntou?
Cauã: Não.
Gabriela: Então pergunta.
(Encontro 1, Instituto de Artes, 23/9/2016)

A questão levantada por Cauã e Maitê provocou os adultos presentes – pesquisadora e os dois arte-educadores – e houve desejo de continuar o assunto, mas a conversa logo seguiu outro rumo:

Maíra (9 anos): É legal ser pesquisadora?
Gabriela: Eu acho.
Maíra: Acho que eu vou querer ser pesquisadora.
Gabriela: Você pode pesquisar sobre muitas coisas.
Maíra: Ainda não sei o que eu vou pesquisar.

Leo (9 anos): Quero perguntar uma coisa: você vai ficar meses aqui?
Gabriela: Até novembro e até lá vou trazendo notícias da pesquisa.
Rafa (6 anos): Para a turma da tarde também? Você está fazendo pesquisa com eles?
Gabriela: Não. Só com vocês.
Rafa: Mas eles podiam saber da pesquisa que fez com a gente.
Leo (9 anos): E as nossas mães também.
Gabriela: Não pensei em conversar com a turma da tarde, mas gosto da ideia de conversar com os pais de vocês.
Valentina (6 anos): Por que você gosta de fazer pesquisa?
Gabriela: Porque gosto de estudar.
Maitê (8 anos): Gosto de descobrir coisas antigas: dos egípcios, gregos, da África...
Valentina: E eu estou fazendo uma pesquisa sobre a Floresta Amazônica.
Maitê: Faço muita pesquisa, e meus amigos perguntam como eu sei de muitas coisas e eu digo que foi pesquisando nos livros. Meus amigos perguntam de onde eu tiro tanta informação, e eu digo: "eu tiro dos livros".
(Encontro 1, Instituto de Artes, 23/9/2016)

Muitos assuntos surgiram: o que é ser pesquisador, por que ele anota, e se é bom ser pesquisador. Falaram das relações nas escolas e de como em algumas delas não se pode falar com as crianças mais novas ou mais velhas. Relataram suas experiências de pesquisa e ficamos sabendo que a avó de Valentina também anotava as coisas que ela falava. Questões levantadas alimentaram o desejo de querer conversar mais, o que também se apresentava como um desafio para a pesquisadora, já que se tratava de uma etapa de devolução e não de construção, pelo menos por ora, de uma nova pesquisa.

Já nessa primeira conversa foi possível compreender como o retorno ao campo pode gerar reflexões, novas perguntas, necessidade de rever propostas planejadas, considerando as demandas surgidas nas relações concretas com as crianças. Ao mostrar as duas publicações – *Casa das estrelas: O universo contado pelas crianças* e *Dicionário de humor infantil* –, a intenção era fazer os livros circularem para que todas pudessem vê-los. Entreguei os livros a uma delas, as outras pediram, expliquei que todos iriam ver, mas isso não aconteceu. Com o desenrolar da conversa, esquecemos os livros nas mãos da primeira criança que os recebeu e, chegando ao final da conversa, as outras cobraram que não os tinham visto, mas já não havia tempo para que os livros circulassem entre elas. Informei que retornaria com eles para que pudessem vê-los com tranquilidade.

Isso aconteceu na semana seguinte. No fim do dia, nos reunimos para a apresentação dos livros. Falamos sobre a autoria, sobre como foram escritos, sobre a tradução, no caso da obra *Casa das estrelas*, e lemos várias partes dela. Como trata de falas que expressam a compreensão de diferentes crianças a respeito do mundo, o texto chamou atenção e algumas crianças começaram a discordar das definições, como sobre o que é um adulto: "Pessoa em que em todas as coisas que fala vem primeiro ela" (Naranjo 2013, p. 20).

> Emanuele (8 anos): Isso não tinha que ser adulto, tinha que ser mãe.
> Maitê (8 anos): Não. Está errado porque, para a mãe, antes dela vem o bebê para ela.
> Rafa (6 anos): Tinha que ser pai.
> Valentina (6 anos): Achei que era professora.
> Gabriel (6 anos): Pode ser Deus.
> (Encontro 2, Instituto de Artes, 30/9/2016)

A conversa virou uma brincadeira com a sugestão de uma criança de que eu lesse apenas a definição para que elas pudessem descobrir sobre o que se tratava. Depois mudamos a dinâmica com a leitura apenas das palavras para que dessem a definição que queriam e em seguida comparávamos com a compreensão das crianças participantes dos livros. Pediram para ler, trazendo os adultos – pesquisadora e arte-educadores – para a brincadeira de tentar descobrir.

Esse momento possibilitou a conversa sobre o que é uma pesquisa, sobre a verdade e a produção do conhecimento na pesquisa em ciências humanas e sociais. Falamos que não havia uma única resposta para as questões destacadas, que não tinha certo ou errado, mas diferentes formas de pensar sobre uma mesma coisa e que, se ouvíssemos outras pessoas, respostas diferentes poderiam ser dadas. Foi importante chamar atenção para o contexto das pesquisas, esclarecendo que o lugar onde moramos, os costumes, como é a vida das pessoas, faz com que as respostas sejam diferentes, mas não erradas. Comentamos como outros adultos e outras crianças também poderiam ler com estranhamento ou discordância o que foi dito na pesquisa que estava realizando com elas no instituto.

No final do encontro, no portão de saída, Maitê, com sua mãe, contou que tinha gostado do livro *Casa das estrelas* e pediu que eu o mostrasse, solicitando a ela que o comprasse. Passei informações a respeito do livro e o ofereci emprestado. Elas aceitaram e o livro ficou por quase um mês com Maitê, que semanalmente fazia questão de dizer da leitura: "Já estou na letra L, já estou na T".[4] Na relação com Maitê, a pesquisa ensina que não se ocupa só com os resultados, mas produz relacionamentos. É para além do texto escrito. É para a vida e pode deixar marcas.

A leitura da pesquisadora e a leitura das crianças

O terceiro encontro com as crianças teve como proposta compartilhar resultados da pesquisa a partir das seguintes categorias de análise construídas nas entrevistas: "Ouvir as crianças é muito sério"; "Ser criança é poder fazer diferente dos adultos"; "As crianças consideram que possuem um conhecimento que pode ser compartilhado com os adultos que eles ainda não sabem".

O diálogo aconteceu a partir do próprio texto da tese. Após a leitura de cada um dos títulos, foi feita menção às conclusões do estudo recorrendo, sem nomear, às falas das crianças no texto. Sobre "Ouvir as crianças é muito sério" e "Ser criança é poder fazer diferente dos adultos", enquanto lia, ouviam e faziam comentários que expressavam afirmação, curiosidade, concordância: "Também acho!" (Gabriel); "Isso é verdade!" (Maria Clara). Nesse momento foi possível observá-las, tentavam lembrar-se de quem havia dito o quê e exclamavam aos colegas: "Eu acho que eu falei isso!" (Rafa); "Eu participei" (Leo).

4. As definições das crianças são organizadas no livro por ordem alfabética.

A leitura foi na voz da pesquisadora, e a sensação nesse momento era de que as crianças estavam avaliando os resultados, confirmando se haviam dito o que era lido. Ouvia os comentários como se estivesse passando por um processo de avaliação. Na hora, tive dúvidas se estavam entendendo, porque foram poucas falas e todas de afirmação. Depois, enquanto fazia a transcrição, ouvi o que no dia não consegui escutar com atenção e, diante das falas e entonações, compreendi que o resultado fora satisfatório para as crianças, era uma resposta da pesquisa a favor delas, estavam representadas e talvez por isso não tenha havido tantos comentários.

Dando continuidade, a última categoria de análise foi lida: "As crianças consideram que possuem um conhecimento que pode ser compartilhado com os adultos que eles ainda não sabem". A reação, nesse momento, causou surpresa. Antes mesmo de trazer relatos, começaram a falar, dizendo que sabiam uma coisa que queriam contar. A frase soou como convite para novas respostas. Era como se uma pergunta tivesse sido feita e de repente muitas quiseram falar. Pedi que aguardassem o término da leitura e, fazendo referência ao texto, trouxe o que elas haviam dito. Diferentemente do momento inicial, as crianças que participaram ou não do jornal de entrevistas começaram a dar explicações sobre o porquê de os adultos não saberem algumas coisas que haviam sido mencionadas na leitura. As últimas frases eram relacionadas ao conhecimento das crianças a respeito da natureza, e este foi o tema que ganhou destaque nas explicações dadas por elas.

> Alison (7 anos): É porque eles não aprenderam muitas coisas quando eram crianças, mas as mães podem falar e eles podem saber. Eles esqueceram porque tem muito tempo. Ou as crianças podem lembrar para eles. Eu acho que quando eles eram pequenos alguma pessoa falava para eles que as coisas da natureza eram perigosas. (Encontro 3, Instituto de Artes, 14/10/2016)

No comentário de Alison, estava a oportunidade de dizer algo que vivenciei durante o período em que estive com elas fazendo a pesquisa e não tinha tido espaço e coragem para expor: a surpresa com a relação de proximidade delas com a natureza. O espaço do instituto valorizava e incentivava essa postura, mas era tudo muito distante da realidade da minha vida: subir em árvore, plantar, ter contato com animais... E nessa conversa falei desse meu sentimento, do medo que tenho de bichos e do meu desconhecimento em relação a tantas coisas que elas sabiam: "Você não sabe subir em árvore?" (Emanuele); "Você tem medo de qualquer bicho, até de formiga? E abelha? E grilo? E barata?" (Maria Clara). Citaram outros bichos e comentei que um dos resultados da pesquisa era que, segundo elas, outros adultos também não tinham contato com a natureza e precisavam aprender com as crianças.

> Maria Clara (7 anos): Tenho duas explicações: uma para alguns adultos e outra para outros. É porque alguns adultos são fresquinhos e a segunda é porque quando eles ficaram adolescentes ou pré-adolescentes eles perderam totalmente o contato com a natureza e se esqueceram. Sei isso por causa do meu irmão. Ele é pré-adolescente e só pensa em usar o computador.
> Leo (9 anos): Acho que os adultos sabem menos que as crianças sobre a natureza, porque o Ensino Fundamental da escola deles não conseguiu dar a matéria direito.
> Eduardo (10 anos): Trabalho, trabalho, trabalho.
> Emanuele (8 anos): Na minha escola tem estudo sobre a natureza, só para os pequenininhos do primeiro ano. Eles têm essa aula e depois do primeiro ano não têm mais. Acho que devia ter. Tem gente que não fica pensando só em computador, *videogame*... Essas coisas.
> Alison (7 anos): Os adultos ainda não sabem tudo da natureza e as crianças sabem mais porque as crianças leem livros, e algumas coisas aprendem aqui, outras estudam na escola, ficam aqui e os adultos não vão para todos esses lugares. É que os nossos pais, eles não sabem algumas coisas. Imagina... O pai da Maíra, ele não sabe a música da Galinha Pintadinha. A Maíra aprende, e ela fala: "Papai, sabia que eu aprendi uma coisa? A música da Galinha Pintadinha". E ela canta para ele, canta sem parar, ele também canta junto com ela, e eles podem aprender também outras coisas.
> Leo: Mas tem criança que não tem direito de saber sobre natureza, porque os pais abandonam na rua e eu fico com pena.

Alison: Sabe o *Procurando Nemo*?[5] Então, também tem gente assim, igual a Dory,[6] que tem problema na cabeça e esquece o que fala. (Encontro 3, Instituto de Artes, 14/10/2016)

A conversa fluiu como espaço de troca, exposição de ideias diferentes, garantia de que as crianças também escutassem umas às outras e por alguns minutos fiquei de fora, em silêncio, ouvindo-as. Nessa situação ficou claro que não é só o pesquisador que detém a autoridade para fazer perguntas, comentar, encaminhar o diálogo, e a influência do poder e da hierarquia do adulto diminuiu enquanto as crianças expõem seus pontos de vista.

Na fala de Alison, estávamos encerrando a conversa com a chegada dos responsáveis para buscá-las. As crianças iam se despedindo, enquanto outras continuavam na conversa, até que Alison sentou-se ao meu lado.

Alison (7 anos): Fala outra coisa só para eu te responder. Gostei de falar disso, é legal. Você está gravando? Sabia que criança é muito, muito pequena? Ela vai crescendo e chega na adolescência, e elas crescem e não sabem fazer nada, mas.... Vem uma amiga dela e ensina para ela. E eu também acho que tem que pesquisar coisas assim: como cuidar dos livros, como ontem. É que meu amigo, nem é meu amigo, ele é chato na escola. *Neste momento seus responsáveis chegam.*
Alison: Espera um pouco que hoje eu não tenho aula. *E continua...* O Gabriel queria pegar o livro da mão da minha amiga, mas ela pegou primeiro e ele puxou o livro da mão dela e rasgou o livro e a Bruna disse "professora, o Gabriel rasgou o livro". E a professora falou "quando você chegar em casa você vai ter que consertar e eu vou cobrar, hein!". E não foi a Bruna. *Neste momento Alison é chamada novamente e o arte-educador comenta*: "A Gabriela vai voltar para conversar outras vezes com vocês". *Ela pede para esperar.*
Alison: Por isso que acho que tem que pesquisar sobre livros.

---

5. *Procurando Nemo* é um filme de animação produzido pela Pixar Animation Studios e distribuído pela Walt Disney Pictures, com direção de Andrew Stanton.
6. Dory é uma personagem da animação *Procurando Nemo*.

Digo a ela que podemos continuar conversando na próxima semana e nos despedimos.
(Encontro 3, Instituto de Artes, 14/10/2016)

Alison era nova no instituto e tínhamos acabado de nos conhecer. Participou da conversa e mostrou que queria dar continuidade ao diálogo. Na oportunidade que teve, deu explicações sobre ser criança e sugeriu "o cuidado com os livros" como tema a ser pesquisado. Era muito mais que cuidar dos livros. Estava desconfortável com a responsabilidade destinada à amiga pela professora, pois, segundo ela, a amiga não tivera culpa. Perguntou se a conversa estava sendo gravada, pediu que eu falasse outra coisa para que ela pudesse responder, mas não deu tempo para que a pergunta fosse feita. Falou sem intervalos, e, mais do que investigar o cuidado com o livro, Alison mostrou como pesquisar é fazer da pesquisa uma questão para o outro.

Na conversa inicial com todas as crianças, logo entendeu que havia ficado de fora, não ouvira suas falas sendo mencionadas e resolveu isso direto com a pesquisadora, cobrando sua participação. Essa situação colocou em questão os lugares que construímos para nós e para as crianças nos encontros de pesquisa, especialmente na etapa da devolução. Para Alison, não era suficiente só tomar conhecimento dos resultados. Era como se dissesse: "Falta eu, não fui entrevistada, tenho o que dizer sobre o que você falou, pode registrar porque vou falar agora". Alison tinha uma resposta, tinha algo a dizer, queria participar, independentemente da pergunta.

Aonde a pesquisa pode ir depois de seu fim

O quarto encontro com as crianças teve como proposta finalizar o processo de devolução: foi organizado um texto de uma lauda, reunindo os resultados da pesquisa, destacando os seguintes temas como achados da investigação: pedido de escuta das crianças; a relação delas com os adultos envolvendo aspectos como calma, brincadeira, relação com o tempo, trabalho, participação infantil, uso do castigo e da violência física;

diferenças que constituem ser adulto e ser criança; a possibilidade de os adultos aprenderem com as crianças coisas que ainda não sabem. Dentre esses, com exceção da participação infantil na ajuda aos adultos, castigo e uso da violência física, os outros pontos haviam sido retomados nos encontros anteriores.

Expliquei que realizaria a leitura do texto e que, ao final, conversaríamos. As crianças ouviram atentas, e em alguns momentos foi possível perceber olhares que se cruzavam. No término da leitura, Dilha comentou:

> Dilha (9 anos): Tem adulto que brinca sim e também tem gente que já vi na televisão que dá castigos horríveis para as crianças. (Encontro 4, Instituto de Artes, 8/11/2016)

Os comentários continuaram e expliquei que o texto lido fora escrito por mim com base no que elas haviam dito. Foi importante ressaltar que estava falando sobre o que ouvi delas no ano anterior, mas que outras crianças podiam pensar diferente. Nesse momento, fiz referência ao comentário de Dilha, que não participou da pesquisa em 2015 porque ainda não frequentava o instituto, e disse às crianças que gostaria de ouvi-las também a respeito do texto. Perguntei se manteriam o texto como estava ou se fariam alguma mudança, caso pudessem. Iniciaram uma série de sugestões e fiz a proposta de o reescrevermos. Por fim, era outro texto, com um novo final. A proposta aconteceu no formato de um texto coletivo. Enquanto falavam, os registros iam sendo feitos. Não foi possível discutir a estrutura do texto, mas essa não era a intenção. Com todas as contribuições, a escrita obedeceu literalmente a ordem das falas.

> Tem adulto que brinca e constrói helicóptero. Quando criança fica de castigo, só fica deitada na cama olhando para o teto. Os adultos começaram a cuidar da natureza como as crianças e eles plantaram muita coisa com mais cuidado. Os adultos estão mais pacientes e não batem nos filhos com chinelo ou qualquer coisa quando uma criança faz uma bobeira. Em vez de ficar de cara para a parede, as crianças ficam comendo muitos brigadeiros.
>
> As mães sempre conversam com as crianças tentando resolver conversando e não batendo. Depois da conversa, se não adiantar, eles

> vão para o outro ponto, mas antes elas tentam sempre não bater e não fazer nada, nem botar de castigo porque é muito ruim e as mães conversam. E a gente quer o mesmo final da história para todas as crianças, que os pais conversem e não batam como algumas mães aqui fazem.
> Criança ajuda os pais a mexerem no fogão, lavar louça e cuidar do irmão pequeno porque elas gostam e é divertido. As crianças ajudam os pais a cozinharem e assim as mães não precisam ficar acordando às 7 h da manhã para dar café às crianças, porque quem é maior pode fazer seu café sozinho com iogurte e maçã que já ficam na geladeira e é só a criança pegar. E quem tem irmão pequeno pode dar para o irmão. Criança também ajuda a passar pano e a varrer.
> É mentira que tem adulto que não brinca. Os adultos brincam, mas alguns chatos não brincam. As mães brincam com as crianças de cozinhar, de panelinha e de ser cliente. Os adultos não trabalham tanto e podem ficar com as crianças, mas trabalham para ganhar dinheiro para sustentar as crianças. Os adultos têm menos trabalho e mais diversão.
> (Texto coletivo produzido pelas crianças, Encontro 4, Instituto de Artes, 8/11/2016)

Na versão produzida pelas crianças, elas destacaram aspectos do que havia sido anunciado como resultado da pesquisa: brincadeira; relação com a natureza; agressão física; castigo; participação e ajuda das crianças; trabalho e tempo na vida dos adultos. Na possibilidade de construírem outro final para o que foi relatado como resultado da pesquisa, em vários momentos, o texto das crianças anuncia a possibilidade de um futuro, retomando elementos da relação entre elas e os adultos como um vir a ser. Ao mesmo tempo, o futuro se mistura com o presente quando fazem alusão a aspectos que afirmam já acontecerem: mãe que não bate; adulto que brinca; criança que já ajuda. Nessas situações, o texto mantém o presente como está, mostrando o que não precisa ser mudado.

Quando se confrontavam com algo que ouviam, afirmavam que há muitas respostas para uma mesma pergunta: "É mentira que tem adulto que não brinca. Os adultos brincam, mas alguns chatos não brincam" (Dilha). Discutiram o texto, negociando argumentos que entendiam ser importantes ou não, falando de suas próprias experiências, mas afirmando também a capacidade de observar, interpretar, criticar a realidade, mostrando como estão atentas ao mundo.

Para o processo de pesquisar com elas, a contribuição que oferecem nesse debate refere-se ao cuidado que precisamos ter como pesquisadores para não cometermos o erro de interpretar o que dizem como se estivessem sempre retratando suas experiências pessoais, e da mesma forma com as generalizações. Isso ficou claro quando tratavam do tema da agressão física, do castigo, da participação infantil e quando afirmaram que gostariam que esse final fosse para todas as crianças: "Todas as mães têm que fazer igual à minha: só conversar" (Maitê).

O retorno ao campo foi acompanhado pela indagação: O que desejo com esse encontro? A forma de planejar esse momento era o caminho para responder à questão. Diferentemente da primeira entrada, o intuito não era o de coletar dados, mas compartilhar o que fora construído. Em alguns momentos, me peguei esperando coisas, mas não sabia o quê. Era o inesperado, o imprevisível, que, independentemente da proposta, torna o encontro com o outro sempre desafiador.

Já na primeira conversa pude pensar na importância de me desarmar das expectativas lembrando sempre que o que buscava era o retorno das crianças: um encontro a mais entrou em pauta porque não coube mostrar os livros apenas no primeiro, como planejado. Também na devolução, a pesquisa com crianças é parceria, em uma perspectiva alteritária, em um embate, uma negociação na qual estão em jogo relações de poder, em que é preciso pensar com ética o lugar ocupado pelo pesquisador em relação a elas.

O retorno também proporcionou olhar para a mesma coisa enxergando diferenças, porque o contexto da pesquisa muda com a presença de novos sujeitos. As crianças que participaram da devolução, mas não estavam na primeira etapa da pesquisa, ofereceram elementos para pensar esse processo. A postura de Alison, com seu desejo de participar, de pedir para ser entrevistada opinando sobre o que já havia sido definido com as falas de seus colegas, faz pensar as especificidades da pesquisa feita com as crianças, quando alguém resolve dizer do lugar de quem ficou de fora que a pesquisa não se encerra só com o ponto-final do pesquisador. Sobre esse aspecto, vale destacar também a parceria das crianças que tinham participado no ano anterior, quando ajudaram a esclarecer o contexto da pesquisa para as novas.

A devolução é o depois, o que pode permanecer sem resposta ou nascer após a conclusão, considerando que o texto é sempre abertura para novos sentidos produzidos por quem lê.[7] A pesquisa não é um produto fechado e pode ser uma etapa de construção de novos caminhos aonde pode ir depois de seu fim. Nesse sentido, a partir da conversa com as crianças, a decisão de retorno da pesquisa às famílias surgiu depois da conclusão. Um mês após a devolução às crianças, foi agendado o encontro com os familiares para uma conversa sobre os resultados do trabalho.[8]

Como observadoras e críticas de suas próprias falas, as crianças puderam nesses encontros conhecer a opinião umas das outras, além de discordar e apresentar suas ideias. Nessa experiência, a devolução é abertura para querer mais. Na relação com as crianças, foi possível destacar as contribuições que podem oferecer para a produção do conhecimento, em especial, no que tange à ética nessas investigações: a pesquisa não é só do pesquisador, não pode ser um processo benéfico só para ele.

A devolução não é de um produto, acontece na interação, com a construção de novas perguntas. A pesquisa como uma sequência de etapas delimitadas talvez seja uma compreensão muito clara para nós, adultos, que aguardamos o início, o desenvolvimento e seu fim. O retorno ao campo é processo de novas descobertas, interesses, intenções. Saber se está bom, se houve aprovação, é o interesse dos adultos apoiados na história do passado, do que consideram ter sido a pesquisa. Na relação com o presente, as questões das crianças são outras: O que tem mais? Que outras perguntas isso me leva a fazer? Para Buber (2012, p. 33),

---

7. No livro *O pesquisador e seu outro: Bakhtin nas ciências humanas*, Amorim (2004) traz essa questão a partir da ideia de que a pesquisa pode ter um novo começo depois do seu fim. Essa discussão também é apresentada por Macedo e Flores (2012), em seu texto no livro *Infância em pesquisa*.
8. No dia 16 de dezembro de 2016 aconteceu no Instituto de Artes a conversa de devolução da pesquisa aos responsáveis das crianças.

o criativo, aquele que gera novos mundos, não sabe o que fazer com antigas finalidades e antigas linguagens utilitaristas, pois há algo nele que transcende toda finalidade. No entanto, se respondesse à pergunta: qual a sua finalidade? – diria aquilo que a toda grande arte cabe responder: si-mesmo e a vida.

Encontrar caminhos para o retorno ao campo como etapa da pesquisa é o desafio circunscrito à pesquisa com crianças como instauradora de novos começos, porque se dá na relação com o outro. Assim como o início e o desenvolvimento de todo o processo de investigação, a devolução também é espaço de falar *com* elas.

Referências bibliográficas

AMORIM, M. (2004). *O pesquisador e seu outro: Bakhtin nas ciências humanas*. São Paulo: Musa.

BLOCH, P. (1997). *Dicionário de humor infantil*. Rio de Janeiro: Ediouro.

BUBER, M. (2011). *O caminho do homem segundo o ensinamento chassídico*. Trad. Claudia Abeling. São Paulo: É Realizações.

_______ (2012). *Sobre comunidade*. Trad. Newton Aquiles von Zuben. São Paulo: Perspectiva.

KRAMER, S. (2002). "Autoria e autorização: Questões éticas na pesquisa com crianças". *Cadernos de Pesquisa*, n. 116, jul. São Paulo, pp. 42-59.

MACEDO, N. e FLORES, R.L.B. (2012). "O retorno às crianças como etapa da pesquisa feita com elas: Caminhos e desafios". *In:* PEREIRA, R.M.R. e MACEDO, N.M.R (orgs.). *Infância em pesquisa*. Rio de Janeiro: Nau, pp. 237-258.

NARANJO, J. (2013). *Casa das estrelas: O universo contado pelas crianças*. Rio de Janeiro: Foz.

PEREIRA, R.M.R. (2015). "Por uma ética da responsividade: Exposição de princípios para a pesquisa com crianças". *Currículo sem Fronteiras*, v. 15, n. 1, jan.-abr., pp. 50-64.

SCRAMINGNON, G.B.S. (2017). "Ser criança, ser adulto, ser professor: Encontros, diálogos e desvios com crianças de seis a dez anos". Tese de doutorado em Educação. Rio de Janeiro: PUC-Rio.

4
BEBÊS E LIVROS: A RELAÇÃO COMO PRINCÍPIO

Nazareth Salutto

> *O bebê situado no espaço torna-se pronto, com o passar do tempo, para executar o movimento que surpreende o mundo, e o bebê que assim descobriu o mundo se torna, no devido tempo, preparado para receber com alegria as surpresas que o mundo contém.*
> Winnicott (2012, p. 17)

Antes de falarmos *dos bebês com os livros*, pensemos *nos bebês*. Quem são? O que significa pensar no bebê como alguém *preparado para receber com alegria as surpresas que o mundo contém*? Será o encontro com o livro uma *surpresa*? Será correto cogitar sobre um *antes* para o bebê receber com alegria as surpresas que o mundo contém? Como isso pode contribuir ou o que pode provocar na prática com os bebês nos espaços coletivos de educação?

Este capítulo, recorte de uma pesquisa de doutorado, baseia-se nessas e em outras indagações para tecer elementos em torno do encontro dos bebês com os livros, no diálogo com Martin Buber e Donald

Winnicott. Isso porque, ao propor essa interlocução, a pesquisa se viu provocada a pensar sobre o bebê e os seus muitos itinerários de imersão na cultura. Desse modo, a centralidade das discussões se dá a partir da observação das ações e manifestações dos bebês. Para tanto, o artigo parte de algumas considerações, passa para a análise de um fragmento da pesquisa e traz algumas tessituras finais.

Bebês e livros: Por que a relação como princípio?

Muitas vezes, nas práticas cotidianas, as propostas se repetem num autômato, assumidas a partir da lógica dos tempos e calendários institucionais, sem espaço para negociações, indagações ou observação do movimento das pessoas, sejam bebês, crianças, adultos.

A epígrafe nas palavras de Winnicott (2012) convida a recolocar o papel da relação no cotidiano com os bebês, desdobrando camadas e dobras possíveis de serem alinhavadas na intenção de compreender os bebês com os livros. A força da afirmativa pede que a tessitura se faça devagar. Como será a experiência de habitar um corpo do qual se toma consciência aos poucos? Como será integrar peso, medida, volume, perspectiva, dinâmica? Ouvir os próprios sons e reconhecê-los como seus? O tempo, grande companheiro, parece ser elemento essencial para o bebê na constituição de si mesmo: tempo para que se situe no espaço e dele tome conhecimento. Tempo que remete à natureza subjetiva dessa relação. Essa relação leva a pensar que a temporalidade entre pessoas, coisas e situações envolve equilíbrio e construção de sentido do que se dá no tempo interior ao exterior.

Isso porque tudo no bebê está em estado de integração, de formar um laço, um círculo, uma unidade de si para si. Desse modo, faz-se necessário falar de relação justamente para provocar como, e de que modos, pode-se tomar ciência da atualidade do bebê como abertura para o mundo, o que não significa impor-se à sua realidade. Ao contrário, assumir essa prerrogativa convida a debruçar-se sobre ela com os olhos interessados, surpresos e suspeitos. Para Winnicott (2014,

p. 99), isso significa que o bebê precisa é de uma "pessoa que tem um interesse profundamente arraigado em aceitar o ponto de vista do bebê e adora consentir em ser o mundo todo para ele".

Que elementos da observação entre adultos e bebês revelam e impactam nos modos de se estar junto com o bebê no cotidiano? O que se pode conhecer e aprender sobre os bebês, dedicando-se interessada e detalhadamente *na relação* com eles? Que elementos dessa observação podem revelar um *saber do* bebê?

Tais indagações buscam destacar aspectos em torno da relação que perpassam o cotidiano educativo, coletivo, no qual estão inseridos bebês e adultos. Antes de assumir que há relação entre os bebês e os livros, não seria necessário indagar e compreender marcas que constituem o bebê e como essas marcas comparecem, ou não, nos rituais que envolvem a socialização de objetos da cultura, neste caso o livro? São fios que admitem a relação como princípio das práticas que busquem reconhecer singularidades dos bebês que se desdobrem em práticas respeitosas e acolhedoras.

Como se identifica essa natureza sutil no cotidiano com o bebê? Quanto daquilo que se nomeia como relação é relacionamento? O quanto viver, somente na esfera do relacionamento, impregna a subjetividade de vazios, rompendo a crença no ambiente externo benigno? Um conjunto de ações perpassa e sustenta, por meio de inúmeros gestos sutis e detalhados, o contorno da relação com o bebê, auxiliando-o a caminhar em seu processo de amadurecimento. Essas ações, como são contínuas, ajudam o bebê a construir o sentimento de previsibilidade e, desse modo, situar-se na relação com o outro, com aquele de quem recebe sustento – *holding* e *handling* (Winnicott 2012 e 2014) –, sob a consigna da confiança, do conforto, da segurança. Esse conjunto apoia o bebê na delicada e complexa trama de forjar sua subjetividade, estar preparado para conhecer, mergulhar, receber, dar-se com alegria para as surpresas que o mundo contém.

O cotidiano institucional veste muitas faces. Nele, pessoas ocupam lugares, respondem a posições e demandas. Quantas delas se orientam por um princípio que priorize relações e processos? Sem pressa em responder, mas com desejo de pensar e problematizar, vejamos o fragmento "O mundo aos goles"[1] e o que ele provoca a refletir a esse respeito.

> – Por que não ficas aqui a conversar um pouco comigo, em vez de te afadigares tanto? – perguntou-lhe a Cigarra.
> – Preciso de arrecadar comida para o inverno – respondeu-lhe a Formiga. – Aconselho-te a fazeres o mesmo.
> – Por que me hei de preocupar com o inverno? Comida não nos falta... respondeu a Cigarra olhando em redor.
> A formiga não respondeu, continuou o seu trabalho e foi-se embora.
> ("A cigarra e a formiga". Reconto da tradição oral. Sem referência)

E... acabou

> *Após o café da manhã, Regina*[2] *entra na sala dos bebês. Em seu ombro, carrega a bolsa de pano que sempre está com ela. Alguns bebês choram ainda mais ao vê-la. Será que não a reconhecem? Quem não chorava, vai no embalo e chora também... Neiva, uma das professoras, com gestos rápidos, coloca os bebês em posição de roda. Aqueles que não sentam, engatinham ou andam são colocados na roda no bebê conforto. Após terminar o laborioso "senta, levanta, coloca, ajeita", Neiva senta-se também, bem perto, corpo quase colado em duas bebês. Os outros alternam os olhares entre uma e outra. Tulio tem dez meses, está sentado um pouco atrás dos outros bebês. Se estica todo para olhar Regina. Parece interessado. Se estica mais um pouco. Regina, à frente da roda, fala, aponta, olha... Tulio se estica todo, parece interessado no que olha e escuta, naquele conjunto rítmico todo. Ela percebe o olhar de Tulio e diz:*
> – Aquele que está prestando atenção está atrás...
> *Mal completa a frase, outras mãos rápidas, que não participavam do contexto da cena, colocam Tulio sentado perto dela, em frente ao livro. Gisele, Paulo, Teo e Sandro fazem o contrário e aproximam-se*

---

1. Participaram da pesquisa 21 bebês entre 4 e 18 meses, 3 educadores responsáveis pela rotina do berçário, uma pesquisadora e uma bolsista de iniciação científica.
2. Os nomes são fictícios.

ainda mais de Neiva. Dois deles vão para o seu colo. Regina, para quem o movimento não passou despercebido, diz, sorrindo:
– Parece um poleirinho cheio de pintinhos.
Poucos minutos depois de ter começado, Regina guarda na sacola o livro que lia e, de dentro desta, retira outros quatro pequeninos, de capa dura. Tulio, num gesto vivaz, estica a mão e recebe um. Dora, Sandro e Paulo, que estão perto de Neiva, se interessam: esticam as mãos e recebem outro. Os quatro manuseiam os livros observados pelos outros bebês, pela pesquisadora, por Regina e por Neiva. Minutos depois, Regina se aproxima de Sandro e, enquanto retira um exemplar de plástico do Gildo[3] *de suas mãos, diz:*
– Empresta para ele?
Faz e fala isso ao mesmo tempo e, em seguida, entrega o livro para outro bebê. Sandro acompanha o movimento com o olhar, as mãos no ar... Gisele recebe o livro Gildo *e põe-se a manuseá-lo: abre, fecha, abre, fecha, abre e fecha... Repete o movimento várias vezes. Enquanto faz isso, também fica atenta à música que Neiva cantarola:*
– "Borboletinha está na cozinha...".
Duas mãos rápidas, aquelas mesmas que permaneciam fora da cena e colocaram Tulio sentado de frente para o livro e Regina, retiram o livro da mão de Gisele e o colocam nas mãos de Marcela.
– E... acabou. Posso guardar o livrinho?
Regina anuncia, pergunta ao mesmo tempo que recolhe os livros e os guarda na sacola. No relógio, não se passaram dez minutos. Finda a atividade, Neiva se retira da sala e vai tomar seu café da manhã. Tulio e Sandro recomeçam a chorar... Regina, que só vem nas quinzenas, segue para outra turma. Foi-se embora...

O registro revela cena que, em alguns contextos institucionais, parece familiar – adultos, bebês, uma atividade em torno dos livros –, manifestando apostas e tensões dos aspectos que norteiam práticas cotidianas em torno de objetos e materiais socializados com os bebês no contexto coletivo. Os adultos organizam uma cena em que a intenção de ler uma história é atravessada pelo choro, por olhares e por solicitação de colo que parecem buscar conforto e segurança.

3. Silvana Rando. *Gildo e os amigos no jardim.* São Paulo: Brinque-Book, 2014.

A ação sobre o corpo do bebê se dá sem aviso nem cerimônia para colocá-lo em posição de roda. Em contrapartida, as ações dos bebês incidem, como se sabe – será isso um *saber*? –, no livro e na ordenação do que pode ou não ser feito com esse artefato da cultura.

A cena desfia a ambivalência que, muitas vezes, atravessa propostas dessa natureza: enquanto o corpo de um bebê é ajeitado de modo que se adapte melhor ao que a tarefa demanda, um olhar se revela interessado entre os choros e pedidos de aconchego. No caminho que inclui surpresa e novidade, comparece também o desejo – ou necessidade? – de acolhimento. Na confluência dos inúmeros elementos desse cenário, cabe indagar: Qual a intenção da proposta? Mostrar o livro, contar sua narrativa, instigar a relação dos bebês com o objeto?

As indagações polarizam as questões com o objetivo de problematizar a tensão. Se, por um lado, podemos admitir a positividade na intenção da proposta – que os livros participem do cotidiano dos bebês –, por outro, o modo como a proposta acontece provoca inquietações.

Em dez minutos, os bebês são postos numa roda com a qual não construíram nenhum sentido, porque são bebês e também porque, para alguns, é a primeira vez que partilham a experiência coletiva e estão em processo de inserção na instituição. O choro, nesse período do ano, era manifestação frequente entre os bebês. Dia após dia, as educadoras responsáveis pelo acolhimento buscavam identificar, reconhecer as sutilezas dessa expressão: Será fome? Sono? Cansaço? Regina, por sua vez, não participa dessa rotina que, na relação diária, tece cumplicidades, vínculos de confiança. Ao entrar na sala, o choro se intensifica, os olhos dos bebês buscam o olhar daquelas pessoas em quem parecem confiar.

Neiva, uma dessas pessoas, por sua vez, trata de organizar os bebês do modo como parece ser convencional quando se trata de propostas dirigidas: coloca-os em posição de roda. Sem pergunta, nem aviso, os corpos são movidos, levantados, sentados e, nesse ritmo, alguns obedecem, outros se levantam e são novamente colocados na posição inicial. Os olhares e expressões denunciam o estranhamento diante da situação; para alguns, a intensidade do choro parece responder à ação que recebem no próprio corpo. Tarefa finalizada, a atividade começa. Com voz baixa, mas gestos rápidos, Regina tira o livro da bolsa, passa as páginas, mostra ilustrações, percebe o olhar interessado de Tulio, Laura o coloca ainda mais perto do livro, Regina encerra a leitura, guarda o livro, entrega outros quatro a alguns bebês que os manuseiam enquanto outros observam, retira o livro da boca de Sandro, passa o livro a outro bebê, dá uma orientação e... acabou!

Qual o sentido dessa proposta? Ou, ainda: a proposta constitui algum sentido?

A *relação como princípio* parece aqui ter sido subtraída pelo *isso* de que trata Buber (1974), com a ação tarefeira de contar história, mesmo que atravessado por pequenas sutilezas que dão visibilidade aos interesses dos bebês: *aquele que está prestando atenção está atrás*. Para Winnicott (1975 e 1990), o processo de amadurecimento envolve inúmeras tarefas nos distintos estágios da vida. De acordo com o autor, a tarefa do bebê tem como motivo constituir unidade em torno de si mesmo e, com isso, do mundo externo. Tarefa relaciona-se à constituição da subjetividade e "esse estado de ser pertence ao bebê, e não ao observador" (Winnicott 1990, p. 148). Tarefa, portanto, faz parte da condição humana, está relacionada a um estado de ser do bebê, processo que o constitui, do qual ele tanto participa ativamente, quanto é interpelado pelo ambiente suficientemente bom (quando este o é).

Nos arranjos institucionais, o sentido de tarefa se distancia do proposto por Winnicott (1990) ou quase se anula. A tarefa é tarefeira, pragmática, centra-se no prazo, no produto, não na relação ou no processo. Assumir o ponto de vista do bebê – que somente ele experimenta – implica a cumplicidade operante do adulto que o orienta a assumir a tarefa do bebê como essencial, para que ele, o bebê, seja, exista.

As rápidas mãos que deslocam Tulio sem aviso poderiam ser substituídas pela voz que indagaria: "Você deseja ir até lá? Quer ficar mais perto de Regina?". O que autoriza o adulto a agir sobre o corpo do bebê antes de dirigir-se a ele com voz, olhar, respeito? Por que não buscar compreender indícios das manifestações dos bebês para estabelecer diálogo, relação?

> Propiciar ao bebê que ele possa criar aquilo que encontra é um cuidado de extrema delicadeza (...). No que se refere à constituição da capacidade para as relações objetais, o bebê depende por inteiro do *modo* como se lhe apresenta cada fragmento do mundo. São esses "modos de ser" dos cuidados, ou seja, é a totalidade dos cuidados que perfazem o mundo criado (...), que estão atualizando de um determinado jeito, ou impedindo, também de uma determinada maneira, a tendência de ser do bebê e sua integração gradual numa unidade. (Dias 2014, p. 165)

O livro parece ter ganho a centralidade da cena, levando a indagar: O modo como foi apresentado revelou alguma outra face? O livro instigou o deslocamento e a atuação dos bebês no espaço intermediário onde se encontram realidade interna e realidade externa?

Para Buber (2009), o *inter-humano*, seu desdobramento dialógico, se dá na esfera do *eu-tu* e não no *eu-isso*. Desse modo, *tornar-se presente da pessoa*, por exemplo, significa confirmá-la como outro de relação: "Eu digo sim à pessoa com quem luto, luto com ela como seu parceiro, a confirmo como criatura e como criação, confirmo também o que está face a mim naquilo que se me contrapõe (...). Então posso nela confiar e dela esperar que também ela aja como parceira" (Buber 2009, p. 146). Para Winnicott (2012 e 2014), estar vivo é estar presente, mas não de qualquer modo, porque, caso fosse, seria uma vida que não vale a pena ser vivida.

Como fazer do bebê um parceiro no acontecimento da vida cotidiana? Como tomá-lo como alguém para quem o mundo é novidade, surpresa e não o transformar num objeto de tudo que, do lugar de adulto, se pode supor ser bom ou necessário para ele, desconsiderando-o como alguém que pode se fazer pessoa de relação? Como dizer *sim* ao bebê como pessoa?

> A única coisa importante é que, para cada um dos dois homens, o outro aconteça como este outro determinado; que cada um dos dois

> se torne consciente do outro de tal forma que precisamente por isso assuma para com ele um comportamento, que não o considere e não o trate como seu objeto mas como seu parceiro num acontecimento da vida (...). É este o fator decisivo: o não-ser-objeto. (Buber 2009, pp. 137-138)

No fragmento, o encontro com os livros parece descer aos goles, aos soluços, no desconforto. Para aqueles nos quais, como Tulio, despontava uma centelha de interesse, a apresentação do livro e toda a cena foram apressadas, fugazes. O modo como os bebês são ajeitados em uma cena sem terem qualquer chance de negociação seria possível de ser alterado a partir do olhar, da observação, da escuta de seus gestos e movimentos, se se considerasse que "é preciso, em primeiro lugar, que o mundo lhe seja apresentado em pequenas doses, de forma compreensível, que faça sentido, ou seja, que não o surpreenda. Também é preciso evitar coincidências que o sobrecarreguem (...)" (Dias 2014, p. 165).

O colo do adulto que lhes é familiar anuncia-se como lugar do conforto para a inquietação que a cena provoca. Quanto mais estranha lhes parecesse a situação, ou mais sobrecarregados demonstrassem estar, mais os bebês se aproximavam desse colo. Num período em que está se dando a inserção e, com isso, para os bebês, se mostrando uma realidade nova a desafiá-los, a rapidez com que se dá a apresentação do livro parece não convidar, mas, ao contrário, provocar inquietação: "É preciso lembrar que tudo aquilo que aparece numa idade ainda muito precoce necessita de muito tempo para estabelecer-se como um mecanismo mais ou menos estável nos processos mentais das crianças" (Winnicott 2012, p. 5).

O tempo se prenuncia novamente diante das ações. Dessa vez, não como companheiro, mas no descompasso dos relógios e dos tique-taques dos bebês, dos adultos, da atividade que não sincronizam. De que modo pode se dar o papel do adulto na organização coletiva com e para os bebês? Considerar essas questões não minimiza o papel do adulto, ao contrário, potencializa seu lugar como aquele que, por ser mais experiente, é capaz de apresentar o mundo e suas surpresas, com o adicional de o fazer na orientação do bem-estar dos bebês, que, em suas singelas manifestações, se constituiu na particularidade da afirmação de suas subjetividades: "Podemos falar de fenômenos sociais sempre que a coexistência de uma multiplicidade de homens, o vínculo que os une um-ao-outro, tem como consequência experiências e reações em comum" (Buber 2009, p. 136).

Há entre essas pessoas – Regina, Neiva, Laura, Tulio, Gisele, Sandro – a partilha de elementos que compõem a vida social: a creche, o espaço da sala como território partilhado, as relações de confiança e vínculos nascentes e potentes. Por que então a pressa? Qual a força e o impacto de uma prática que se dá nos gestos abruptos e impõe um modo único de se aproximar do livro? Modelo que vai na contramão do que parece ser a necessidade premente dos bebês: o colo, o acolhimento, a confiança, a relação. No diálogo com o fragmento, a presença do livro poderia percorrer outros caminhos? Um caminho que colocasse as relações em primeiro plano?

Linha de demarcação, que reconhece o outro como ser de relação no face a face da esfera humana (Buber 1974), e cumplicidade operante, que reconhece a esfera responsável de um ser de relação que se orienta em direção ao outro, podem anunciar estratégias para as práticas que considerem a sutileza, a minúcia, os detalhes. A cumplicidade operante anuncia a possibilidade de propostas que equilibrem a apresentação de elementos e situações novas que tomem as pessoas – bebês e adultos – não como objeto, mas como pessoas de relações. O alvo final de cada proposta deve ser confirmar as pessoas acima de tudo. Nesse caso, o objeto cumpriria sua função no diálogo mediado por alguém mais experiente.

A estreita aresta parece ser o fio da sutileza, algo que transita entre a vigilância, o rigor que se faz presente quando se tem a relação como propósito. Por que a aresta se torna quase invisível quando da apresentação do livro, da contação da história? Seria porque o objeto, em vez das pessoas, ganha centralidade? A aresta se prenunciou no olhar de Regina que alcança Tulio, que reconhece seu interesse. Como fazer desse reconhecimento a orientação das propostas?

Linha que atravessa a *estreita aresta* e fia a relação tomada como princípio, que traça sua rota no cotidiano relacional e, desse modo, constitui-se como presença: "O bebê começa nada sabendo acerca do mundo, e na época em que as mães[4] terminaram sua tarefa, o bebê já se converteu em alguém que conhece o mundo, que pode descobrir um caminho para viver nele e até para tomar parte na maneira como ele se conduz" (Winnicott 2014, p. 76).

No fragmento, o livro parece cumprir um papel distinto nas perspectivas dos adultos e dos bebês. O que motiva Regina e Neiva gira em torno da tarefa – início, meio e fim – do momento da história. Para os bebês, o livro parece algo ainda a investigar. Tulio, assim que o tem nas mãos, põe-se a manuseá-lo de um lado a outro; Gisele, como Tulio, investiga o funcionamento do objeto: abre, fecha, abre, fecha... Repete o movimento várias vezes. Enquanto faz isso, seus sentidos são convidados pela música cantarolada por Neiva e, desse modo, experimenta as multifacetadas possibilidades de suas ações.

O bebê conhece um caminho para estar no mundo, afirma Winnicott (2014). As ações de escutar, abrir, fechar parecem ser a gênese do descobrir, do desvendar, da potência de encontro com o livro naquele contexto. O relógio interrompe a ação. É possível mais tempo para o *abre, fecha, abre, fecha*? Quando Regina precisou ir para outra turma, quem poderia permanecer com os bebês e os livros?

A sutileza pode ser norte e horizonte para essas indagações. Sutileza que reposiciona o adulto diante do bebê: Como organizar? Como oferecer? Como apresentar? Como fazer conviver e dialogar o tempo do bebê com o tempo do adulto, com o tempo institucional, com as demandas das propostas? O que está no centro do processo?

Sutileza que reposiciona as lentes desse cotidiano: no macro das propostas e do relógio institucional estão os bebês ingressando na tarefa de conhecer o mundo, de tomá-lo como realidade complexa a partir de suas particularidades, cada qual tendo como origem sua centelha de vida (Winnicott 2014) e forças criadoras para o mundo (Buber 2004).

---

4. A partir dos estudos de Donald Winnicott, toma-se o termo *mãe* não apenas para a mãe biológica, mas para toda e qualquer pessoa que se coloque como responsável pelo bebê nos primeiros meses de vida.

O livro é apresentado numa sequência rápida que abre pouco espaço para ser descoberto. A intenção parece girar em torno de cumprir a sequência da proposta, não de instaurar um rito que provoque relação entre o bebê e o objeto. Para Tristão (2004, pp. 2-3), existem traços de sutileza no cotidiano institucional, mas não necessariamente geram propostas, orientam práticas: "Diversas das ações realizadas pelas professoras no dia-a-dia da creche acabam sendo automatizadas e, não sendo vistas como importantes, passam desapercebidas, de forma a não vir à tona a riqueza da vida diária".

A riqueza diária perpassa também o fragmento "O mundo aos goles". Tulio age reciprocamente: estende as mãos e se oferece ao livro. Gisele, ao tê-lo em mãos, faz como quem inicia um jogo no qual, para agir, precisa tomar conhecimento de como se faz: abre, fecha, abre, fecha...

Pequenas doses parecem ser a medida do bebê, a partir de si mesmo, para tomar parte da realidade externa. Do ponto de vista institucional, as doses vão goela abaixo, empurradas, porque a lógica opera do ponto de vista do adulto, não do que cada bebê precisa e pode. Cada um dos adultos daquela cena, com uma parcela maior de tempo, se orientado para a relação de sutileza como princípio, o que e como faria?

> O que podemos extrair de uma coisa, ou aquilo que numa coisa pode ser combinada refere-se sempre à sua dimensão passiva. A dimensão ativa, ou sua realidade efetiva só é conhecida pelo homem que ama, que as conhece. Quem persegue uma tal filosofia vê revelado, diante de si, um significado secreto no momento em que experimenta uma coisa do mundo. Tal significação não se apresenta como um simples objeto, mas como algo que lhe revela seu próprio significado. (Von Zuben 2003, p. 45)

Algumas tessituras finais

É possível construir um equilíbrio entre os gestos do bebê e o papel/função do livro? É possível mediar sem restringir ou interditar movimentos? É possível abrir espaços para a descoberta dos significados secretos que só são possíveis na relação?

A ação do bebê desvela a realidade exterior a ele. Ao agir sobre os espaços e materiais, o bebê os cria, na confiança de um ambiente externo benigno (Winnicott 1990); o bebê tem a ilusão de criar a própria realidade das coisas. A mediação – materializada por espaços, materiais, estados de cuidado, conforto e confiança suficientemente bons –, portanto, constrói condições positivas, propícias para a dupla experiência que o bebê vive em seus primeiros meses de vida: criar sua própria realidade subjetiva e colocá-la em relação com o mundo. Nessa interface, de ser criador de si mesmo, sustentado por outrem, o bebê começa a reconhecer as coisas do mundo. Como elas podem voltar sua face para o bebê? Como se mostram? "A dupla natureza da vida se aplica não só ao homem, mas é, de alguma maneira, inerente às coisas mesmas" (Von Zuben 2003, p. 45). Ou seja, será que criar as coisas na confiança de um ambiente externo benigno pode conferir às próprias coisas uma face mais humanizadora, relacional?

Então, compreender e dar sentido ao mundo, para os bebês, passa por estar ao lado, com o outro e, na perspectiva da *relação como princípio*, juntos, tecerem a realidade da qual participam, convergindo ação exploratória com a força da cultura, das interações. Ao descobrir o livro com o corpo e os sentidos, o bebê dá a ele a realidade da cultura, o que se vive e aprende nas interações.

A estreita aresta à espreita mostra que caminhar com sutileza não significa fazê-lo sem tensão. É possível viver a tensão no caminho da positividade? É possível fazer convergir a intenção do adulto de apresentar a realidade com os movimentos próprios dos bebês de se integrarem no mundo?

Tem-se, assim, possíveis apontamentos para o cotidiano: a premissa da relação que implica a categoria da disponibilidade. Reconhecer e permitir que os bebês experimentem o entrar e o agir no mundo aos poucos, no seu tempo, envolve o olhar, a escuta e a observação interessados; implica *disponibilidade* daquele que convida e organiza o ambiente (compreendido aqui como a própria pessoa, os espaços, os tempos, os materiais, as situações) para viver um cotidiano que aposte nas relações, que pressuponha o acolhimento das inúmeras, complexas e sutis ações manifestadas pelos bebês.

Para que se considere o encontro entre bebês e livros, para que essa realidade aconteça e produza sentido, o bebê precisará que o ambiente construa as condições para que o encontro e seus desdobramentos possíveis aconteçam.

Referências bibliográficas

BUBER, M. (1974). *Eu e tu*. Trad., introd. e notas de Newton Aquiles von Zuben. 2ª ed. São Paulo: Moraes.

_______ (2004). *El camino del ser humano y otros escritos.* Salamanca: Kadmos.

_______ (2009). *Do diálogo e do dialógico.* São Paulo: Perspectiva.

DIAS, E.O. (2014). *A teoria do amadurecimento de D.W. Winnicott.* 3ª ed. São Paulo: DWW.

MATTOS, N.S. (2018). "Bebês e livros: Relação, sutileza, reciprocidade e vínculo". Tese de doutorado em Educação. Rio de Janeiro: PUC-Rio.

TRISTÃO, F. (2004) "Ser professora de bebês: Uma profissão marcada pela sutileza". *Zero-a-Seis*, v. 6, n. 9. Florianópolis, pp. 1-14.

VON ZUBEN, N.A. (2003). *Martin Buber: Cumplicidade e diálogo*. Bauru: Edusc.

WINNICOTT, D.W. (1975). *O brincar e a realidade*. Trad. Jefferson Luiz Camargo; rev. téc. Helena Souza Patto. 4ª ed. Rio de Janeiro: Imago.

_______ (1990). *Natureza humana*. Rio de Janeiro: Imago.

_______ (2012). *Os bebês e suas mães*. São Paulo: Martins Fontes.

_______ (2014). *A criança e o seu mundo*. Rio de Janeiro: LTC.

AS CRIANÇAS

1
"ISSO É O QUE EU NÃO SEI RESPONDER": O CURRÍCULO NAS PALAVRAS DAS CRIANÇAS

Marta Maia

Crianças não conhecem o mundo, mas possuem todas as ferramentas necessárias para conhecê-lo, e querem fazer isso. Nesse relacionamento com o mundo, as crianças acabam por conhecê-lo e por conhecer a si mesmas.
Rinaldi (2012, p. 170)

Testemunhar o processo de conhecimento do mundo e de si das crianças é um privilégio: estar com elas num constituir-se e ao outro é uma das mais belas coisas que ser educador da infância possibilita. Este capítulo caminha entre o contentamento desse privilégio e a angústia de ver esse conhecer ser relegado a segundo, terceiro plano.

Escrever este texto e publicá-lo faz parte de um compromisso ético com as crianças. Se nem sempre é possível ou produtivo intervir imediatamente na realidade encontrada nos ambientes pesquisados, é então mais necessário dar visibilidade às narrativas das crianças. Não é dar voz, é ouvi-las e buscar ecoar sua voz. Um compromisso com os sujeitos da pesquisa: torná-la pública de diferentes formas e em diferentes frentes e veículos.

"Isso é o que eu não sei responder" são palavras de Ruan, uma criança de cinco anos, ao ser perguntada sobre o porquê de ter feito uma atividade exposta na sala. Menino esperto, falante, buscando interagir com a pesquisadora, fica sem resposta diante de uma típica atividade da qual ele, mesmo tendo participado, não sabe o sentido.

Dar visibilidade à palavra das crianças participantes da pesquisa no que diz respeito ao currículo do qual são sujeitos foi uma das proposições da tese de doutorado "Currículo da educação infantil e datas comemorativas: O que dizem profissionais e crianças", da qual fazem parte as reflexões contidas neste capítulo.

A pesquisa foi realizada em duas escolas da mesma rede pública na região metropolitana do Rio de Janeiro, sendo uma exclusiva de educação infantil e a outra de ensino fundamental com classes de educação infantil. Foram observadas turmas de pré-escola em todo o seu cotidiano e nas atividades relacionadas às datas comemorativas. As crianças foram ouvidas em atividades livres e dirigidas pelas professoras, relacionadas ou não ao tema e em rodas de conversa específicas da pesquisa.

A pesquisa assume uma concepção de currículo que se constrói no encontro entre o que a humanidade historicamente produziu como conhecimentos, práticas, valores e o que emerge na vivência escolar, nas trocas, elaborações, descobertas e interpretações suscitadas nas relações entre os sujeitos e entre esses e os conhecimentos. Esse currículo, que tem parte de sua origem em leis, documentos oficiais, produção acadêmica e movimentos sociais, revela sua face tangível quando exercido sobre e com as crianças, entre sujeitos falantes, que por meio da palavra se constituem e constituem práticas e conhecimentos.

A escola, todo o seu aparato e instrumentos organizacionais são culturais, são criação humana sujeita às condições histórico-culturais. Para além do aparente consenso sobre a organização curricular que se orienta por datas comemorativas na educação infantil, há uma infância sujeita aos seus constrangimentos e à formatação ideológica.

Coerente com o dialogismo bakhtiniano e a crítica benjaminiana à modernidade, compreendemos a criança como ser expressivo e falante, alguém que tem o que dizer e se constitui com a linguagem e na linguagem. É um sujeito singular, imerso em um contexto que o constitui e se constitui com ele. Acrescendo a concepção sobre uma criança que é sujeito e tem o que dizer/fazer, buscamos ainda, na sociologia da infância, aporte teórico para dar o tom dessa relação na pesquisa.

A ética, o avesso e a escuta na pesquisa com crianças

De acordo com Bakhtin (2010, p. 395), "o objeto das ciências humanas é o ser expressivo e falante". Esse ser é um sujeito sempre único; ainda que seja um homem entre outros homens, inserido em um contexto que possui afinidades com outros contextos, é também único. A pesquisa em ciências humanas, em particular numa perspectiva bakhtiniana, é um encontro entre outros, ou seja, é um encontro entre o pesquisador e o outro, seu outro, aquele que "quando nos olhamos, dois diferentes mundos se refletem nas pupilas de nossos olhos" (*ibidem*, p. 21). Esse outro, sujeito único, singular, constituído nas relações e interações verbais, ocupa um lugar único com todo um conhecimento que, embora construído socialmente, é também singular. Para conhecê-lo e dele me aproximar com o intuito de penetrar em seu universo de conhecimentos e práticas, é necessário que haja empatia, que eu me aproxime verdadeiramente dele.

Benjamin, em sua forma de olhar criticamente a modernidade, fornece princípios e modos de olhar aquilo que aparece como realidade. O autor propõe que se observe *o reticulado do avesso* (Benjamin 1995, p. 129); olhar não apenas a aparente ordem estabelecida, mas virar pelo avesso essa aparente ordem para enxergar o reticulado que lhe dá forma. Diante da forma organizada na beleza do bordado, buscar nos fios emaranhados, que não aparecem em face, os caminhos percorridos, o embaraçado, os nós, os cortes e arremates; aquilo que de fato possibilitou e possibilita que se admire o belo bordado, as coisas postas, organizadas.

Nessa perspectiva, o bordado se oferece ao observador em sua harmonia de cores e traços. Buscar seu avesso é ousar ver além do que se mostra, no sentido contrário da aparente harmonia, a desarmonia que sustenta o aparente.

A infância é "uma categoria social estrutural permanente pela qual todas as crianças passam" (Qvortrup 2010, p. 638). Ao mesmo tempo em que é uma categoria geracional que consiste num grupo de pessoas nascidas no mesmo período de tempo e que, de acordo com Sarmento (2005, p. 364), "viveu os mesmos acontecimentos sociais durante a sua formação e crescimento e que partilha a mesma experiência histórica", essa experiência acompanha essas pessoas e tem significado para elas. É uma experiência comum que gera uma "consciência comum" (*ibidem*) no curso da vida.

Logo, unidade e diversidade, totalidade e singularidade, coletivo e individualidade dialogam, não podem ser ignorados quando se fala de infância/infâncias ou criança/crianças. Infância/as e criança/as não cabem em conceitos naturalizados e uniformes de uma criança abstrata que pairem sobre as implicações sociais.

No encontro da concepção histórico-cultural de infância com as reflexões da sociologia da infância, compreendemos que os sujeitos da pesquisa estão em franco processo de constituição de suas identidades. No entanto, as crianças se acham em uma relação de forças hierarquizada de forma vertical e adultocêntrica. A escuta se coloca, pois, como um pressuposto teórico-metodológico. Ouvir as crianças e vê-las em sua totalidade e singularidade, respeitar seu protagonismo, essa é a proposta metodológica para ir ao seu encontro.

Como forma de tentar conhecer e compreender o que falam as crianças sobre o currículo, foram realizados dois movimentos de escuta: a *abordagem* durante a realização de atividades propostas pelas professoras e *rodas de conversa*.

Na abordagem, o objetivo foi saber delas o que estavam fazendo e o sentido, a importância e o prazer em realizar as atividades.

As rodas de conversa foram realizadas utilizando imagens, objetos, músicas e histórias que contribuíssem para a conversa com e entre as crianças, buscando ouvir delas o que aprendem e compreendem sobre e com o trabalho com datas comemorativas. Foram situações pontuais, provocadas para haver uma maior chance de ouvir as crianças a partir de sua própria percepção, suas histórias pessoais. Os temas das rodas de conversa foram o Carnaval, a Páscoa, o índio, a mãe e a criança, e elas foram realizadas sempre em dias seguintes a essas comemorações na escola. Como o propósito das rodas de conversa era ouvir o que as crianças tinham a dizer sobre as datas, não foi fornecida nenhuma informação adicional. Não havia a intenção de fazer circular novos conhecimentos, mas a de que as crianças manifestassem conhecimentos apreendidos na escola, ou em família e outros espaços.

Em ambas as situações – rodas de conversa e conversas individuais – buscou-se escutar e compreender as vivências, os desejos e as necessidades das crianças, identificando temas do seu interesse. As crianças foram convidadas também a registrar em desenhos as conversas e suas atividades.

As escolas, as estruturas e as práticas

As duas escolas pesquisadas pertenciam à mesma rede pública, sendo uma exclusiva de educação infantil, identificada como Escola A, e outra de ensino fundamental com classes de educação infantil, identificada como Escola B. Foram observadas duas turmas da pré-escola de cada instituição durante o segundo semestre de 2014 e outras duas turmas de cada escola durante o primeiro semestre de 2015, totalizando oito turmas observadas.

Na Escola A, tudo se organizava para o envolvimento da criança e sua acessibilidade, sua presença era valorizada em cada detalhe e sua produção tinha visibilidade por meio de murais, varais e paredes. Na Escola B, a organização dos espaços era marcada pela tutela do adulto e pela dependência da criança. Os murais e outros espaços eram utilizados prioritariamente para expor materiais produzidos por adultos para decorar o ambiente, relacionados às datas comemorativas e ao processo de alfabetização.

As interações na Escola A tendiam mais à horizontalidade que à verticalidade. Na Escola B, as interações eram prioritariamente verticais entre adultos e crianças. Na Escola A, as crianças eram tratadas de forma respeitosa, individual ou coletivamente, e até mesmo carinhosa, sem que isso significasse ausência de limites na relação entre crianças e adultos. Na Escola B, o tratamento dispensado às crianças era muitas vezes impessoal; interjeições substituíam nomes.

"Ufa, acabei!": A abordagem e a percepção das crianças

Na Turma A1, o grande envolvimento das crianças nas atividades não oportunizou a abordagem. Ao final do semestre ocorreria a mudança de professora e, consequentemente, de prática. Busquei saber deles o sentido do que estavam realizando:

> *Pergunto a Luan:*[1]
> – O que você está fazendo?
> – Escrevendo o nome.
> – Por quê?
> – Porque a tia mandou.
> – Para quê?
> – Para treinar o nome.
> *Paulo Vitor complementa:*
> – A tia falou que é para aprender o nome porque quando eu for para a outra escola, eu escrevo sozinho, sem isso aqui – *aponta para o cartão do nome.*
> *Washington me fala:*
> – Você esqueceu de mim! Eu estou desenhando meu pai, minha mãe e minha irmã brincando.
> *Pergunto a Luan se já acabou e o que fez:*

1. Todos os nomes são fictícios.

– Meu nome.
– Só?
– E um desenho de um porco – *diz desinteressadamente e sai.*
Vitor Hugo, dirigindo-se a mim, faz uma respiração de cansado, de "ufa!":
– Acabei! (Caderno de campo, Escola A, Turma 1, 13/11/14)

O tom do trabalho era fazer porque foi mandado, para treinar, para se desincumbir da tarefa e depois poder fazer aquilo que queria. Quando as atividades têm um fim em si mesmas, perde-se a relação com a ampliação cultural e a criação pela criança (Kramer 1986).

Na Turma A3, na semana após o Dia Internacional da Mulher, encontrei um trabalho intitulado "Mulheres Especiais", composto por fotos de mulheres recortadas de revistas. Todas as fotos eram de mulheres brancas, cantoras, figuras políticas. Ao serem perguntadas sobre o que estavam fazendo, por que, o que é uma mulher, as crianças disseram:

Mikaela: Olha, tia, trabalho, pessoas, cantoras.
Ágatha: Minha mãe. *(Ágatha é negra e a mulher que ela mostra é loura.)*
Larissa: É a mãe e o neném. – *Ela aponta uma mulher loura:* Tia Dalva.
Ágatha: Foi todo mundo que colou. É figura de jornal para ficar aqui na sala.
Gabriel: A gente escolheu umas fotos só de mulheres. Era dia das mulheres. A gente comemora o Dia das Mulheres. Mulher é menina.
Ruan: Tem um monte de mulheres porque todo mundo fez. Porque só tem mulher. Isso é o que eu não sei responder.
(Caderno de campo, Escola A, Turma 3, 18/3/15)

A realização de uma seleção de imagens de veículos de mídia impressa para "comemorar" o Dia Internacional da Mulher evidencia a falta de conexão entre o que se priorizava como "conteúdo", assunto, tema de trabalho e sujeitos implicados. Eram meninos e meninas, em sua maioria negros, de classes populares, que tinham uma vida cotidiana muito diferente da retratada por aquelas figuras femininas midiáticas. Uma data de luta e resistência em sua origem havia sido reduzida a imagens de mulheres brancas, magras, bem-vestidas, mães sorridentes em poses, em funções de exposição de sua imagem.

As mulheres reais de suas vidas – brancas, negras, pardas, trabalhadoras, chefes de família, mães ou não, magras e gordas, altas e baixas, sorridentes ou não – ficaram ao largo da comemoração. A data foi utilizada para reforçar um estereótipo de mulher (imagem e papel social) que vinha sendo incutido nas crianças desde cedo.

Na Turma A4, conversamos enquanto as crianças realizavam atividades envolvendo datas comemorativas. A primeira roda de conversa foi na Páscoa.

Preparando a confecção de ovo de Páscoa.
Paula: Vamos fazer chocolate.
– Para quê?
– Para fazer ovo. Para a gente levar para casa. Para a gente comer.
– Por quê?
– Porque a gente gosta.
(Caderno de campo, Escola A, Turma 4, 1/4/15)

Em maio, o Dia das Mães. As crianças desenhavam um coração para a mãe que seria pintado depois. Havia na mesa a frase "mamãe, eu te amo", para copiarem. Quando perguntei o que estavam desenhando, a maior parte das crianças demonstrou não compreender bem por que faziam a atividade.

Lucas: Eu e minha mãe.
– Por quê?
– Não sei. Porque é o Dia das Mães.
– O que é?
– Não sei. Eu acho que é alegria. É que alguém ama a mãe, a nossa mãe.
Pedro: Vou mandar isso para mamãe – *um cartão cheio de letras que põe dentro do coração.*
Paula: Uma flor, eu, meu pai e meu irmão, para dar à minha mãe.
– Por quê?
– Porque sim.
Bluma: É o bicho para dar para a minha mãe. É de presente.

– Por quê?
– Porque ela adora presente. Para ela ficar feliz.
Arthur: Sábado vai ser Dia das Mães.
– E o que é o Dia das Mães?
– Que dá presente para as mães.
– Por quê?
– Ela gosta de ganhar presente.
Matheus: Meu nome.
– Por quê?
– Porque minha tia pediu.
– Para quê?
– Para a gente fazer um negócio pintado com hidrocor e com pincel.
João Vitor incorpora o sentido de presentear por ter afeto e o destina para mais alguém que representa a afetividade para ele:
– É para minha mãe. Um é para a minha mãe e outro é para meu tio. Porque eu gosto dele. Tia, me dá o negócio para fazer para o meu tio?
– Você quer "tio, eu te amo?". Você ama seu tio?
– Amo. Ele já cresceu muito. Ele está com dor de coluna porque ele cresceu.
(Caderno de campo, Escola A, Turma 3, 7/5/15)

Nessa turma, na qual havia receptividade para as demandas das crianças, as datas também atravessavam o cotidiano pedagógico em um vácuo de compreensão ou enredamento com a vida. No entanto, João Vitor encontrou sentido na tarefa e ampliou seu destino. Iria presentear quem amava, a mãe e o tio. Não era a data, e sim o ato de brindar quem amava e que o amava.

Nas Turmas B1 e B2, a percepção das crianças sobre as atividades reafirmava o cumprimento de tarefas.

Professora: Vocês agora vão desenhar flores, borboletas, a primavera que a gente está vendo. Tudo bem colorido. Vou fazer a borboleta aqui no quadro.
Questionadas sobre o que estão fazendo, as crianças respondem:
Dudu: Uma borboleta colorida.
Kauê: Uma flor e esses dois, é dois flor.
Cadu: Um sol, vou fazer os "zoio", a boca.
Camile: Flor. Porque a tia mandou.
Joana: Tô tentando fazer um arco-íris, mas não consigo.

Raquelli: O que a tia mandou, foi uma borboleta.
Léo: Colorido, colorido é da borboleta.
(Caderno de campo, Escola B, Turma 2, 25/9/14)

Crianças falantes e criativas, nesse momento apenas executavam a tarefa. Raquelli, que em outros momentos contava histórias enquanto realizava seus desenhos, agora fazia "o que a tia mandou". O arco-íris se tornou um desafio para Joana e Léo se desincumbiu da tarefa com o colorido, uma abstrata borboleta.

Um momento feliz foi o ensaio da dramatização da história "Os três porquinhos". A sequência de ensaios por grupos e a ausência de algumas crianças permitiu que alguns atores se revezassem. A professora chamava pelo nome quem iria ensaiar, lembrando a cada um qual o seu personagem. Ela narrava a história que eles dramatizavam. Apesar da preocupação em ensaiar de forma sequencial, eles se divertiram e se expressaram de forma muito interessante. Eis uma conversa com as crianças após sua participação no ensaio:

Pesquisadora: Você gostou de fazer o lobo?
Léo: Gostei. Minha mãe tem lobo em casa. É o boneco.
Maria Eduarda: Fiquei rodando, depois montando [a casa].
Raquelli: Fui porquinho. A tia vai fazer a máscara. O porquinho vai construir uma casa. O primeiro, uma casa de palha, o segundo, de madeira e o terceiro, a casa de tijolo. O lobo mau bate nas três portas e diz: "Abre a porta, senão vou assoprar!". E depois assoprou! Disse não e ele assoprou. "Caiu" todas as casas. Só isso.
Kauê: Não, aquela não cai não, de tijolo. Olha lá, não vai cair não, a de tijolo.
(Caderno de campo, Escola B, Turma 2, 6/11/14)

Após o ensaio, a professora propôs que fizessem "a atividade da letra L do lobo". Ela mesma reforçava o nome da letra e dizia quais nomes começavam com L: "Lucas, de Léo e de... lobo". Comentários sobre a atividade:

Joana: Fiz uma portinha e uma campainha, porque era bonito. Eu não queria o lobo mau porque ele assustava. Brincam de bambolê e lego.

Kauê: Um bolo. Porque eu gosto de bolo.
Maria Eduarda: Lobo e outro lobo. Um porquinho e outro lobo, porque a tia mandou.
Vitor: Lobo. A tia mandou.
Raquelli: O lobo se refrescando lá fora na casa dele, na floresta. Porque eu queria.
(Caderno de campo, Escola B, Turma 2, 6/11/14)

Expressividade, espontaneidade, alegria, criação e autoria, presentes na dramatização, foram rapidamente contidos e canalizados para uma atividade útil do ponto de vista escolarizante da prática observada. O tom da atividade era "a tia mandou".

Rodas de conversa: Sobre alegrias e tristezas

Na primeira roda de conversa, em 2014, nas duas escolas, as crianças foram ouvidas sobre o que é ser criança em um ambiente no qual a Semana da Criança era um evento. Em 2015, foram realizadas outras quatro rodas de conversa e os temas foram Carnaval, Páscoa, indígenas, mães.

Dia da Criança: A provocação da conversa foi a história *Pedro e Tina, uma amizade muito especial,*[2] que narra a amizade de duas crianças muito diferentes. Partindo da compreensão das crianças sobre a história, a conversa girou em torno do que é ser criança, quem é criança, crianças que conhecem, como são as crianças, do que gostam, do que não gostam e o que as deixa tristes. Assim recontaram a história:

– A história era sobre Tina e Pedro, duas crianças que brincavam, desenhavam, viravam cambalhota.
– Criança faz gaivota, brinca desenha.
– Nessa sala tem crianças, são crianças, homens e mulheres, meninos e meninas.

---

2. Stephen Michael King. *Pedro e Tina: Uma amizade muito especial*. São Paulo: Brinque-Book, 1999.

> – Porque você é criança ou é pré-adolescente porque está crescendo, você cresceu e é adolescente.
> – Um homem de seis anos é uma criança.
> (Caderno de campo, Escola A, Turma 1, 17/9/14)

Essas narrativas apontam suas percepções sobre "ser criança". Crianças são gente, somos humanos e temos gênero – é o que parecem dizer com "são crianças, homens e mulheres", "meninos e meninas".

> A história era sobre Pedro e Tina e a amizade, a amizade de Tina e Pedro. Pedro igual ao da nossa sala. Um era menino e o outro era menina. Pedro fazia tudo errado e Tina, tudo certo. Pedro aprendeu a fazer certo e Tina aprendeu a virar cambalhotas, a andar de costas, a voar... Tina e Pedro são amigos inseparáveis, pequenos, menores, crianças. Criança brinca, vê desenho, estuda, faz dever, aprende, sai, fica de castigo, fica suja, toma banho.
> (Caderno de campo, Escola B, Turma 1, 17/9/14)

Anunciam a infância como fase que tem como uma característica o tamanho: "pequenos, menores, crianças" (Caderno de campo, Escola B, Turma 1, 17/9/14); e como etapa da vida, parte de um tempo que passa: "Porque você é criança ou é pré-adolescente porque está crescendo, você cresceu e é adolescente. Um homem de seis anos é uma criança" (Caderno de campo, Escola A, Turma 1, 17/9/14).

A Turma B2, após a história, concluiu:

> Tina e Pedro são amigos, são pessoas pequenas, crianças. Henrique é criança, Maria Eduarda. Ser criança é legal. Adulto faz bolo, criança brinca.
> (Caderno de campo, Escola B, Turma 2, 17/9/14)

A turma também indica que há papéis diferentes designados para essas etapas.

A compreensão que as crianças expressam sobre si mesmas remete à afirmação de Benjamin (2002 p. 94): "As crianças não constituem nenhuma comunidade isolada, mas antes fazem parte do povo e da classe a que pertencem". Suas falas são perpassadas por seu pertencimento social e de classe.

Quanto ao futuro, há discordâncias. Enquanto tem quem queira crescer – "eu quero ser grande, não quero ser pequeno porque quero ser grande" –, tem quem prefira o contrário – "eu não quero crescer não" (Caderno de campo, Escola B, 17/9/14).

Para elas, ser criança é "legal, é bom, é muito bom, é brincar", mas também pode ser "mau, ruim, é fazer merda" (Caderno de campo, Escola B, 17/9/14), fala que parece ser fruto da desvalorização e do desmerecimento por parte do adulto. O que todas mais gostam é de brincar – seja "na rua, no parquinho, na sala, na brinquedoteca" – com outras crianças, com brinquedos ou diferentes brincadeiras. Gostam de ganhar brinquedos e "que a tia lê livro" (Caderno de campo, Escola A, 17/9/14). Gostam também de "fazer arte, desenhar, estudar, ficar na escola, dos amigos, de comer, de biscoito, fazer atividade, pintar qualquer coisa" (Caderno de campo, Escola A, 17/9/14).

Aqui também se expressa o olhar benjaminiano sobre uma criança que age diante do que se apresenta a ela: "Não há dúvida que brincar significa sempre libertação. Rodeadas por um mundo de gigantes, as crianças criam para si, brincando, o pequeno mundo próprio" (Benjamin 2002, p. 85).

Também se coloca o que não é bom em ser criança:

> – Não muito [bom ser criança]. Tem dia que mãe bate. A gente faz bagunça. Todo mundo também faz. Minha mãe nunca me deixa de castigo. Minha mãe me bate mais. Porque peço para ir na casa do meu avô. Ela diz que não, eu peço de novo, ela diz que não, aí ela me bate. Porque aborrece.
> – Minha mãe aperta minha mão muito forte. Eu fiquei triste. Só porque eu estava atrasado. Minha avó me bate muito, já me bateu até com vassoura. Porque eu faço sempre bagunça com o meu brinquedo que eu ganhei no Dia da Criança. Porque faço bagunça. Espalho as coisas. Eu cato. É só pedir para catar e eu cato tudo junto.

> – Ficar de castigo porque apronta, bagunça. Não pode aprontar. Tem que ficar de castigo. Só apanha de chinelo. Minha mãe manda em mim, porque ela tem que mandar, porque ela é minha mãe. Meu pai é bonzinho comigo. Mãe não é não. (Caderno de campo, Escola A, 17/9/14)

Nessas falas de diferentes crianças, tanto há certa justificativa já assimilada sobre o procedimento do adulto quanto o entendimento de que não precisava ser assim. Elas acusam as tristezas cotidianas, geralmente buscando uma justificativa para agressões e conflitos:

> – Minha mãe coloca de castigo. Meu pai me bate porque eu não fico quieto, não. A mãe bate. Porque ela fica nervosa, porque fica aporrinhando, os filhos. Que meus pais brigam, porque meu pai bebe muito e fica estressado, até minha mãe. Aí minha mãe chora.
> – Meu pai me bate porque quando minha irmã implica comigo ele pensa que sou eu. Minha mãe porque ela sempre me bate, quando eu faço coisa errada, eu quero ajudar ela varrer e ela não deixa. Quando tá lavando louça eu ajudo e ela não deixa. Quando meu pai trabalha, ganha dinheiro, fica cansado e meu irmão fica em cima do meu pai. Tá calor e ele fica, até fica triste, aí bate nele.
> – Minha irmã não gosta de brincar comigo e me bate, põe de castigo atrás da cama.
> (Caderno de campo, Escola B, Turma 2, 17/9/14)

Também incluem no "ser criança" responsabilidades que lhes são imputadas:

> – Estudo, brinco com meus amigos. Estudo matemática, já sei ler, conta, faz dever da tia para aprender escrever. Estudar, fazendo dever para aprender.
> – Minha irmã faz comida, uma tem doze, uma tem dez, uma tem sete. Minha mãe pede para eu descascar e eu descasco alho.
> (Caderno de campo, Escola B, 17/9/14)

Apontam o que lhes é interditado:

> – Pegar faca não pode porque fura a mão, mexer na panela, mexer no fogo. Não pode espalhar brinquedo nem fazer bagunça.
> (Caderno de campo, Escola B, 17/9/14)

Carnaval: Para provocar a conversa, foram disponibilizados objetos e roupas que compõem fantasias. As crianças exploraram tudo livremente e se fantasiaram. Fotos foram tiradas, comentários, registrados, e as crianças desenharam suas percepções sobre a experiência de participar da proposta. Ao verem os apetrechos:

> – É bonito!
> – Nossa! Um chapéu! Que bonitinho!
> – Caraca! Carnaval!
> *Risos! Gargalhadas!*
> (Caderno de campo, Escola A, 3/3/15)

Após um manuseio inicial:

> – O que eu fiz?
> – Espalhou fantasias.
> – Fantasia de quê?
> – De Carnaval.
> – Para que serve isso?
> – Para ir no Carnaval.
> – Vocês querem brincar com isso?
> – Quero.
> *Pegam os materiais, dialogam, trocam, disputam, pedem emprestado, negociam. Há um rebuliço, muita farra com risos. Fotos individuais e em grupo.*
> (Caderno de campo, Escola A, 3/3/15)

As crianças se divertiram e depois retomamos nossa conversa:

> – De que estávamos brincando agora?
> – De fantasia.
> – De fantasia de quê?

– De polícia!
– De mágico!
– De Carnaval!
– Mas o que é Carnaval?
– Carnaval é um negócio que faz alegria.
– Que tem pierrô.
– Tem brincadeira.
– Pula-pula, brinquedo.
– Pessoa fantasiada.
– Sabão de apertar.
– Carnaval é para se divertir.
– As crianças pulam no pula-pula e as pessoas grandes dançam.
– É gostoso e divertido.
– Tem espuminha que joga para o alto.
(Caderno de campo, Escola A, 3/3/15)

Segundo a Turma A1, as pessoas se fantasiam tanto para se divertir quanto para assustar, e as crianças gostam de ser assustadas, embora algumas tenham medo de pierrô. Concluímos que o Carnaval pode ter de dois a cinco dias, mas em Copacabana: "Tem Carnaval todo dia, os blocos vão passando, fica tudo alegria".

Quase todas as crianças já "foram ao Carnaval" com a mãe ou o pai. Das que não foram, uma tem vontade de ir para "se divertir". Constatamos que é possível se divertir mesmo não sendo Carnaval, brincando e "pode brincar todo dia!", mas o Carnaval "já é divertido de brincar". "No Carnaval a gente brinca na rua, na praia, na praça, no parque de diversões. Na minha rua tem. Tem na rua que passa o ônibus" (Caderno de campo, Escola A, 3/3/15).

Na perspectiva de Bakhtin (1999), o tênue limite entre o Carnaval ser uma data a ser trabalhada e a possibilidade de se viver o Carnaval como experiência está explícito na proposta. Ou seja, no currículo, a data, que não precisa ser exata, pode estar conectada com a experiência de ser criança, de ser pierrô, de se fantasiar e viver na escola a utopia de um espaço de diversão. Na educação infantil, Carnaval – ou o ambiente típico do Carnaval, suas brincadeiras, a liberdade, a alegria – não deveria ser datado, deveria ser *continuum*.

Páscoa: Para estimular a conversa, foram distribuídos encartes do comércio. As crianças os manusearam e fizeram comentários. A conversa foi conduzida à percepção dos elementos relacionados à Páscoa. Desenharam ovos de Páscoa e conversamos sobre sua origem.

Na Turma A1, a maior parte das crianças relacionou a Páscoa a ganhar chocolate, dado pelo coelhinho.

> *Quando perguntados por que o coelhinho deu ovos, a resposta de quase todos foi:*
> – Não sei.
> *Apenas um menino afirmou:*
> – Eu sei! Eu sei! Sabe por quê? Se a gente obedecesse à mãe.
> – Você ganha ovo de Páscoa e obedece à mãe?
> – É. Obedeço.
> – Ou você obedece à mãe e ganha ovo de Páscoa?
> – Obedece à minha mãe e eu ganho.
> *Dois meninos trazem a relação com a religião:*
> – Páscoa é uma cruz. E tem uma cruz na igreja.
> – Você vai à igreja?
> – Eu também vou! E também é o "froquecimento" de Jesus.
> *O amigo esclarece:*
> – É o nascimento de Jesus.
> *Ao que o primeiro reage:*
> – Não, outra coisa.
> – Outra coisa de Jesus?
> *Complementa:*
> – É. É uma coisa de Jesus.
> *E conclui:*
> – Ressuscitar é viver.
> (Caderno de campo, Escola A, Turma 1, 6/4/15)

A Turma B4 relacionou Páscoa com chocolate e ovo de Páscoa a partir dos encartes, mas não apresentou mais informações sobre essa data:

> – Mas quando vocês comeram ovo de Páscoa?
> – Foi ontem porque o papai me deu. A vovó comprou o meu.
> – Por que sua avó comprou o seu?

– Porque eu gosto.
– Porque o ovo é de Páscoa?
– Porque é para comer.
– Mas o ovo de galinha não é para comer?
– É sim.
– Mas ele é de Páscoa?
– É sim. Não.
– O que é Páscoa?
– Páscoa é Páscoa.
(Caderno de campo, Escola B, Turma 4, 6/4/15)

Na Turma B3, as crianças diferenciaram ovo e chocolate: "Chocolate não é ovo. Chocolate é um objeto que a gente come quando está com fome", e trouxeram informações sobre a Páscoa:

– Por que seus pais deram ovo de Páscoa para vocês?
– Porque estava na hora da Páscoa.
– O que é a hora da Páscoa?
– Porque tem que comer um negócio da Páscoa.
(Caderno de campo, Escola B, Turma 3, 6/4/15)

A Turma A4 identificou elementos relacionados à Páscoa imediatamente após a entrega dos encartes:

– Tem coelho! Achou coelho no dele. O meu tem coelho de chocolate!
A associação entre a data e ganhar algo os remeteu ao Natal:
– Coelho dá presente de Natal. Dá ovo de Páscoa. O Papai Noel só dá presente. O coelho não dá ovo, o coelho só entrega ovo.
(Caderno de campo, Escola A, Turma 4, 6/4/15)

As crianças explicaram o que aprenderam na escola:

– O coelho deixa o ovo pronto. Os ovos de Páscoa foram feitos na fábrica de chocolate. Ele só entrega.
– Quem contou isso para vocês?

– Tia Joana.
– Por que o coelho trouxe ovo de Páscoa?
– Porque ele é legal. O ovo de Páscoa tem brinquedo, adoro brinquedo.
– O que é Páscoa?
– É ovo. É ovo que o coelho entrega.
– Por que o coelho entrega ovo na Páscoa?
– Porque sim.
– Ele entrega ovo todo dia?
– Não.
– Todo dia tem ovo de Páscoa?
– Não.
(Caderno de campo, Escola A, Turma 4, 6/4/15)

Completaram com fantasia:

– Olha, o coelhinho existe sim. Minha mãe comprou o coelhinho, ele era esperto, eu ensinei ele a abrir a geladeira. Ele abriu a geladeira, pegou o ovo e botou no quarto da minha mãe. Minha mãe sentiu aquilo gelado no braço e acordou e o ovo de Páscoa estava lá.
– O coelhinho está na sua casa?
– Ele já fugiu. Meu coelho fugiu, mas voltou de novo.
– Ele está onde?
– Na minha casa, preso na gaiola.
– Será que ele vai trazer mais ovo? – *gesto afirmativo.*
– Acho que eu vou lá, comer ovo de Páscoa!
– Aí vai comer ovo de Páscoa de montão.
(Caderno de campo, Escola A, Turma 4, 6/4/15)

Analisando o que as crianças expressaram sobre a Páscoa, vemos que, embora alguns relatos sejam relacionados à religião, o que predomina é a possibilidade de comer ovo de Páscoa e, atrelada a isso, a questão comercial. O conhecimento religioso é expresso por crianças que têm esse aspecto presente na vida familiar. A escola passa pela questão central da Páscoa sem tratar dela. O que fica potencializado na escola é a ação comercial, o consumo do chocolate e a oferta dele em família e na própria escola. Apenas no grupo A4 é observada a intenção de fazer da data um gancho para outras aprendizagens.

Dia do Índio: Em ambas as escolas, as crianças ouviram o CD *Ñande Reko Arandu: Memória Viva Guarani* e dançaram. Enquanto ouviam as músicas, revelavam o estranhamento sobre o diferente:

> – Que música é essa?
> – Não tem cantor, não?
> – É inglês.
> – Música da Xuxinha.
> – Tem xique-xique.
> – A gente está ouvindo crianças.
> – Muito inglês.
> – Crianças.
> – É legal. Muito legal.
> – Não conhecia, mas é demais.
> – Parecida com a música da Xuxa. Tambor!
> (Caderno de campo, 29/4/15)

Conversando sobre o que gostariam de saber sobre os índios, descobrimos o que as crianças conhecem sobre eles:

> – Eles ficam pelados. Eles ficam com uma folha aqui. Aqui tapando o bumbum.
> – Mesmo quando está muito frio?
> – Mesmo!
> – Se o índio vier aqui na escola, ele vai vir nu?
> – Vai vir de roupa!
> – Vai vir pelado!
> – E se ele estiver de roupa ele vai deixar de ser índio?
> *Respondem sem muita convicção:*
> – Não.
> (Caderno de campo, Escola B, 29/4/15)

Informações estereotipadas:

> – O que mais a gente sabe sobre os índios?
> – Os índios matam bicho para comer. Ele faz assim, ó – *diz um menino enquanto imita uma pessoa atirando uma flecha para o chão.*

– Eles pegam uma flecha e jogam na água.
– Eles pegam mico para comer.
– Ele tem um animal.
– Eles não têm cabelo.
– Eles usam uma pena aqui.
– Ele toma banho na água suja.
– Na água limpa.
– Fazem assim – *diz um menino colocando a mão espalmada sobre a boca e emitindo sons: hu, hu, hu...* – Aí chove. É a dança da chuva.
(Caderno de campo, Escola B, 29/4/15)

Essa forma de tratar o currículo faz do outro, aquele diferente de mim, alguém de quem eu simplesmente me aproprio para fazer dele um objeto estereotipado e não um sujeito de alteridade. O indígena como sujeito, sua cultura, sua vida real passam longe do que as crianças sabem, aprendem socialmente, e a escola não necessariamente problematiza.

Dias das Mães: Na semana após o Dia das Mães houve uma conversa sobre a data em cada turma, partindo de suas observações sobre as comemorações do dia. A conversa foi seguida da história *As famílias do Mundinho*,[3] que trata de diferentes configurações familiares.

Na turma A4, reportei-me à atividade que presenciei na semana anterior:

– Na quinta-feira, quando eu vim aqui, vocês estavam fazendo um coração. Aquele coração era para quem?
– Para a mamãe, para o Dia da Mãe.
– Quando foi o Dia da Mãe?
– Sábado. Domingo.
(Caderno de campo, Escola A, Turma 4, 11/5/15)

3. Ingrid B. Bellinghausen. *As famílias do Mundinho*. São Paulo: Difusão Cultural do Livro, 2007.

Na Turma A3, relacionar os dias da semana passados os ajudou a chegar à data:

> – O que a gente fez domingo?
> – Fiquei em casa. Eu dei uma flor para a minha mãe, uma margarida.
> – Por que você deu uma margarida para a sua mãe?
> – Porque meu pai comprou.
> – Por quê?
> – Porque ele teve dinheiro.
> – Por que ele comprou nesse dia uma margarida para sua mãe?
> – Porque era Dia das Mães.
> – Domingo foi Dia das Mães?
> – Foi.
> (Caderno de campo, Escola A, Turma 3, 14/5/15)

Na Escola B, as Turmas 3 e 4 participaram juntas da atividade e relacionaram a data a presentes: "É dia de dar presente. Eu comprei um bombom para a minha mãe".

Explicaram o que é a data:

> Dia das Mães é uma coisa que a gente dá surpresa para as mães, dá presente para as mães e a gente agracia muito as mães. Porque é um dia especial. Porque nos dias especiais tem que agraciar as mães. É porque o Dia das Mães tem que ser muito legal para amar as mães.
> (Caderno de campo, Escola A, Turma 3, 14/5/15)

Já nos outros dias:

> – E nos outros dias a gente agracia as mães?
> – Não, só no Dia das Mães. No Dia dos Pais a gente agracia os pais.
> – E nos outros dias a gente faz o quê?
> – Nos outros dias a gente beija as mães.
> – Por que você beija as mães?
> – Porque é legal.
> (Caderno de campo, Escola A, Turma 3, 14/5/15)

Explicaram também por que há essa comemoração: "Porque é o símbolo da paz. Para alegrar todo mundo" (Caderno de campo, Escola A, Turma 4, 11/5/15). E contaram como foi a comemoração:

> – Meu irmão comprou um anel para a minha mãe. Porque é feliz das mães!
> – Meu pai deu uma xícara para a minha mãe e pediu se ele dá um pouquinho do bombom dela que ele deu dentro da xícara.
> – Meu pai comprou umas flores para dar para a minha mãe. Porque era Dia das Mães. Eu dei uma flor também para minha mãe, foi outra margarida.
> (Caderno de campo, Escola A, Turma 3, 14/5/15)

Houve comemoração com a mãe e a família, como também houve comemoração sem a própria mãe:

> – Eu estava na casa do meu pai, dormi lá quando minha mãe estava trabalhando. Aí chegou o Dia das Mães e o meu pai fez churrasco na casa dele. Eu, minha avó, meu tio, meu pai com eles. Minhas duas irmãs e minha amiga foram me buscar.
> – Meu pai me deu um presente para eu dar para a minha mãe, eu dei um ralador de legumes.
> – Eu fui na festa da minha família com meu pai. Aí minha mãe não foi. Aí minha mãe foi me buscar.
> (Caderno de campo, Escola A, Turma 3, 14/5/15)

As crianças responderam se há um Dia das Mães, o que é uma mãe:

> – A mamãe é uma mulher. Porque eu nasci da barriga dela.
> – Uma mãe tem coração bem fundo. Porque uma mãe é muito grande e tem coração fundo, para ter mais energia... para fazer as coisas para o filho.
> – E para trabalhar. É.
> (Caderno de campo, Escola A, Turma 3, 14/5/15)

A resposta mais presente foi "nascer da barriga dela", um dado biológico acompanhado do afetivo e sócio-histórico quando aparece o "coração bem fundo" e a "energia... para fazer as coisas para o filho". Essa fala traz o papel da mãe na vida da família de "cuidar dos filhos. Ela dá mamá. Mamá no peito. Dá colo, dá alegria, dá carinho, mamadeira, chupeta".

Afirmando a mãe como cuidadora principal:

> – Quem cuida mais de você?
> – Mamãe. Quando a gente está passando mal, ela leva no médico, dá uma injeção e vai para casa. Ela leva a gente para praia para pegar peixinho.
> (Caderno de campo, Escola A, Turma 4, 11/5/15)

As crianças falaram também dos pontos de atrito dessa relação:

> – Ela bate. De sandália na minha bunda.
> – Quando a gente faz malcriação.
> – Minha mãe me bate todo dia. Quando eu faço bagunça.
> – Quando a gente faz muita bagunça.
> (Caderno de campo, Escola A, Turma 4, 11/5/15)

Porém a mãe bate quando "tem raiva da gente. Porque a gente faz briga. Porque as mães têm que brigar quando a gente faz malcriação. Pai bate" (Caderno de campo, Escola B, Turmas 3 e 4, 11/5/15). Mais uma vez as crianças justificam as atitudes dos adultos, como se as mães pudessem ter atitudes agressivas por cuidado a elas; já do pai, aparece apenas o ato.

Falar sobre o papel da mãe na vida delas também possibilitou ouvi-las sobre os papéis familiares:

> – É só a mãe que cuida?
> – O pai também. O irmão, a irmã, a avó, o avô, o tio, a tia... todo mundo.
> – Quando minha mãe sai, deixa eu com minha avó Patrícia.
> (Caderno de campo, Escola A, Turma 4, 11/5/15)

E esclareceram os papéis familiares: "Cedo ela trabalha e de noite ela faz as coisas para o filho". E se ela não fizer? "A gente pede para o pai. Porque a nossa mãe é muito legal e muito boa e nossa mãe é primeiro e por último é o pai" (Caderno de campo, Escola A, Turma 3, 14/5/15).

Ainda sobre os papéis familiares, aparece a orgulhosa posição de irmão mais velho: "Quando nascer o neném da barriga da minha mãe, eu vou ser o irmão mais velho"; e a própria configuração da família não convencional: "Minha mãe se separou. Eu só tenho Rafael. Rafael é meu amigo lá, que eu chamo ele de pai todos os dias e ele me chama de filha. Eu sei que ele é meu pai, mas ele não é" (Caderno de campo, Escola A, Turma 4, 11/5/15).

O currículo expresso pelas crianças

Ao falar, essas crianças se constituem como sujeitos crianças e marcam a experiência de ser criança. Nessa perspectiva, a narrativa é ponto de encontro entre a infância como categoria e a experiência de infância. Da mesma forma, a roda de conversa possibilita que as falas das crianças marquem o encontro entre *ser criança* como uma categoria e a *experiência de ser criança*.

Em ambas as escolas, quando foram ouvidas sobre o que realizavam, com muita frequência, as crianças expressaram estar cumprindo uma orientação, ordem ou solicitação da professora. Quando a atividade era resultante de um envolvimento maior das crianças com o assunto, elas sabiam explicar o que faziam e opinar sobre isso.

Esses momentos permitiram observar que há datas mais afeitas às crianças que outras, nas quais há uma identificação maior, seja pela temática, como o Dia da Criança, seja pelo apelo comercial, como a Páscoa. Embora tanto uma quanto a outra tenham vigoroso apelo comercial.

De toda forma, as datas tratadas nessas rodas de conversa se expressam como meio de divulgar uma forma de estar no mundo que é socialmente privilegiada. Elas informam e formam, dentre outros mecanismos, o consumidor, o cidadão, o cliente que se espera que a escola prepare para a manutenção do já estabelecido.

Quando os currículos partem da escuta sobre os interesses e as demandas das crianças, em vez de inseri-las em um universo de ideias e concepções pré-estabelecidas, cria-se e recria-se a cultura a partir de seus olhos, pois "todo desempenho infantil orienta-se não pela 'eternidade' dos produtos, mas sim pelo 'instante' do gesto" (Benjamin 2002, p. 117).

Prestar atenção nas demandas das crianças, em suas necessidades e interesses, vê-las e ouvi-las, inclinar-se em direção a elas e seus propósitos é um compromisso ético que precisa prevalecer nas práticas e nos currículos da educação infantil – assim como garantir a escuta das crianças nas pesquisas que dizem respeito a essas práticas e currículos e sua consequente publicização.

Referências bibliográficas

BAKHTIN, M.A. (1999). *Cultura popular na Idade Média e no Renascimento: O contexto de François Rabelais*. São Paulo: Hucitec.

_______ (2010). *Estética da criação verbal*. São Paulo: Martins Fontes.

BENJAMIN, W. (1995). *Obras escolhidas II*. São Paulo: Brasiliense.

_______ (2002). *Reflexões sobre a criança, o brinquedo e a educação*. São Paulo: Duas Cidades: Ed. 34.

KRAMER, S. (org.) (1986). *Com a pré-escola nas mãos: Uma alternativa curricular para a educação infantil*. São Paulo: Ática.

QVORTRUP, J. (2010). "A infância enquanto categoria estrutural". *Educação e Pesquisa*, v. 36, n. 2, maio-ago. São Paulo, pp. 631-643.

RINALDI, C. (2012). *Diálogos com Reggio Emilia: Escutar, investigar e aprender*. São Paulo: Paz e Terra.

SARMENTO, M.J. (2005). "Gerações e alteridade: Interrogações a partir da sociologia da infância". *Educação e Sociedade*, v. 26, n. 91, maio-ago. Campinas, pp. 361-378.

2
CONHECER OS ESPAÇOS COM AS CRIANÇAS: ESCUTA COMO POSTURA ÉTICA

Liana Garcia Castro

De que vale ter voz
se só quando não falo é que me entendem?
De que vale acordar
se o que vivo é menos do que o que sonhei?
(Versos do menino que fazia versos)
Couto (2004, p. 131)

No conto "O menino que escrevia versos", o escritor moçambicano Mia Couto narra a história de um menino dado a fazer versos e que, por isso, tem a reprovação do pai e recebe cuidados exagerados da mãe. Preocupados com o menino, os pais o levam ao médico e requerem urgência para curá-lo. O médico, por sua vez, gostava de versos e interna o menino-poeta para poder escutá-lo lendo, "verso a verso, o seu próprio coração" (Couto 2004, p. 131). Em crônica publicada pela primeira vez no *Jornal do Brasil* em 1974, o poeta Carlos Drummond de Andrade indaga: "Por que motivo as crianças, de modo geral, são poetas e, com o tempo, deixam de sê-lo?" (Andrade 1976, p. 593). Para outro poeta, o mato-grossense Manoel de Barros (1999, p. 7), "a liberdade e a poesia a gente aprende com as crianças". Os escritores e os poetas nos provocam a pensar que as crianças têm outro modo de olhar as coisas do mundo, que, muitas vezes, é incompreendido pelos adultos, que lhes impõem suas vontades e verdades.

Este capítulo resulta de uma pesquisa de mestrado que teve como objetivo responder, em diálogo *com* as crianças, o que seus olhares e perspectivas narram sobre o que veem e registram do espaço por elas frequentado e vivido cotidianamente.

Os estudos da psicologia histórico-cultural formulados por Vygotsky (1991, 2007 e 2009), da sociologia da infância a partir das ideias de Corsaro (2005 e 2011), Ferreira (2002 e 2010) e Sarmento e Gouvea (2008) e da filosofia do diálogo de Buber (1974, 2004, 2008 e 2009) sustentam as concepções de criança como sujeito social, histórico, pessoa que sente, inventa, brinca e cria o mundo.

Inicialmente, o capítulo apresenta as lentes teórico-metodológicas da pesquisa; em seguida, disserta sobre pesquisa com crianças e seus desafios éticos; e, por fim, apresenta algumas das principais conclusões, organizadas a partir do que dizem as crianças por meio de fotografias produzidas por elas e de suas análises.

Lentes teórico-metodológicas

A pesquisa foi realizada com as contribuições da psicologia histórico-cultural, da sociologia da infância e da filosofia do diálogo, que auxiliam na construção da visão de criança, como:

> Pessoa de pouca idade, que produz cultura, é nela produzida, brinca, aprende, sente, cria, cresce e se modifica, ao longo do processo histórico que constitui a vida humana. As crianças são constituídas a partir de sua classe social, etnia, gênero e por diferenças físicas, psicológicas e culturais. (Kramer e Motta 2010, p. 1)

A psicologia histórico-cultural, formulada por Lev Vygotsky (1991, 2007 e 2009), traz contribuições para a compreensão do ser humano como uma unidade de totalidade quando reconhece, da mesma forma, o aparato biológico e a cultura. O ser humano, desde o momento em que nasce, interage com o meio – com as pessoas e com os objetos da cultura –, numa relação dialética entre fatores internos e externos. Desse modo, enquanto age sobre o meio, ele o modifica ao mesmo tempo em que é modificado pelo que o cerca. A humanidade é produzida histórica e coletivamente pelos seres humanos e em cada um. Nessa perspectiva, a criança é sujeito integrado e situado histórica, social e culturalmente, que se desenvolve mediante a apropriação da cultura e no processo de sua atividade, tornando-se produto e produtor da história humana.

A partir dessa compreensão, Vygotsky (2009) realça o potencial criativo e as especificidades infantis. Desde bem pequena, a criança não se limita a reproduzir fatos ou impressões do mundo adulto, mas articula novas combinações, faz descobertas, inventa, recria e ressignifica experiências vividas. Sua capacidade inventiva e de criação é ressaltada pelo autor que a entende como sujeito ativo que participa da realidade e nela intervém. A criança se constitui na relação com o outro, em interação, e suas ações, especialmente a brincadeira, são formas de reelaboração do mundo. Seu desenvolvimento é enraizado nas ligações entre sua história individual e a história social e sua subjetividade se constitui de maneira necessariamente dialógica: a criança constitui seu "eu" em interação com outros "eus". O outro/o meio, assim, assume um papel vital na construção do conhecimento e, dessa forma, o desenvolvimento não é previsível. Ele depende de diferentes aspectos e a fonte para o surgimento das características humanas específicas é o meio social. Conhecer as crianças exige, portanto, o estudo de processos e relações, contribuição específica de Vygotsky, coerente com sua proposição de fundamentar a psicologia na história e na sociologia em convergência com a sociologia da infância.

A sociologia da infância traz contribuições acerca do papel da criança em seus processos de criação, nas representações e interpretações da cultura e da sociedade nas quais está submersa e é sujeito ativo. Dessa forma, busca colocar as crianças no centro da cena a partir do entendimento de que suas culturas e relações sociais devem ser estudadas em si mesmas, no presente, e com base no que elas dizem e não apenas no que os adultos dizem sobre elas. Parte da compreensão de que as crianças são atores sociais, ativos e criativos, que produzem suas próprias e exclusivas culturas de pares,[1] enquanto, simultaneamente, contribuem para a produção do mundo adulto. Para as crianças, a infância é um período temporário; para a sociedade, é uma forma estrutural permanente ou uma categoria que nunca desaparece, embora seus membros mudem e suas características variem historicamente. Nesse sentido, as crianças não estão sendo preparadas para viver em sociedade porque elas já o fazem.

A infância está relacionada a outras categorias estruturais como classe social, gênero, raça e grupos etários, e o arranjo estrutural dessas categorias afeta a natureza da infância. A complexidade dessas variáveis torna o processo de transmissão de saberes e valores muito mais complexo do que a concepção tradicional de socialização propõe (Sarmento e Gouvea 2008). Nessa perspectiva, Corsaro (2011) propõe o termo "reprodução interpretativa" no lugar de "socialização", acreditando que o primeiro abrange aspectos criativos de participação das crianças na sociedade, enquanto o segundo apresenta uma conotação individualista e progressiva. Entende-se, assim, que a criança participa ativamente no mundo e, ao mesmo tempo, afirma-se diferente dele (Ferreira 2010). Para Corsaro (2011), essa visão considera que a criança não é receptáculo passivo do mundo adulto. As crianças possuem vivências próprias, inseridas na cultura, e maneiras próprias de expressar o que entendem sobre o mundo.

As principais preocupações da sociologia da infância, segundo Ferreira (2002), têm a ver com evidenciar, por um lado, que o modo como nós, adultos, vemos as crianças interfere no modo como nos relacionamos com elas e, por outro, que as crianças são atores sociais dotados de pensamento crítico e reflexivo. Para a autora, reconhecer as crianças como

---

1. Corsaro (2005, p. 1) define *cultura de pares* "como um conjunto estável de atividades ou rotinas, artefatos, valores e interesses que as crianças produzem e compartilham na interação com seus pares".

atores sociais requer do adulto/educador, além de atenção e preocupação em escutá-las, que se torne um intérprete e tradutor competente das crianças, e "isso não é possível sem estar disposto a deixar-se surpreender pelas crianças e a seguir atrás delas para aceder aos seus mundos" (Ferreira 2002, p. 2). Essa postura do adulto implica reflexões acerca das relações desiguais de poder entre adultos e crianças, para aceitar a inversão de posições e papéis tradicionais e promover a participação das crianças na tomada de decisões que lhes dizem respeito, como o planejamento do cotidiano de instituições educacionais. Reconhecer a criança como ator social significa também ter a consciência de que há desigualdade entre grupos etários, classe social, gênero e raça, ou seja, não é a mesma coisa ser menino ou menina, ser pertencente à classe média ou morador de favela, ser mais velho ou mais novo, ser uma criança negra ou branca. A sociologia da infância contribui para pensar as relações entre crianças e destas com os adultos, com o intuito de desconstruir as sutilezas que se revestem nas relações de poder e opressão.

A construção de um olhar sensível para as sutilezas dessas relações é favorecida com as contribuições de Martin Buber – com a filosofia do diálogo. Apesar de não ter estudado especificamente as crianças, essa filosofia traz contribuições para a compreensão do diálogo como espaço privilegiado de produção de conhecimento de si e sobre o mundo. Nessa perspectiva, só é possível compreender o ser humano na relação com o outro, com o mundo, com o seu contexto histórico. Para o autor, o "eu" só existe com um "tu", na medida em que o aceito em sua totalidade, de forma que ele se torne presença para mim. Trata-se de um convite para uma existência autêntica que se expressa apenas na relação dialógica. O sentido do humano, para o filósofo, é a relação com o outro, com o mundo (Buber 1974).

A partir da compreensão de que o ser humano é ser de relação e que a relação é o fundamento de sua existência, Buber (1974) caracteriza duas atitudes distintas do ser humano em face do mundo, pronunciadas pelas palavras-princípios eu-tu e eu-isso. A relação eu-tu reflete a atitude do encontro com o outro, na reciprocidade e na confirmação mútua. Revela-se no engajamento, no comprometimento incondicional com o outro.

Já o relacionamento eu-isso expressa a objetividade. Reflete a atitude de utilização, sendo o mundo objeto de uso e de experiência. Sobre o relacionamento eu-isso, Buber alega tratar-se de uma atitude necessária, mas que se torna nociva quando se converte na forma preponderante de expressão humana (Santiago e Röhr 2006).

Para que o encontro eu-tu aconteça, é necessário que haja entrega por inteiro, que haja totalidade, pois a relação com o semelhante não envolve apenas uma parte do ser (Buber 2008). Essa totalidade se vincula à inteireza do sujeito envolvido, de forma que o encontro acontece no *entre*, no espaço onde se realiza o diálogo, na reciprocidade da ação entre os seres humanos.

As três vertentes – psicologia histórico-cultural, sociologia da infância e filosofia do diálogo – trazem a perspectiva dialógica para pensar a pesquisa em ciências humanas e contribuem para a compreensão da criança como sujeito potente para dar sentido ao contexto da instituição de educação infantil. A pesquisa com crianças se trata de um processo criativo, considerando que parte da interação entre crianças e adultos. Os instrumentos metodológicos devem então possibilitar formas de representações, permitindo que as crianças expressem suas reelaborações criativas do que viveram. Essas estratégias servem como superação de barreiras geracionais e de comunicação.

Conhecer os espaços com as crianças

Nas pesquisas dos últimos 30 anos no Brasil, percebe-se um esforço em consolidar uma visão de criança cidadã, que tem necessidades e desejos, que tem voz e direito de ser ouvida. Acerca disso, Sarmento e Gouvea (2008, p. 13; grifos do original) afirmam:

> Cabe-nos, como pesquisadores e profissionais que atuam junto a estes sujeitos concretos, crianças, não superpor o nosso discurso ao discurso infantil, retomando a origem etimológica que, ao nomear a criança, define uma *infans*: a dos sem fala. Parafraseando Freud,

cabe-nos, em nossas práticas, indagar a este intrigante sujeito: afinal, o que quer uma criança?

Os estudos do campo da sociologia da infância apontam que a pesquisa *com* crianças, e não *sobre*, tira-as do lugar de objeto a ser estudado, colocando-as como sujeitos que falam por si, que produzem e são produzidos pela cultura (Corsaro 2011). Nesse sentido, a pesquisa com crianças contribui para não apenas entender as crianças pesquisadas, mas toda a sociedade a partir do reconhecimento de que as crianças têm voz e algo a dizer:

> As crianças têm "voz" porque têm "coisas" – ideias, opiniões, críticas, experiências (...) – a dizer aos adultos, verbalmente ou não, literalmente ou não, mas estes só poderão ter acesso a esse pensamento e conhecimento se estiverem na disposição de suspender os seus entendimentos e cultura adultos para, na medida do possível, aprenderem com elas os delas e assim compreenderem o sentido das suas interações no contexto dos seus universos específicos. (Ferreira 2010, p. 158)

Segundo Cruz (2008, p. 14), "o que as crianças falam pode subsidiar ações a seu favor e contribuir para mudanças que as beneficiem". Suas contribuições trazem elementos que auxiliam o desenvolvimento de ações com o intuito de construir melhores condições para que as crianças vivam suas infâncias. Buscar formas de ouvir as crianças, explorando as suas múltiplas linguagens, tem como pressuposto a crença de que elas têm o que dizer acerca dos aspectos implicados nas suas experiências nas instituições (as relações, as instalações e os materiais, as práticas pedagógicas etc.). Esse processo não apenas é importante, mas necessário no processo de construção da qualidade na educação infantil (Cruz 2008).

As discussões que tangem à pesquisa *com* crianças apresentam também ambivalências no seio da própria discussão, o que esbarra na contradição entre o dizer/criticar da pesquisa feita desse modo e o fazê-la numa perspectiva diferente. É pertinente afirmar que o primeiro movimento da pesquisa aqui apresentada foi *sobre*: o olhar da pesquisadora *sobre* o espaço da instituição, *sobre* o cotidiano da turma pesquisada. O cotidiano dessa turma – chegada e início da manhã, período intermediário, final da manhã e saída da creche – foi observado durante três meses, de duas a três vezes por semana, em dias e horários alternados, nos diferentes espaços da instituição. Os instrumentos utilizados, nesse momento da pesquisa, considerando as contribuições da etnografia, foram as notas de campo, metodológicas e pessoais orientadas por um roteiro de observação. Esse primeiro movimento foi importante para colocar algumas questões em perspectiva: Como as crianças usam esse espaço e se apropriam dele? Como os adultos usam esse espaço e se apropriam dele? Como crianças e adultos, juntos ou não, usam esse espaço e se apropriam dele?

Num segundo movimento, após ter esse panorama, o momento foi de convidar as crianças a contar como elas olham, usam esse espaço e se apropriam dele. Foi realizada oficina de fotografia para, em diálogo *com* as crianças, responder o que seus olhares e perspectivas narram sobre como percebem os espaços da creche e interagem com eles.

A proposta da oficina de fotografia parte da compreensão de que "o discurso imagético constitui o sujeito e, ao mesmo tempo, o sujeito é produtor deste discurso" (Lenzi *et al.* 2006, p. 101). Observar as fotografias tiradas pelas crianças contribui para compreender a maneira como percebem os espaços – as crianças dizem por meio das imagens e as imagens dizem sobre as crianças. A fotografia permite ainda perceber a perspectiva do lugar de onde se olha, a aproximação ao universo do "outro" – a criança. Possibilita outros tipos de observação porque transforma a natureza do olhar; o olhar, tanto no ato de fotografar quanto o lançado sobre a fotografia produzida, é direcionado, focado, selecionado.

A fotografia deixa de ser inerte na interlocução, na troca entre produtor e leitor da imagem. Porque há um espectador em que a fotografia ganha significados e sentidos: aquele que olha produz discursos, é audiência ativa. O/a autor/a da fotografia "se presentifica no olhar do outro" (Lenzi *et al.* 2006, p. 103).

Com essas contribuições, a oficina de fotografia foi pensada e organizada em dois momentos. No primeiro, foram fotografados os espaços da creche. Foram dadas instruções básicas de uso da máquina fotográfica e combinadas regras para a atividade. Foi necessário também planejar com as crianças a ordem dos espaços para serem fotografados, traçando, assim, um percurso. Onze crianças participaram desse momento e tiraram um total de 1.699 fotografias. No segundo momento, a intenção foi conversar sobre as fotografias. Foram selecionadas pela pesquisadora e apresentadas às crianças 187 fotos, usando computador. Ao rever as fotografias, as crianças puderam olhar novamente para os registros e dizer o que queriam mostrar com a imagem e por quê. Todas as crianças da turma, inclusive as que não estavam presentes no dia da oficina, puderam dar suas contribuições. O diálogo produzido pelo grupo a partir da leitura das fotografias foi gravado e, posteriormente, transcrito para análise.

Assim como outras estratégias metodológicas, a observação e a oficina de fotografia com crianças suscitam desafios éticos. Os nomes das crianças e dos adultos devem ser os verdadeiros ou utilizar fictícios? Os rostos devem aparecer nas fotografias? A devolução da pesquisa pode colocar em risco de represália por parte de adultos alguma criança? No que diz respeito ao nome dos sujeitos da pesquisa, as alternativas de usar números ou mencionar os participantes pelas iniciais de seu nome foram descartadas porque negam a sua condição de sujeito e relegam a um anonimato incoerente com o referencial teórico que orientou a pesquisa (Kramer 2002). Com o objetivo de proteger as crianças e não expor os adultos, os nomes verdadeiros foram substituídos por nomes fictícios de forma aleatória. Com esse mesmo objetivo, foram selecionadas fotografias em que não aparecem rostos para que as crianças e os adultos não fossem facilmente identificados. Em relação à devolução, essa foi realizada em um momento em que as crianças não mais estavam frequentando a instituição.

Os desafios éticos também surgem durante o trabalho de campo, tendo em vista que esse é um processo vivo, que acontece na relação entre sujeitos. Durante a observação, a tentativa de ver os sujeitos diante de meus olhos é marcada, inicialmente, por uma postura de quem tudo anota, que não quer deixar nada escapar. Essa postura é logo percebida pelas crianças, sobretudo por conta da presença do caderno de campo: "deixa eu desenhar no seu caderno"; "o que você está fazendo aí?"; "escreve aí, tia, que está saindo meleca do meu nariz!" (Caderno de campo, 2015). O pedido do Yan, em específico, para que eu escrevesse sobre sua meleca me fez pensar sobre como as crianças estavam me vendo. Para Buber (2009), mais do que observar e anotar, é preciso contemplar e, principalmente, tomar conhecimento íntimo.

Outro desafio experimentado no campo foi mirar o olhar nas crianças. Nem sempre foi fácil vê-las. Com o compromisso de dar visibilidade ao ponto de vista delas, foi necessário, em alguns momentos, ajustar o foco, limpar a lente, desembaçar o olhar. Talvez a minha atuação em creches e escolas, como também a atuação pouco dialógica, em alguns momentos, da professora com as crianças, tenha me levado de início a focar a professora, e não a relação que eu e as crianças vínhamos estabelecendo. O esforço da professora em chamar a atenção delas, em controlar o que faziam, também fazia meu olhar se voltar para ela. As crianças, contudo, escapavam do controle da professora e buscavam interações comigo, buscavam o encontro.

A escuta atenta às demandas das crianças, foco da pesquisa apresentada neste capítulo, também se colocou como desafio em dado momento. Para realização da oficina de fotografia, sentamos em roda para definirmos em que ordem os espaços seriam fotografados. Disse às crianças que precisávamos combinar o caminho que percorreríamos e que eu escreveria a nossa rota. O parquinho foi unânime como o primeiro lugar a ser fotografado. Em seguida, as crianças sugeriram o "caminho das árvores". Eu não conhecia e perguntei onde era. As crianças responderam que era "onde tem formigas". Preocupada com o tempo da atividade, perguntei se era perto do parquinho e se era melhor irmos antes ao que estava mais perto. A minha lógica de adulto, pesquisadora, mais forte na relação de poder, se sobrepôs à lógica das crianças: o interesse pelos espaços externos.

Crianças: Tem o refeitório.
Liana: E a sala de leitura?
Crianças: Não, não tem mais sala.

Liana: Mas não tem mais nada lá?
Crianças: Não, não tem mais nada. Podemos ir à sala de vídeo.
(Caderno de campo, 9/10/2014)

Eu sabia que a sala de leitura não estava mais funcionando, mas queria fotografias de lá. As crianças sabiam melhor do que eu que não tinha mais sala de leitura e não fazia sentido para elas fotografá-la. No início do ano, observei apenas uma estante alta com alguns livros nessa sala. No entanto, não observei crianças na sala em nenhum dia em que estive na creche. As crianças, com sua insistência, mostraram como eu estava sendo incoerente com a minha proposta e com os meus referenciais teóricos. Eu pedi para *elas* me apresentarem os espaços da creche. Na conversa que se seguiu, acatei o que foi sugerido por elas. Acatei, ainda, os desvios provocados por elas durante o trajeto para fotografar.

O que dizem as crianças

Neste item, são apresentadas algumas das conclusões mais relevantes da pesquisa, organizadas a partir das falas das crianças.

"Vamos primeiro no parquinho!"

Jacaré que balança e, ao fundo, pato que gira.[2]

Moto.

2. As legendas são inspiradas nos comentários das crianças sobre as imagens.

Foi unânime o interesse das crianças pelos espaços externos da creche. O parquinho, o primeiro lugar a ser fotografado, foi o mais comentado pelas crianças na análise das fotografias e de onde tinham mais histórias para contar. A turma pesquisada pouco frequentou o parquinho durante o período de observação, mas, mesmo a creche possuindo ampla área externa,[3] foi o único dentre os espaços externos onde as crianças foram observadas.

Em relação aos brinquedos do parquinho, as crianças mostraram domínio do corpo para explorá-los de diferentes formas. Como a maioria das crianças da turma frequentava a creche desde os dois anos de idade, elas já conheciam bem o ambiente e buscavam sempre a criação de novos desafios para a exploração dos brinquedos. As crianças faziam outros usos dos brinquedos que não os esperados pelos adultos, e estes pareciam não confiar na capacidade delas de saber o que podiam ou não fazer com seu corpo, o que tinham ou não competência para realizar. Algumas crianças, as que estavam sempre buscando desafios, ficavam estigmatizadas como as que fazem sempre o que não pode.

> Uma casinha que está no pátio tem uma escada para as crianças passarem por cima, pelo teto. Eduardo sobe e desce do teto da casinha. Outras crianças também o fazem, mas ele é chamado à atenção a todo momento. Ele desce do escorregador de frente, de costas, deitado, inventa várias maneiras. Em um momento, pendura-se no escorregador pelo lado. A professora de outra turma grita de longe: "Ô, menino! Ô, garoto! Desce daí!". (Caderno de campo, 11/9/2014)

A professora da observação anterior não era a responsável pela turma pesquisada. Eduardo, contudo, era muito conhecido na creche, e os adultos se referiam a ele como "terrível". Por que não chamá-lo pelo nome? Por que não se aproximar e oferecer segurança para que ele explore o brinquedo de diferentes formas? Por que não auxiliá-lo a descobrir o que ele consegue ou não fazer com o próprio corpo?

---

3. Área externa: 2.540,45 m². Área construída: 866,87 m².

Ao observarem fotografias em que estavam subindo por onde "não podem", as crianças falaram em conjunto: "Nós conseguimos!" (Caderno de campo, 24/11/2014). Apesar da preferência das crianças pelo espaço, este poderia ser mais estimulante em relação às potencialidades das crianças conforme seu crescimento. Além disso, não havia variedade de materiais. Os brinquedos eram todos de plástico, como os de *shopping centers* e de casas de festas infantis.

"Grama é lugar de correr"

Lugar de correr e de estar em liberdade. Foi observado grande esforço para que as crianças permanecessem sentadas nos espaços (na sala da turma, no refeitório, na sala de vídeo). Além de quando estavam no parquinho, elas não tinham oportunidade para realizar movimentos amplos. O primeiro movimento ao chegar à área externa para fotografar foi... correr!

> Yan: Vamos no caminho das árvores!
> Pesquisadora: Não conheço. Onde é?
> Crianças: É onde tem formigas.
> (Caderno de campo, 9/10/2014)

No caminho das árvores.

O banco de picar folhas.

As crianças narraram com detalhes histórias vividas nos espaços externos próximos a árvores e plantas. Pelos relatos, compreende-se que frequentavam muito pouco esses espaços. Os adultos confirmaram que elas iam pouco para lá. As justificativas dos adultos eram o sol forte, as formigas. As crianças, no entanto, falaram das formigas com entusiasmo. Falaram também sobre picar folhas, fazer comidinhas com plantas, brincar com frutinhas vermelhas que chamaram de "pimentas". Os momentos de contato com a natureza foram relatados com muita alegria. Entretanto, as experiências nos espaços externos não pareceram fazer parte da proposta pedagógica da instituição. Apesar de, na maior parte dos dias observados, a grama estar aparada e não haver sujeira ou entulhos na área externa, as práticas observadas não indicavam atenção ao contato com a natureza, ao planejamento de áreas para brincadeiras e jogos, ao cuidado com jardim e horta e ao atendimento da necessidade das crianças de correr, pular, jogar bola, brincar com areia e água, entre outras atividades. Sendo um espaço tão bonito – que, se mais bem cuidado, poderia ser ainda mais –, poderia ter uma visão ampla da parte interna, com janelas ou portas que permitissem a integração entre as áreas internas e externas.

"Não tem sala de leitura"

Estante de livros.

Piscina de bolinhas.

Ao passar pela sala de leitura, as crianças quiseram fotografá-la. A porta estava trancada, mas elas pediram para uma funcionária abrir. Na sala, havia apenas uma estante alta com um pequeno e desorganizado acervo de livros, além de uma piscina de bolinhas (!). Em conversa com a orientadora pedagógica, ela explicou que a piscina foi colocada ali por receio de que entrassem bichos se ficasse na área externa.

Não foram encontrados – contrariando muitos documentos oficiais – em nenhum outro espaço da instituição livros acessíveis às crianças. As observações do cotidiano mostravam que os livros participavam da rotina em momentos planejados, geralmente no início do dia, ou quando não havia nada planejado, para passar o tempo.

Os títulos eram sempre escolhidos pelos adultos, e não foram observados diálogos sobre as histórias. Na maioria dos eventos, os adultos não leram os livros conforme escreveu o/a autor/a, e sim inventaram, muitas vezes encurtando ou alongando a história de acordo com o tempo disponível para a atividade. No folhear das páginas, também chamou atenção o excesso de descrições de imagens, identificação e nomeação dos elementos (animais, cores etc.) que compunham as ilustrações, alinhando-se a uma ideia de instrução, com objetivo restrito de aprendizado de vocabulário. Tratava-se, pois, de histórias contadas e não de leitura.

"A sala é da tia"

Santiago: É a sala da tia Carmem.
(Caderno de campo, 24/11/2014)

Quadro e estante com brinquedos e materiais.

As fotografias das paredes da sala davam pistas para compreender o porquê da identificação desse espaço por Santiago como sala da professora, e não das crianças ou "nossa sala", das crianças e dos adultos que conviviam cotidianamente nesse espaço. A sala era decorada com muitas Galinhas Pintadinhas. O material comum nas paredes era o emborrachado, com figuras compradas, personagens veiculadas pela mídia que determina o que é infantil. Havia, nas paredes, poucas marcas das pessoas, crianças ou adultos, da instituição. O alfabeto tinha lugar de destaque na parede, de maneira descontextualizada e desprovida de sentido. E o quadro-negro ocupava lugar central na sala. Os olhares das crianças deveriam estar voltados para ele, e nele a professora instruía, ensinava as letras, didatizava a escrita.

O carro da tia.

O carro em cima do armário também era "da tia".

> Pesquisadora: De quem é esse carro?
> Antônio: É da tia Carmem.
> Pesquisadora: Mas está em cima do armário. Por quê?
> Leandro: Porque não pode pegar.
> Pesquisadora: Por que não?
> Leandro: Porque não.
> (Caderno de campo, 24/11/2014)

As crianças não mostravam ter uma relação de pertencimento com a sala frequentada por elas diariamente. O uso de materiais e brinquedos era, na maior parte das vezes, controlado pelos adultos. Esse controle era possível diante da organização da sala em uma perspectiva escolar, próxima ao modelo do ensino fundamental, de forma que não facilitasse a ação do brincar e o uso independente de brinquedos e de materiais.

Cadernos de atividades.

Além de fazer uso do quadro-negro, a professora colava atividades individuais nos cadernos. Sobre as características dessas atividades, as crianças disseram:

> Santiago: São os cadernos.
> Pesquisadora: Vocês fazem o quê no caderno?
> Leandro: Estudo.
> Antônio: Atividades.
> Pesquisadora: Atividade de quê?
> Anderson: Atividade paranormal.
> Antônio: As coisas que a tia faz, desenho para colorir, as letras...
> (Caderno de campo, 24/11/2014)

A professora expôs que sua intenção no uso do caderno não se tratava apenas de instrução, mas de mecanismo de controle.

> Eu estou deixando o trabalho da Educação Infantil um pouco de lado porque as crianças não sabiam muitas coisas. Li nos relatórios que elas sabiam letras, cores, mas vi que não sabiam nada. Então, para prendê-las, tive que usar o caderno. O caderno prende, elas precisam

> ter atenção, segurar no lápis, ter carinho com o caderno. Só consigo prender essas crianças com atividade. Se deixar solto, elas pulam até na sua cabeça. (Caderno de campo, 14/8/2014)

Não foram observados, na sala ou em outro espaço da instituição, materiais pedagógicos diversos em quantidade suficiente e de fácil acesso às crianças, para desenhar, pintar, modelar, construir objetos tridimensionais (barro, argila, massinha), escrever, experimentar. A gestão da creche sinalizou a necessidade de realização de festas para arrecadar dinheiro para comprar materiais, pois a creche recebia da Secretaria Municipal de Educação apenas material de papelaria em quantidade muito reduzida.

"Olha, eu consigo!"

A oficina de fotografia proporcionou também, a esse grupo de crianças, experiências de conquista, como no caso de Vinícius, portador de síndrome de Apert, uma doença genética caracterizada por má-formação no crânio, na face, nas mãos e nos pés. Ele falava sem dificuldade, de forma articulada, mas tinha os ossos dos dedos dos pés e das mãos unidos, com apenas os polegares um pouco separados. Durante o período de observação, houve recusa da parte dele em realizar as atividades propostas pela professora, principalmente as que exigiam pegar no lápis. Desde a conversa inicial para definir o percurso da oficina, Vinícius mostrou-se como um dos mais entusiasmados. Nesse momento, foi explicado para as crianças que, ao apertar o disparador, apareceria a luz do *flash*. Durante a oficina, Vinícius mostrou-se determinado a conseguir fotografar. Após cerca de quinze minutos com a máquina nas mãos, ele gritou eufórico: "Olha, eu consigo! Olha a luz!".

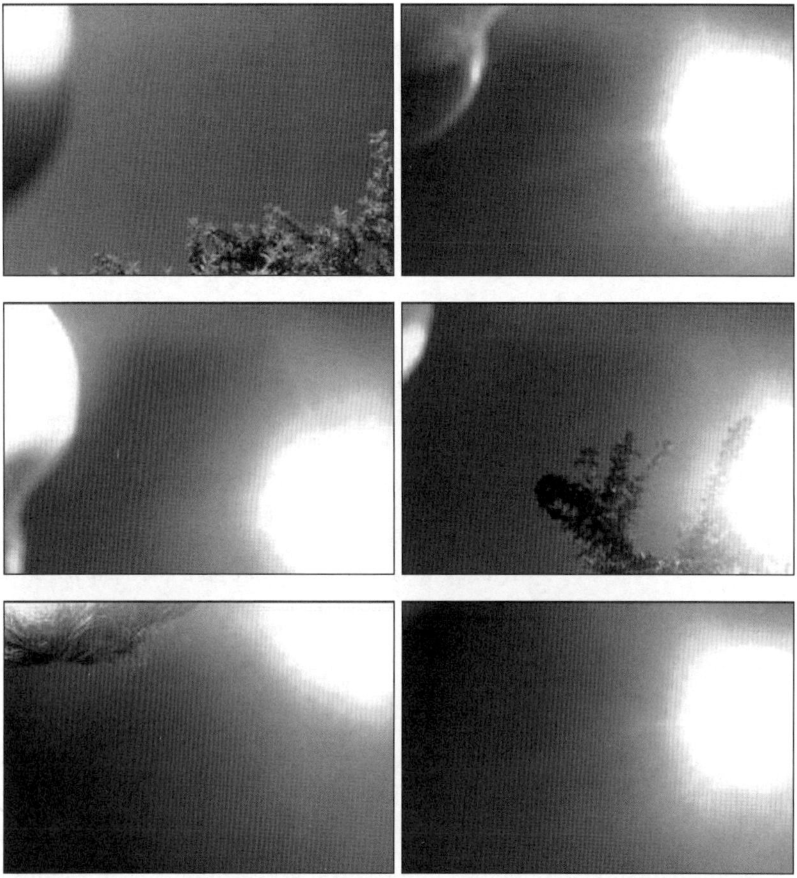

As fotos de Vinícius.

A luz a que Vinícius se referiu tratava-se da luz do *flash*. No entanto, seus disparos captaram a luz do sol e produziram belas fotografias que foram comemoradas pelas demais crianças. As crianças, nessa e em outras situações, demonstraram atitudes de amizade, o que, para Buber, são atitudes de inclusão. Para o filósofo, amizade é "uma relação dialógica, fundada na experiência concreta e recíproca daquele que inclui o outro" (Buber 2004, p. 29). Na inclusão, eu participo do mesmo acontecimento simultaneamente, junto com o outro, eu com os meus sentimentos e ele com os dele. A inclusão, assim, é um ato de reciprocidade.

Para Buber, sem inclusão, não é possível educação; todo ato realmente educativo é um ato inclusivo e, consequentemente, dialógico. As crianças, em sua busca incansável pelo encontro com seus pares e com os adultos, dirigem nosso olhar para a importância de uma formação docente, inicial e continuada, que aborde aspectos relacionais e estéticos e, que, sobretudo, aproxime os adultos de perspectivas infantis.

Considerações finais

> *Um galo sozinho não tece uma manhã: ele precisará sempre de outros galos.*
> *De um que apanhe esse grito que ele e o lance a outro;*
> *de um outro galo que apanhe o grito de um galo antes e o lance a outro;*
> *e de outros galo que com muitos outros galos se cruzem os fios de sol de seus gritos de galo, para que a manhã, desde uma teia tênue,*
> *se vá tecendo, entre todos os galos.*
> Melo Neto (1986, pp. 19-20)

Nesse poema, João Cabral de Melo Neto trata do confronto entre os tempos presente e futuro. Os galos se unem e convocam a manhã. E a construção do amanhã se dá no tecer os fios dos objetivos em busca de nova manhã. Os resultados da pesquisa apresentados neste capítulo apontam para a importância em valorizar a participação infantil, tendo em vista o direito das crianças de expressar suas opiniões e intervir em decisões que tenham algum impacto sobre elas. A pesquisa buscou ainda vencer o desafio de garantir espaço de fala para as crianças pequenas, minoria que, mesmo com todo o avanço legal, nem sempre tem seus desejos e visões contemplados pelos adultos. Como foi possível observar, as crianças têm muito a dizer!

É preciso que nós, adultos/educadores/pesquisadores, superando nossas próprias contradições, pensemos em possibilidades de ações das crianças nos espaços por elas vivenciados, de forma que adultos e crianças, em diálogo, construam compreensões e saídas para os problemas. Além de as crianças terem direito à participação, trata-se de uma postura ética diante de outro ser humano, que tem necessidades e desejos, e é nossa responsabilidade na construção de um mundo socialmente justo e feliz, na tessitura de uma "nova manhã".

Referências bibliográficas

ANDRADE, C.D. de (1976). "A educação do ser poético". *Revista Brasileira de Estudos Pedagógicos*, v. 61, n. 140, out. Rio de Janeiro, pp. 593-594.

BARROS, M. de (1999). *Exercícios de ser criança.* Rio de Janeiro: Salamandra.

BUBER, M. (1974). *Eu e tu*. Trad. do alemão, introd. e notas de Newton Aquiles von Zuben. 2ª ed. São Paulo: Moraes.

_______ (2004). *El camino del ser humano y otros escritos.* Salamanca: Kadmos.

_______ (2008). *Sobre comunidade*. São Paulo: Perspectiva.

_______ (2009). *Do diálogo e do dialógico.* São Paulo: Perspectiva.

CORSARO, W. (2005). "Entrada no campo, aceitação e natureza da participação nos estudos etnográficos com crianças pequenas". *Educação e Sociedade*, v. 26, n. 91, maio-ago. Campinas, pp. 443-464.

_______ (2011). *Sociologia da infância*. 2ª ed. Porto Alegre: Artmed.

COUTO, M. (2004). *O fio das missangas*. São Paulo: Cia. das Letras.

CRUZ, S.H.V. (org.) (2008). *A criança fala: A escuta de crianças em pesquisas*. São Paulo: Cortez.

FERREIRA, M. (2002). "Criança tem voz própria (pelo menos para a sociologia da infância)". *A Página da Educação*, ano 11, n. 117, nov., p. 35. [Disponível na internet: http://www.apagina.pt/?aba=7&cat=117&doc=9121&mid=2, acesso em 3/12/2018.]

_______ (2010). "'Ela é nossa prisioneira!': Questões teóricas, epistemológicas e ético-metodológicas a propósito dos processos de obtenção da permissão das crianças pequenas numa pesquisa etnográfica". *Reflexão e Ação*, v. 18, n. 2, jul.-dez. Santa Cruz do Sul, pp. 151-182.

KRAMER, S. (2002). "Autoria e autorização: Questões éticas na pesquisa com crianças". *Cadernos de Pesquisa*, n. 116, jul. São Paulo, pp. 42-59.

KRAMER, S. e MOTTA, F. (2010). "Verbete criança". *In:* OLIVEIRA, D.A.; DUARTE, A.C. e VIEIRA, L.F. (orgs.). *Dicionário trabalho, profissão e condição docente.* Belo Horizonte: Gestrado/FAE/UFMG/MEC. [Disponível na internet: http://www.gestrado.org/?pg=dicionario-verbetes&id=107, acesso em 10/10/2014.]

LENZI, L.H. *et al.* (orgs.) (2006). *Imagem: Intervenção e pesquisa.* Florianópolis: Ed. da UFSC: NUP/CED/UFSC.

MELO NETO, J.C. de (1986). *Poesias completas*. Rio de Janeiro: J. Olympio.

SANTIAGO, M.B.N. e RÖHR, F. (2006). "Formação e diálogo nos discursos de Martin Buber". Trabalho apresentado na 29ª Reunião Anual da Anped, Caxambu.

SARMENTO, M. e GOUVEA, M.C.S. de (orgs.) (2008). *Estudos da infância: Educação e práticas sociais*. Petrópolis: Vozes.

VYGOTSKY, L.S. (1991). *Pensamento e linguagem.* São Paulo: Martins Fontes.

_______ (2007). *A formação social da mente.* 7ª ed. São Paulo: Martins Fontes.

_______ (2009). *Imaginação e criação na infância.* Comentado por Ana Luiza Smolka. São Paulo: Ática.

3
"GOSTARAM DA HISTÓRIA? MUITO BEM!": SER CRIANÇA E SER ALUNO NA EDUCAÇÃO INFANTIL

Anelise Monteiro do Nascimento

> *(...) uma das maiores mudanças nos seus mundos sociais ocorre quando as crianças passam a frequentar regularmente o "Jardim de Infância", já que assinala um (primeiro) momento em que quotidianamente elas permanecem num outro contexto espaço-tempo organizado para as crianças por um outro adulto e com outras crianças, meninas e meninos com diferentes pertenças sociais, mas de idades similares.*
> Manuela Ferreira (2006, p. 34)

O que falam as crianças sobre as experiências descritas por Manuela Ferreira na epígrafe? O que dizem sobre frequentar uma escola de educação infantil? Como se veem dentro dessa instituição? Essas foram algumas questões que deram origem a este capítulo que discute o impacto da escolarização sobre a experiência de infância de crianças da educação infantil. O tema se situa no movimento de compreender as formas de apropriação por parte das crianças das práticas sociais que lhes são impostas, neste caso, a frequência obrigatória em uma pré-escola. Isso fica evidente na pesquisa de campo ao apontar que, uma vez institucionalizadas, as crianças passam por um aprendizado que cercará toda a sua trajetória escolar: a do ofício de aluno. É sobre essa aprendizagem, na perspectiva das crianças, que trataremos ao longo do capítulo.

O referencial teórico que dá suporte às análises apresentadas foi composto a partir dos estudos da filosofia, especialmente o trabalho de Walter Benjamin e seus conceitos de infância e de experiência; da sociologia da infância, campo marcado pelo reconhecimento da infância como construção social, componente da cultura/sociedade, forma estrutural que não desaparece, e as crianças, atores, produto e produtoras dos processos sociais; e da análise do contexto político que envolve as práticas de institucionalização das crianças no Brasil.

Para discutir o impacto da escolarização sobre as experiências de infância das crianças das pré-escolas, este capítulo está organizado em três seções. A primeira apresenta o campo e a metodologia da pesquisa; a segunda traz o evento no qual as crianças falam sobre como é ser criança e aluno na educação infantil; e, por fim, apresentamos algumas conclusões.

Desafios da construção do campo empírico da pesquisa

O objetivo da pesquisa foi identificar o impacto da escolarização sobre a experiência de infância das crianças da educação infantil. O campo foi construído com base em dados provenientes de observações em 21 instituições de Educação Infantil da rede municipal do Rio de Janeiro. O material faz parte do banco de dados do grupo Infância, Formação e Cultura (Infoc), recolhido para a pesquisa "Crianças e adultos em diferentes contextos: A infância, a cultura contemporânea e a educação".[1] Estiveram envolvidos nessa pesquisa 29 pesquisadores de quatro universidades distintas. Esses profissionais foram a campo a

1. Os resultados dessa pesquisa estão publicados em Kramer (2009).

fim de compreender as ações, as interações, as práticas, os valores, as tensões, os conceitos e os preconceitos que se dão em creches, pré-escolas e turmas de pré-escola em escolas de ensino fundamental, orientados pelo reconhecimento das crianças como categoria social com base nos termos propostos pela sociologia da infância, tendo como estratégias de pesquisa aportes de inspiração etnográfica. Essa pesquisa, que utilizou os dados do grupo Infoc e tinha como objetivo particular o impacto da escolarização na experiência de infância das crianças, teve como principal desafio metodológico trabalhar com esse amplo banco de dados, um campo denso e extenso que originalmente tinha as categorias autoridade, diversidade e identidade como referência. Como tratar esses dados? Como encontrar novos sentidos nos registros dos colegas pesquisadores? O que apontam suas escritas para além do que foi possível perceber em uma primeira análise? Que recorrências marcam a experiência de infância das crianças observadas? Assim, no que diz respeito à metodologia, essa pesquisa assumiu o olhar cuidadoso da etnografia como orientação, e um campo empírico composto pela observação e pelos registros de vários pesquisadores, implicando o exercício ético de transformar esses registros em acontecimentos únicos, que, recortados como eventos, podem ser generalizados, colocados em uma nova coleção (Benjamin 1995).

Metodologicamente, o primeiro movimento foi a leitura geral do material, ou seja, os cadernos de campo originais, o que apontou para a necessidade de desconsiderar as categorias preestabelecidas e compor um novo texto. Isso porque, desde o princípio, ficou evidente que cada pesquisador imprimira sua marca à produção, mas, para essa nova coleção, que tinha a experiência de infância como referência, era preciso dar unidade ao todo, principalmente no que se referia à descrição das situações observadas e à escrita dos diálogos. Assim, para chegar às recorrências da experiência de infância, primeiro foram retiradas as frases soltas; depois, as descrições centradas nos fazeres dos professores, quando estes não se tornaram objeto de interação com as crianças. Na etapa seguinte, foram excluídas as descrições de situações que não diziam respeito ao grupo observado e também as impressões do pesquisador, quando estas descreviam experiências pessoais e o contexto observado. Por fim, foram retiradas as explicações dos adultos dadas aos pesquisadores sobre mudanças no planejamento ou alterações nas rotinas. Esse extenso exercício se constituiu em uma incursão minuciosa, proporcionando a construção de um novo campo e mostrando a força das narrativas para acolher outros olhares. Exercício esse que aponta para a validade de se revisitar os campos das pesquisas, que na maioria das vezes ficam esquecidos após servirem aos propósitos de um único estudo empírico.

O exame do material de campo evidenciou que, independentemente do formato de escolarização das crianças (se frequentam creches, pré-escolas ou turmas de pré-escola em escolas de ensino fundamental), a experiência de infância se dá no encontro entre os processos individuais e coletivos resultantes das relações das crianças com seus pares, com os adultos, com os objetos, com a cultura/história, com a sociedade e com a natureza. Essa experiência pode ser percebida pela observação das suas formas de apropriações, reproduções e reinvenções do mundo, assim como de seus modos próprios de interpretá-lo e de se relacionarem entre si, com a criação de regras, normas e expectativas que conduzem não só as ações pessoais, mas o contexto em que estão inseridas por meio da circulação que se dá na cultura de pares.

A recorrência dos eventos do campo selecionado mostra que a experiência de infância do grupo observado se manifesta: 1) na construção da identidade de ser criança; 2) no desafio do pertencimento a um grupo; e 3) no contato com o conhecimento e com a cultura, elementos que são impactados diretamente pelas práticas escolares nas quais as crianças estão inseridas. Essas foram as categorias encontradas e é sobre as duas últimas que trata este capítulo.

A experiência da infância na pré-escola: Implicações para as práticas

Buscando privilegiar o ponto de vista das crianças, vamos começar pelo evento que deu origem ao debate:

(...) dois meninos brincam de "escolinha" em uma das mesas da sala (a dramatização é nomeada pelas crianças). Um deles assume o papel do aluno e outro, do professor.
O "professor" pega o livro Quem tem medo de fantasma? *e conta a história a partir das gravuras:*
– "Era uma vez um menino que morava em um castelo...".
Wagner[2] *observa a brincadeira, um pouco afastado da dupla. Depois de alguns minutos, pega um livro e também começa a contar a história e, olhando para a dupla, diz em voz baixa:*
– Gostaram da história? Muito bem!
Após alguns minutos, parece ter se cansado de brincar sozinho e se aproxima dos colegas:
– Posso ser aluno dessa escola?
Os meninos respondem:
– Sim!
E um deles completa:
– Senta aí!
A criança que faz o papel do professor pega outra história e pergunta o título do livro aos outros:
– Quem tem medo de trovão?
Um dos meninos responde:
– Eu!
Uma outra criança que estava distante se envolve no enredo:
– Eu também!
Outra criança que já conhecia essa história começa a fazer observações (a brincadeira começa a envolver toda a turma).
O "professor" intervém:
– Para de atrapalhar a aula porque quem atrapalha a aula a polícia chega e prende!
(Caderno de campo, E19)

O evento permite observar como na brincadeira de faz de conta as crianças trazem elementos que emitem seus pontos de vista sobre os processos e as práticas de escolarização. Ao organizarem a brincadeira, escolhem o nome "escolinha"; a partir daí definem seus lugares no jogo. Quem desempenha o papel do professor assume a postura do narrador

---

2. Os nomes são fictícios.

e conta a história a partir das gravuras: "Era uma vez um menino que morava em um castelo...". O recurso que utiliza para introduzir o enredo o coloca dentro de uma tradição na qual contar histórias torna-se a arte de contá-las de novo, como sinaliza Walter Benjamin (1994). Wagner, outra criança da turma, observa a brincadeira e, mesmo não tendo um público de ouvintes, se relaciona com a história como "uma forma artesanal de comunicação" (Benjamin 1994, p. 205), que pressupõe a presença do *outro*. Por isso, mesmo ciente de que não será ouvido, ele se dirige à turma: "Gostaram da história? Muito bem!". Como não recebe resposta, se aproxima dos colegas: "Posso ser aluno dessa escola?". O que significa ser aluno dessa escola? Podemos considerar como indícios a orientação "Senta aí!", e depois a reprimenda "Para de atrapalhar a aula porque quem atrapalha a aula a polícia chega e prende!". Cabe destacar a atuação de Wagner que, embora não esteja inserido diretamente no jogo, sabe que não é possível somente se autodesignar para participar, é preciso que haja aceitação dos outros. O menino observa o jogo e se arrisca, optando pela estratégia "na qual a criança solicita ou declara diretamente a participação: posso brincar com vocês?" (Borba 2009, p. 12), mas insere um elemento que torna o pedido mais sofisticado: "Posso ser aluno dessa escola?". Com essa abordagem, apresenta o conhecimento do jogo e do papel que deve ser desempenhado por cada um dos participantes. Esse conhecimento se mostra porque o menino sugere para si o lugar de aluno, embora quando estivesse dramatizando sozinho tenha ocupado o papel de quem conta a história, ou do protagonista. A postura de Wagner demonstra como a cultura de pares atua na proliferação de informações que dão suporte às interações infantis. Os códigos e acordos necessários para o desenvolvimento do jogo colocam as crianças em uma rede de interdependência, rede esta que as aproxima, para além dos momentos em que estão reproduzindo interpretativamente (Corsaro 2009), impactando seus cotidianos e os desafios de uma escolarização na qual o pertencimento a um grupo é uma realidade.

Ferreira (2006) salienta que, nas situações de brincadeira de faz de conta, é possível evidenciar a "coexistência de uma outra realidade social no Jardim de Infância que subjaz à versão lisa e de superfície que, enquanto adultos, apenas reconhecemos como sendo brincar" (*ibidem*, p. 36). É compreendendo a necessidade de mergulhar nessa "outra realidade", superando a "versão lisa", que trazemos essas considerações para tratar da perspectiva das crianças sobre sua escolarização.

O que podemos pensar sobre a escolarização das crianças com base na leitura do evento "escolinha"? Na cena chama atenção a postura que cerca cada um dos participantes. Ao professor, o lugar de destaque, às crianças, nomeadas por Wagner como alunos, cabem as ações: manter-se sentadas e permanecer em silêncio. A atuação do professor reproduz um modelo de escola no qual o ensino/aprendizagem se dá em relações desiguais de saber e poder. O professor é o detentor do saber e está imbuído da autoridade que se manifesta não só em sua postura perante os outros, como também na condução do jogo. Os alunos alimentam a trama respondendo às perguntas, e, quando "alguém que já conhecia essa história começa a fazer observações...", o professor logo intervém: "Para de atrapalhar a aula porque quem atrapalha a aula a polícia chega e prende!". O registro termina nesse ponto, a brincadeira não sabemos. O que percebemos é que, na reprodução interpretativa dessas crianças, cujo tema é o ambiente escolar, estão presentes: o professor, os alunos e as práticas de autoridade em um momento que é nomeado por eles como aula, explicitando relações hierárquicas nesse universo.

A brincadeira de "escolinha" de Wagner e seus amigos se apoia em um modelo estereotipado de escolarização que, para Delalande (2001), vai servir de base para estruturar as relações entre pares, orientando para um modelo comum de referência. Já para Ferreira (2006), o apoio em modelos escolares mais retrógrados mostra que brincar de faz de conta, tendo como enredo as escolas é, em si, "uma das formas de que se reveste a socialização antecipada no ofício de aluno" (*ibidem*, p. 47). Trata-se, segundo a autora "de uma espécie de ensaio geral do percurso que espera as crianças nos próximos anos" (*ibidem*). Estariam envolvidas no aprendizado do ofício de aluno determinadas características sociopsicológicas e emotivas, como a rapidez, o desembaraço, a prontidão, o esforço, a obediência, o interesse e a perseverança. A brincadeira de faz de conta dá evidência da percepção das crianças desse ofício.

Outras situações, além da brincadeira de "escolinha", podem indicar a aprendizagem do ofício de aluno nos dados do campo, que é o tema apresentado a seguir.

"Ô tia, tá na hora de aqui ter estudo de ler": O conhecimento e a cultura no cotidiano da infância

A análise dos dados do campo indica que a construção do ofício de aluno cerca todo o processo de institucionalização das crianças. Essa construção se dá tanto na brincadeira de faz de conta, como vimos no evento anterior, como nas interações entre as crianças e na organização das práticas pedagógicas. Atua como um currículo oculto de aprendizagens que são responsáveis pela transição das culturas sociais das crianças para a cultura escolar. A hipótese que sustenta a discussão é de que ser aluno é uma das aprendizagens que envolvem a experiência de infância desses sujeitos. O debate começa introduzindo a origem do conceito e o modo como ele está sendo operado nos estudos da infância; paralelamente, a discussão apresenta as nuances dessa aprendizagem no campo observado.

O conceito de ofício de aluno surge historicamente em um momento de definição pedagógica que insere a criança na instituição educativa como um lugar com funções diferentes daquele construído pela família. Segundo Chamboredon e Prévot (1986), a descoberta da primeira infância como objeto pedagógico busca instaurar uma prática cujo objetivo é a formação da sensibilidade das crianças pequenas, a vida em grupo, a moral e os valores, a linguagem e o reconhecimento do corpo e suas ações no mundo. Essa prática pretende assegurar às crianças da escola maternal a possibilidade de se comportarem segundo sua natureza, uma vez que o objetivo da escolarização das crianças pequenas é que elas realizem o "ofício de criança"[3] (Chamboredon e Prévot 1986).

3. Segundo Sirota (2001, p. 14), foi Pauline Kergomard, uma "célebre inspetora francesa de escolas maternais", quem utilizou pela primeira vez o termo "ofício de criança".

A definição do ofício de criança representa as bases da construção do ofício de aluno, que surge no processo de distinção que vai marcar a natureza do atendimento educacional às crianças e, além disso, se instaura na definição de uma prática pedagógica diferenciada para a pequena infância. A categoria infância passa a ser dividida em dois segmentos, e um deles se constrói em oposição ao outro: o jardim de infância, que passa a ser identificado como espaço preparatório para a educação formal, e o maternal, como espaço de vivência das crianças. Passemos à forma como se dá essa construção.

Essa construção é explicitada na pesquisa realizada por Chamboredon e Prévot (1986). Em "O 'ofício de criança': Definição social da primeira infância e funções diferenciadas da escola maternal", Chamboredon e Prévot (1986) discutem os resultados da pesquisa e apresentam as condições sociais da descoberta da primeira infância como objeto pedagógico. O objetivo dos autores é entender como a primeira infância torna-se uma idade particular que ocupa um lugar dentro do curso escolar, pois, para tais autores, a inclusão do maternal no curso escolar é resultado de uma mudança conceitual na qual as crianças deixam de ser objeto de cuidado físico e afetivo e passam a ser objeto de cuidados culturais e psicológicos (*ibidem*). Dois aspectos tornam visível a descoberta da primeira infância como objeto pedagógico: a difusão da escolarização e a entrada cada vez mais precoce nas instituições escolares. As condições sociais que cercam esse fenômeno são: mobilidade geográfica; a profissionalização feminina e a redefinição do papel pedagógico da mãe; a urbanização; e o reconhecimento de que as tarefas da educação são uma especialidade profissional. Esses aspectos devem ser somados à descoberta da criança como aprendiz intelectual e à invenção de atividades intelectuais e práticas adequadas a essa idade. Para os autores, a escola maternal moderna surge para libertar as crianças das classes populares da moralização e da correção, práticas das "salas de asilo"; e para expansão da natureza da criança. Nesse sentido, a escola maternal nasce com determinada autonomia, recusando sua definição como "preparação à aprendizagem da escola primária, essencialmente a leitura e a escrita" (Chamboredon e Prévot 1986, p. 45). Nesse contexto, surge o "ofício de criança", e é na escola maternal que a criança deve realizá-lo, ou seja, "comportar-se segundo sua natureza", em uma forma escolar em que sua única obrigação seja ser ela própria (*ibidem*, p. 46). Esse percurso, segundo os autores, leva o maternal a assumir, como função social, o desenvolvimento geral das crianças, a formação da sensibilidade, o gosto pela sociabilidade, o sentido moral, os valores, a linguagem, o corpo, além de alguns hábitos alimentares. O pressuposto da escola maternal é o de que o jogo é o "ofício de criança" e, dessa forma, nela se aprende a brincar e se aprende brincando.

Se, por um lado, é essa concepção de infância que cerca a formulação do conceito de "ofício de criança", por outro, será nesse período que, influenciadas pela psicologia, as crianças "passam a ser submetidas a uma série de expectativas institucionalizadas (...) deve-se saber andar em tal idade, começar a falar nesta outra, adquirir lateralidade naquela outra" (*ibidem*, p. 43). Ao mesmo tempo em que se pensa em uma prática na qual a criança seja ela mesma, ser ela mesma passa a significar atender expectativas externas de desenvolvimento e de comportamento. Essas expectativas comporão os primeiros indícios de que, mesmo que se tenha como horizonte uma prática na escola maternal, cuja meta não seja um tempo de espera para a escolarização obrigatória, ao instituir que a escolarização será a principal ocupação da infância, inicia-se um processo de aprendizagem de códigos (que mais tarde serão definidos como currículo oculto) que orientarão as crianças para o exercício do convívio institucional e que constituirão o ofício de aluno.

Avançando na discussão, Sirota (1993) destaca que, ao praticar o ofício de aluno, adquire-se um *habitus* de classe muito próximo da expectativa cultural e dos modelos das instituições que vão acompanhar as crianças para além do maternal. Ser bom aluno não significa somente ser capaz de aprender, é preciso estar disposto a "jogar o jogo" (*ibidem*, p. 89), no qual o conformismo tem a mesma importância que a competência. Para a sociologia interessa identificar os procedimentos de negociação do trabalho escolar. Dito de outra maneira, isso diz respeito às estratégias dos alunos diante das exigências escolares, que, segundo a pesquisadora, são "trabalhar com interesse, evitar problemas e realizar atividades às vezes repetitivas e chatas" (*ibidem*). A entrada na escola pode significar o encontro entre uma cultura de classe social e uma cultura escolar. Segundo a autora, tal encontro requer a aprendizagem de determinadas regras. E foi exatamente esse processo que os dados do campo evidenciaram:

> *O professor se queixa do desinteresse da turma:*
> – Vamos fazer uma peça para apresentar no dia 5 de outubro e ninguém perguntou qual vai ser o nome.
> Mateus, prontamente: Qual é o nome?
> Professor: Muito bem! O nome é Saltimbanco.
> (Caderno de campo, E11)

Não só nesse evento, mas em outros momentos os dados do campo indicam que as crianças têm conhecimentos sobre o comportamento que devem ter no cotidiano. "Jogar o jogo" manifesta-se, entre outras ações, em tornar-se parte de coisas que não são de seu interesse. Mateus pergunta qual o nome da peça e isso parece satisfazer o professor. Por sua vez, Mateus cumpre seu papel de aluno, que é o de satisfazer às demandas do professor. Sarmento (2011) salienta que a condição institucional provoca uma mudança na qual a criança "morre" para dar lugar ao aprendiz "destinatário da ação adulta, agente de comportamentos prescritos, pelo qual é avaliado, premiado ou sancionado" (*ibidem*, p. 588). Outra situação também evidenciou essa percepção.

> *A professora diz:*
> – Vamos arrumar rápido, quero ver quem vai ser o mais esperto!
> *E nessa "brincadeira" ela vai dando os comandos do que ainda está fora do lugar. No final da arrumação, a professora pega uma cartela de adesivos pequenos em forma de boca e se dirige às crianças:*
> – Agora eu vou dar para os mais espertos e para os que mais ajudaram a arrumar a sala o beijinho da Xuxa.
> *E nesse processo, começa a colar os adesivos no rosto das crianças.*
> (Caderno de campo, E18)

O "beijinho da Xuxa" se tornava prêmio para os mais espertos. O lugar da professora era sacralizado como aquela que podia julgar as ações das crianças, mesmo que todos recebessem o "prêmio". Ser esperto significava obedecer à ordem da professora. Eram detalhes do cotidiano das crianças que colocavam o prêmio, assim como o silêncio e o castigo, como práticas presentes nas instituições observadas, evidenciando as desiguais relações de poder. Sarmento (2011) destaca que a criança passa a ter como ofício a aprendizagem da cultura escolar, ajustando-se "à disciplina do corpo e da mente induzida pelas regras e pela hierarquia do estabelecimento de ensino que frequenta" (*ibidem*, p. 589).

No campo, essa *disciplina do corpo* mostrou-se predominantemente em duas práticas. A primeira estava vinculada a uma rotina presente em todas as turmas: a reunião do grupo. Normalmente, realizavam essa reunião para a execução da chamada, do planejamento ou para contar histórias. Nesse momento, sentavam-se no chão, em círculo, no que chamavam de *roda* ou *rodinha*.

> Professora: Um, dois, três sentando na roda com perninha de chinês. (Caderno de campo, E17)

O conhecimento da função da roda no cotidiano e a forma de inserir-se nessa prática, tanto no que se refere às ações, como à postura corporal, mostrou-se como uma das aprendizagens transmitidas e vividas que se caracterizam como pertencentes ao ofício de aluno dessas crianças. E, mais uma vez, parte de uma ordem dada pela professora, caracterizando essa cultura como algo que diz respeito às relações pedagógicas. A disciplina do corpo, como algo que confere contorno ao ofício de aluno, também aparece na *organização das crianças em filas* para os deslocamentos pelo espaço físico das instituições. Tal prática não foi encontrada em todas as escolas, mas, nas instituições em que era adotada, esse fazer tinha outras duas marcas: a organização das crianças pelo tamanho e a divisão por sexo.

> *Professora (turma de 4 anos):*
> – Eu quero uma fila. Eu não estou acreditando que vocês esqueceram como é aqui na escola. (Caderno de campo, E11)

(Num momento de brincadeira de faz de conta).
Thaís termina de contar a história (...) e dá nova ordem para as crianças:
– Faz um trem. Vem você que é mais pequeno.
Outra criança questiona:
– Eu também sou mais pequeno.
Iniciam uma comparação:
– Eu sou mais grande que o Pedro.
Uma vez organizados, Thaís puxa a fila para longe do lugar que estavam.
(Caderno de campo, E16)

As duas situações evidenciam as nuances da prática de condução das crianças por meio da organização em fila. Na primeira, o discurso da professora leva a crer que ela se surpreende por tal prática não estar internalizada nas crianças como ela esperava que estivesse. Na segunda, é na brincadeira de faz de conta que a personagem professora organiza o grupo. Chama-nos a atenção as crianças discutirem o lugar que ocuparam na fila e não o fato de fazerem a fila. Na reprodução interpretativa que fazem dessa prática, outro aspecto de destaque é que, ao nomear a fila, Thaís usa um termo nativo do campo: nessa turma, a orientação frequente quando a professora quer que formem uma fila é para que "façam um trem". Deslocar-se em filas é outra aprendizagem com que essas crianças se deparam na construção do ofício de aluno.

Sobre o tema, Sarmento (2011) vai acrescentar que as tecnologias de informação e comunicação estão potencializando a reinvenção do ofício de aluno. O novo contexto envolve as demandas do antigo ofício, como disciplina, esforço e empenho, e soma, a essas capacidades, o mérito individual e sua performatividade: "O ofício de aluno dá lugar a um trabalho escolar da criança sobre si própria, que não mobiliza apenas capacidades cognitivas, mas incide sobre aspectos atitudinais, comportamentais e 'disposicionais'" (*ibidem*, p. 592). Esse novo ofício envolve autonomia e controle. Por um lado, convoca-se essa criança a definir seu percurso escolar, mas, por outro, adotam-se instrumentos de avaliação de suas competências.

A análise do campo dessa pesquisa nos leva a concluir que o ofício de aluno não é dado às crianças pela instituição. Uma aproximação com o conceito de reprodução interpretativa de Corsaro (2009) pode ajudar na reconfiguração do conceito, uma vez que não vemos uma atitude passiva por parte das crianças ao "jogarem o jogo" (Sirota 1993).

> *Essas crianças estão participando de uma roda de conversa e Lívia se levanta várias vezes.*
> *A professora diz:*
> – Lívia, eu já estou cansada de falar com você!
> *Lívia responde:*
> – E nervosa também, né?!
> (Caderno de campo, E18)

> *As crianças estão sentadas na roda conversando e brincando. O professor entrega os presentes do Dia das Crianças de quem havia faltado. (...) Paulo, sem abrir o pacote, antecipa:*
> – É uma bolinha de sabão, todo ano a gente ganha isso, não dão outro presente. (Caderno de campo, E11)

Tanto Lívia quanto Paulo expressam suas opiniões, com juízo de valor, sobre as relações que se estabelecem com o adulto que ocupa o lugar de professor/a. A forma como se posicionam perante o adulto, os não ditos, os ditos, as ironias são algumas das estratégias das crianças diante das exigências escolares. Se das crianças é esperada a aprendizagem de um currículo oculto de comportamentos, o sentido contrário também existe: as crianças também verbalizam o que esperam da instituição.

Considerações finais

As questões que cercam a escolha do tema deste capítulo têm origem no reconhecimento de que as crianças são sujeitos de cultura, de história, de linguagem e de políticas. O convívio com crianças em diferentes contextos faz acreditar que mesmo que o discurso envolvendo a infância ainda seja povoado por imagens relacionadas à pureza, à inocência e à fragilidade, sendo comumente tratada como oposição à maturidade, há um reconhecimento social do lugar das crianças hoje. O contato com a informação e a facilidade em lidar com novas tecnologias são alguns dos fatores que provocam tal reconhecimento, atribuindo, muitas vezes, um lugar de poder, ou *status* social, para esses sujeitos. As crianças se apropriam, por exemplo, dos discursos dos adultos para justificar suas condutas, evidenciando as contradições existentes na sociedade.

Foi sobre o reconhecimento das crianças como uma categoria que as coloca como sujeitos de cultura, de história, de linguagem e de políticas que se desenvolveu a análise apresentada. No entanto, se é possível ver a infância como categoria, o mesmo não pode ser dito com relação às crianças e suas interações. Como sujeitos isolados, pouco sabemos sobre o que pensam e querem e de que gostam. Quais são seus medos, desejos, expectativas e apostas? Uma prática que se proponha a ser ética deve levar isso em conta.

Nosso objetivo foi penetrar a infância como categoria que tem a escolarização como uma de suas marcas, para reconhecer como as crianças constroem suas experiências de infância. A premissa de Walter Benjamin (1994, p. 248) de que "as crianças não constituem nenhuma comunidade isolada, mas são parte do povo e da classe a que pertencem" faz crer que a infância como categoria varia de acordo com a sociedade em que as crianças estão inseridas, traz marcas da cultura e da história do povo do qual fazem parte. Incluí-las na pesquisa é, portanto, uma postura ética, isso porque ao mesmo tempo em que possuem singularidades, possuem semelhanças, e, na sociedade brasileira, a escolarização é uma delas. Uma vez institucionalizadas, as crianças se inserem no aprendizado do ofício de aluno. E, embora essa socialização que lhes é imposta tenha como prerrogativa as relações pedagógicas e institucionalizadas, é a criança, no processo de reprodução interpretativa e na sua cultura de pares, que vai construindo o ofício de aluno. O ofício de criança e o ofício de aluno são construções que caminham juntas, atuando na subjetividade desses sujeitos que frequentam nossas instituições educativas.

O impacto que temos ao buscar as nuances do ofício de aluno nas pré-escolas investigadas não é a existência do ofício de aluno, mas a desigualdade de poder presente entre o que é esperado das crianças e o que elas esperam dos adultos, bem como da instituição em si. O campo indica que é preciso uma implicação ética com as crianças, uma vez que elas demandam mais espaço de interação entre elas, mais tempo de brincadeira no pátio e a oportunidade de definir alguns aspectos da rotina, como o tempo das atividades, a hora da merenda e a organização do espaço.

Outras pesquisas que, como essa, tenham como objetivo dar visibilidade à apropriação das crianças das práticas cotidianas das instituições podem ajudar a diminuir essa desigualdade de poder ao problematizar situações que cercam adultos e crianças no contexto da educação infantil. Investigações dessa natureza contemplam a dimensão ética da pesquisa que envolve, entre outros aspectos, a qualidade das práticas e o envolvimento do pesquisador com os sujeitos da pesquisa – as crianças, foco principal da investigação.

Referências bibliográficas

BENJAMIN, W. (1994). *Obras escolhidas I.* São Paulo: Brasiliense.

_______ (1995). *Obras escolhidas II.* São Paulo: Brasiliense.

BORBA, A. (2009). "Quando as crianças brincam de ser adultos: Vir-a-ser ou experiência de infância". *In*: LOPES, J. e MELLO, M. (orgs.). *"O jeito de que nós crianças pensamos sobre certas coisas": Dialogando com lógicas infantis*. Rio de Janeiro: Rovelle, pp. 97-118.

CHAMBOREDON, J.-C. e PRÉVOT, J. (1986). "O 'ofício de criança': Definição social da primeira infância e funções diferenciadas da escola maternal". *Cadernos de Pesquisa*, n. 59, nov. São Paulo, pp. 32-56.

CORSARO, W. (2009). "Reprodução interpretativa e cultura de pares". *In*: MÜLLER, F. e CARVALHO, A.M. (orgs.). *Teoria e prática na pesquisa com crianças*. São Paulo: Cortez, pp. 31-50.

DELALANDE, J. (2001). *La cour de récréation: Pour une anthropologie de l'enfance*. Rennes: Presses Universitaires de Rennes.

FERREIRA, M. (2006). "– Tá na hora d'ir pr'á escola!"; "– Eu não sei fazer esta, senhor professor!" ou... Brincar às escolas na escola (JI) como um modo das crianças darem sentido e negociarem as relações entre a família e a escola. *Interacções*, v. 2, n. 2, pp. 27-58. [Disponível na internet: http://www.eses.pt/interaccoes, acesso em 5/12/2018.]

KRAMER, S. (org.) (2009). *Retratos de um desafio: Crianças e adultos na educação infantil.* São Paulo: Ática.

SARMENTO, M.J. (2011). "A reinvenção do ofício de criança e de aluno". *Atos de Pesquisa em Educação*, v. 6 n. 3, set.-dez. Blumenau: PPGE/Furb, pp. 581-602. [Disponível na internet: http://proxy.furb.br/ojs/index.php/atosdepesquisa/article/view/2819, acesso em 5/12/2018.]

SIROTA, R. (1993). "Le métier d'élève". *Revue Française de Pédagogie*, n. 104, jul.-set., pp. 85-108.

_______ (2001). "Emergência de uma sociologia da infância: Evolução do objeto e do olhar". *Cadernos de Pesquisa*, n. 112, mar. São Paulo, pp. 7-31.

FORMAÇÃO E PESQUISA

1
DIÁLOGO, ENCONTRO E AGIR ÉTICO: A CONTRIBUIÇÃO DAS HISTÓRIAS DE VIDA PARA A FORMAÇÃO DE PROFESSORES[1]

Alexandra Pena

> *As coisas acontecem de outra maneira quando, numa hora receptiva de minha vida pessoal, encontra-me um homem em quem há alguma coisa, que eu nem consigo captar de uma forma objetiva, que "diz algo" a mim. (...) fala algo que se introduz dentro da minha própria vida. (...) é aquela alguma coisa que o diz. (...). Este homem não é meu objeto. (...) Talvez apenas tenha que aprender algo e só se trata do meu "aceitar". (...) O que importa é que eu me encarregue desse responder.*
>
> Buber (2009, p. 42)

O presente capítulo tem por objetivo discutir o tema da formação a partir dos achados de uma pesquisa de doutorado (Pena 2015) que ouviu as histórias de vida de dez educadoras – professoras, coordenadoras, cozinheiras e auxiliares de serviços gerais – responsáveis pelo atendimento

1. Uma versão deste capítulo foi publicada na revista *Educação & Formação* em abril de 2017.

de crianças entre zero e cinco anos das creches e pré-escolas da Baixada Fluminense, no Rio de Janeiro.

Refletir sobre a formação de professores da educação infantil é um desafio permanente e cada vez mais necessário, diante das mais recentes regulações resultantes da pesquisa, do debate acadêmico e das políticas públicas implementadas há mais de 20 anos no Brasil.

Este capítulo assume esse desafio e se propõe a discutir a formação em três momentos. O primeiro relata os avanços das políticas públicas referentes à educação infantil nas últimas décadas e os desafios decorrentes disso para a formação de professores. O segundo momento discute a importância da narrativa e da memória para o processo de formação e o terceiro problematiza o tema da formação a partir das narrativas de profissionais da educação infantil. As considerações finais apontam para uma formação que possa se constituir como uma relação dialógica entre o conhecimento intelectual e o conhecimento de si, levando em consideração a inteireza de cada sujeito em seu processo formativo.

Educação infantil e formação de professores

Apesar de todas as conquistas legais, da expansão do acesso e da vasta produção acadêmica voltada para a educação infantil nas últimas décadas, constatamos que as práticas, especialmente nas creches, ainda não garantem um atendimento de qualidade. Esse fato coloca em discussão a qualidade da formação dos profissionais que atuam nesse segmento da educação. Vemos que, ainda hoje, as práticas de formação parecem investir, prioritariamente, em "encontros que têm por objetivo conduzir os professores à aquisição de técnicas e/ou habilidades que lhes permitam a implementação mais eficaz de modelos e propostas curriculares de cuja concepção o professor não participa" (Kramer 2005, p. 157).

As instituições de educação infantil brasileiras vivem um período de transição de um modelo assistencialista de educação (que prioriza os cuidados com a higiene, a alimentação e o sono das crianças) para as especificidades garantidas pelas Diretrizes Curriculares Nacionais para a Educação Infantil (Brasil 2009a) – que defendem o desenvolvimento integral da criança – e isso faz com que diversas ações, por vezes até contraditórias, convivam em um mesmo tempo e espaço. Tal situação reforça a necessidade de uma formação de professores em serviço que atenda às demandas específicas dessa etapa da educação básica, caracterizando-se como um modelo flexível e contextualizado de educação, que caminhe na contramão da escolarização e/ou assistencialismo para a educação infantil (Pena e Toledo 2012).

Diversas pesquisas (Campos, Füllgraf e Wiggers 2006; Barreto e Gatti 2009; Kramer, Corsino e Nunes 2011) vêm apontando os desafios a serem enfrentados para a construção de uma educação infantil de qualidade e, entre eles, está o de repensar a formação dos profissionais, que, segundo documentos oficiais (Brasil 2006), é um dos principais fatores que afetam a qualidade.

Em contrapartida, documentos oficiais mostram avanços. A Lei de Diretrizes e Bases de 1996 (Brasil 1996) afirma que a educação infantil é a primeira etapa da educação básica e assegura o direito de todos à educação. Essa declaração implica necessariamente a atenção à formação dos profissionais da educação infantil, de forma que possibilite ações educativas de qualidade, atendendo às demandas específicas de crianças na faixa etária de zero a cinco anos.

De acordo com as Diretrizes Curriculares Nacionais para a Educação Infantil (Brasil 2009a), as creches e pré-escolas se constituem em estabelecimentos educacionais públicos ou privados que educam e cuidam de crianças de zero a cinco anos de idade por meio de profissionais com a formação específica legalmente determinada, a habilitação para o magistério em nível superior ou médio – modalidade normal –, refutando assim funções de caráter meramente assistencialista, embora mantenha a obrigação de assistir às necessidades básicas de todas as crianças. As diretrizes reafirmam ainda o direito dos professores a programas de formação continuada como oportunidades de aprimoramento da prática e desenvolvimento de si e de sua identidade profissional (Kramer, Corsino e Nunes 2011).

O decreto n. 6.755/09, que instituiu a Política Nacional de Formação de Profissionais do Magistério da Educação Básica (Brasil 2009b), tem a finalidade de organizar a formação inicial e continuada dos profissionais do magistério para as redes públicas da educação básica, tendo como um de seus princípios a articulação entre teoria e prática no processo de formação docente.

Analisando o material de pesquisa produzido sobre a questão da qualidade na educação infantil, no período de 1996 a 2003, Campos, Füllgraf e Wiggers (2006) mostram que, no que se refere à formação de professores, parece já existir uma consciência bastante disseminada de que a oferta existente, tanto no nível do ensino médio (magistério) quanto no ensino superior (pedagogia), não responde às necessidades de qualificação requeridas para a atuação em creches e pré-escolas. Esse fato também foi destacado por Barreto e Gatti (2009, p. 258) nas considerações finais de sua pesquisa:

> Seguindo a tradição dos cursos de magistério de nível médio, os atuais cursos de Pedagogia costumam preparar concomitantemente o professor para atuar na Educação Infantil e no Ensino Fundamental. A suspeita é que, entendida, como em tempos passados, mais como uma complementação da formação do professor dos primeiros anos do Ensino Fundamental, a formação oferecida não esteja contemplando devidamente as especificidades da educação das crianças na pré-escola e nas creches.

Ainda segundo Barreto e Gatti (2009), há uma enorme lacuna quanto à formação de professores de educação infantil, uma vez que esse segmento compreende vários anos de atenção à criança pequena e concentra, de acordo com a pesquisa realizada, o maior percentual de docentes sem formação adequada.

A pesquisa realizada pelo Instituto Nacional de Formação Continuada (Infoc) "Educação infantil e formação de profissionais no estado do Rio de Janeiro (1999-2009)" fez um balanço sobre os avanços e desafios da última década e, no que diz respeito à formação dos profissionais, aponta, entre outras questões, para a multiplicidade e a diversidade, e pela convivência entre uma concepção instrumental de formação e propostas que valorizam os conhecimentos dos professores e suas histórias de vida, buscando viabilizar espaços de fala e de partilha de experiências. Mesmo com as divergências de concepções, a formação aparece como um caminho que deve ser percorrido para a construção de uma educação infantil de qualidade (Kramer, Corsino e Nunes 2011).

Nos últimos anos, diversos foram os avanços da legislação brasileira voltada para a educação infantil, e uma vasta produção acadêmica vem analisando e discutindo as práticas de formação de professores para essa etapa da educação. No entanto, a formação, inicial e continuada, tem sido normalmente marcada pela transmissão de conteúdos e métodos que desconsideram o que sabem e fazem os professores, tornando esses encontros cenários de monólogos em vez de diálogos.

Nas instituições públicas e comunitárias de educação infantil, tem sido possível observar um grande esforço no sentido de promover encontros de formação para seus profissionais em parcerias com universidades, ONGs e instituições privadas. E, ainda que esse modelo autoritário de transmissão de saber se faça presente, encontramos também propostas que reconhecem os saberes e as falas dos professores, valorizando a partilha de experiências e afetos. E por que as concepções de criança e de educação continuam marcadas por uma visão assistencialista de guarda e preparo para o ensino fundamental – mesmo quando vemos circular no interior dessas instituições, seja nas propostas pedagógicas ou na fala dos profissionais, discursos sobre a criança cidadã, produtora de cultura e de história – e se traduzem em uma prática pedagógica repetitiva e sem significado para as crianças?

Essa é a pergunta que conduz ao passado e à memória. O que nas histórias contadas e recontadas pelas profissionais das creches e pré-escolas pode contribuir para a compreensão da prática desenvolvida no cotidiano dessas instituições e apontar pistas para uma outra formação? Visitar os fatos, espalhá-los e revolvê-los como quem revolve o solo – esse é o conselho de Benjamin (1994, p. 239) – pois "fatos" nada são além de camadas que apenas à exploração mais cuidadosa entregam aquilo que recompensa a escavação.

A fala da coordenadora de uma creche comunitária entrevistada para a pesquisa pode parecer sem importância, não fosse pelo fato de que enunciados semelhantes surgiram durante muitas outras entrevistas.

> Depois de duas tentativas frustradas, consegui conversar com Fernanda[2] hoje (...). Ela fez questão de dizer, logo de início, que não sabia se ia poder me ajudar porque não tinha nada de interessante para contar. Lembro-me de "O narrador" de Benjamin e da não distinção entre os grandes e pequenos acontecimentos. Disse a Fernanda que ela tem uma história e que é isso o que me interessa. (Pena 2015, p. 25)

O que leva as pessoas a pensarem que não têm o que contar? E a concluir que suas lembranças não são significativas? O que seria interessante ouvir? Essa é uma constatação que ultrapassa o contexto das creches e pré-escolas e até mesmo o âmbito da educação, apontando para uma questão que parece atingir toda a humanidade a partir da modernidade. Para que alguém conte sobre si é necessário que haja um outro com abertura para ouvir, indagar, responder, aconselhar, emitir opinião, isto é, com disponibilidade para estabelecer um diálogo.

Benjamin (1994), já no início do século XX, alertava para a extinção da arte de narrar causada pelo empobrecimento da experiência em função da industrialização, das forças produtivas e do progresso. Com a modernidade, a informação ganha grande destaque e o homem da sociedade de consumo vai perdendo sua capacidade de narrar. Tudo passa a ser relativo, cada indivíduo tem sua própria opinião e precisa cada vez menos dos conselhos dos outros. É como a comparação feita por Benjamin (1994) sobre a transformação na arquitetura das grandes cidades, marcada pela substituição da madeira pelo vidro – substância lisa, homogênea, que não permite o choque, o registro das marcas com a passagem do tempo. A relação entre as pessoas a partir da modernidade também não propicia o

2. Todos os nomes são fictícios.

choque, os vestígios do encontro, do confronto; tende a se tornar marcada por um "excesso de informações que saturam sua fome de conhecer, incham sem nutrir, pois não há lenta mastigação e assimilação" (Bosi 1983, p. 45).

O professor, acostumado a reproduzir modelos, transmitir informações e conteúdos, se espanta diante do convite para contar sua história, suas memórias, suas opiniões sobre o mundo. Fernanda, assim como muitos professores, não consegue entender o que pode ser interessante em sua história e o que a pesquisadora poderia encontrar de importante em seu relato.

Não é à toa que Fernanda não reconhece o valor de sua história e de sua narrativa. Muito se tem escrito sobre e para os professores, transformando-os em executores de propostas e métodos, desvinculados de qualquer sentido, exatamente como fazem com as crianças. Mas quem são eles e o que pensam sobre tudo isso?

> A distância entre o que se produz teoricamente sobre a escola brasileira (e o que conhecemos de outros contextos) e as nossas redes escolares é ainda um problema grave. No que se refere à pesquisa, as dicotomias presentes no ato de investigar têm sido enfrentadas. O estudo de histórias de professores mostra a fragmentação entre sujeito e objeto, fruto da diluição do sujeito na sociedade contemporânea, com sérias consequências bastante discutidas (mas nem sempre resolvidas) no campo das ciências humanas e sociais. (Kramer 2001, p. 2)

O declínio da narrativa se vincula à perda gradativa da memória e à incapacidade de deixar rastros (Benjamin 1994) e, por isso, na pesquisa, fez-se necessário escutar as recordações de pessoas historicamente marginalizadas e esquecidas, devolvendo-lhes um lugar fundamental mediado por suas narrativas. O resgate de uma memória que revele uma experiência significativa traz possibilidades não só de ressignificação do já vivido, mas também de uma ação no presente.

A memória, ao ser liberada pela rememoração por meio da narrativa, permite o entrecruzamento de passado e presente, uma vez que lembramos daquilo que fomos e vivemos ontem a partir daquilo que somos e vivemos hoje. Como diz Bosi (1983), a lembrança é construída com os materiais que temos à disposição agora, no tempo atual.

> Por mais nítida que nos pareça a lembrança de um fato antigo, ela não é a mesma imagem que experimentamos na infância, porque nós não somos os mesmos de então e porque nossa percepção alterou-se e, com ela, nossas ideias, nossos juízos de realidade e de valor. (*Ibidem*, p. 17)

Para Freire (2004, p. 73), a condição dos homens como seres históricos os identifica como seres mais além de si mesmos, "para quem o olhar para trás não deve ser uma forma nostálgica de querer voltar, mas um modo de melhor conhecer o que está sendo, para melhor construir o futuro".

A formação, segundo Nóvoa (1988), se dá em espaços e tempos separados da ação, uma vez que, ao longo do tempo, apesar de tantas transformações, a educação vem sendo concebida como preparação no presente para agir no futuro. Nesse sentido, o autor pergunta: "Em que medida as atitudes, as capacidades e os conhecimentos adquiridos durante a formação podem ser mobilizados numa situação real de trabalho?" (*ibidem*, p. 110). Na contramão de uma ideia tecnicista de formação, que valoriza os meios e os instrumentos, Nóvoa defende uma concepção de formação de adultos caracterizada pela abordagem biográfica – em especial com as histórias de vida –, pela perspectiva retroativa (do presente para o passado), que permita ao sujeito tornar-se ator do seu processo de formação, por meio da apropriação retrospectiva do seu percurso de vida.

Ouvir as narrativas e as rememorações é conhecer a visão de mundo do sujeito, que é sempre constituída pela história e pela memória. Essa perspectiva revela outra concepção de formação, que valoriza a subjetividade e compreende que as práticas docentes se encontram enraizadas em contextos e histórias individuais e não só no momento em que os professores entram em contato com as teorias pedagógicas nos centros de formação.

Para Freire (1996), o que há de fundamentalmente humano no exercício educativo é seu caráter formador. A finalidade de toda ação educativa, também para Buber (2004), é a formação humana, que pressupõe a relação dialógica e que deve se dar no lugar onde se está, no cotidiano. Para esse autor, o que realmente importa no processo formativo é o ponto de partida que fundamenta a ação. O trabalho de formação consiste em abrir o caminho para a força primordial do humano, que é a capacidade de se vincular ao outro. Nesse sentido, Buber e Freire fornecem elementos para se pensar a formação de professores como formação humana.

A compreensão de que os professores vão se formando em contextos e tempos diversos fundamenta a necessidade de se criar um espaço de diálogo com esses profissionais, para que, pela linguagem, seja possível recriar o elo que se perde quando os homens são transformados em meros reprodutores e consumidores, para que reassumam o lugar de autores da própria vida. Ao narrar, as pessoas se deslocam do lugar da vivência, das comunicações instantâneas e recuperam a capacidade de contar experiências. Dessa forma, a narrativa se associa com a memória, com a oportunidade de deixar marcas.

Em busca da inteireza: Conhecendo as histórias de vida

Na tentativa de responder o que é o homem, sem fragmentá-lo, como fazem normalmente as disciplinas filosóficas, Buber (2011) buscou a filosofia antropológica, compreendendo que esta o ajudaria a refletir sobre a inteireza do ser humano. "Somente o homem que realiza sua vida e com seu ser inteiro as relações que lhe são possíveis, pode nos ajudar de verdade no conhecimento do homem" (*ibidem*, p. 141). Assim, o autor se contrapõe aos dois modos de compreensão da realidade dominantes em sua época: o individualismo, onde o homem é apenas uma relação consigo mesmo e o coletivismo, onde o homem se oculta na sociedade. O homem como um fato da existência não é nem o indivíduo como tal, nem a coletividade como tal. "O fato fundamental da existência humana é o homem com o homem" (*ibidem*, p. 146). Com essa reflexão, Buber (2011) inaugura a categoria do *entre*.

A pesquisa buscou conhecer sujeitos que se constroem na história e que narram suas experiências, que têm suas visões de mundo e que são muito mais do que pessoas que ensinam, cozinham, cuidam, organizam, limpam, educam. Trazer para o texto as narrativas das profissionais da educação infantil é, antes de tudo, compreendê-las em sua inteireza, em sua humanidade, em suas relações – no *entre* – e assumir que o sentido não pode ser dado *a priori*, mas que se constrói no espaço das entrevistas pela linguagem.

Um tempo e um espaço criados para falar e ouvir. Sair da rotina para contar a alguém sobre si, sua história, suas lembranças. Em um mundo que vai girando cada vez mais veloz, onde o novo é enaltecido por todos os cantos – especialmente na escola, que vive às voltas com novas teorias, novas técnicas, novas metodologias – e onde a "tradição oral, a narrativa, a experiência e a memória estão sendo descartadas e jogadas no lixo" (Nunes 1995, p. 73), o momento da entrevista parecia suspenso no tempo e no espaço. A porta se fechava e, através das histórias que iam sendo contadas, uma outra realidade de cores, cheiros, sons, afetos e emoções ia se materializando – experiência pela qual não era possível passar sem se afetar:

> Eu tenho um pouco de bloqueio, principalmente falar de mim, tanto de família como de mim, mas melhorei. Mas gostei. (Cecília, professora, 2015)

> É bom falar, às vezes. Conversar, desabafar, botar para fora o que está preso aqui dentro. (Janaína, professora, 2015)

> A parte pior que eu acho é falar sobre a minha infância. (Júlia, professora, 2015)

> Falar de mim tem hora que eu fico meio retraída, porque tem coisa que eu não gosto de falar, tem coisas que você... Tipo, se você pudesse passar uma borracha e nunca mais lembrar daquilo. (Flora, cozinheira, 2015)

A leitura das entrevistas realizadas e transcritas sugeriram temas diversos para aprofundamento, entre os quais se destacaram aspectos relacionados a dois eixos de análise. O primeiro, constituído pelas histórias de infância e formação, trouxe as seguintes categorias: "Eu nem sabia me cuidar, eu já cuidava de criança"; "A minha infância foi ótima! Eu fui criança mesmo"; "Eu era amarrada, era molestada, era violentada. Ele é alcoólatra"; "Eu me identifiquei tanto com ela que escrevo do mesmo jeito"; "Hoje, é uma escolha trabalhar com as crianças"; "O que eu não sei, eu quero aprender".

O segundo eixo se refere às histórias de práticas com crianças, adultos, instituições, com a cultura e a religião, e apresentou as seguintes categorias: "Não tem como explicar: criança é tudo"; "Eu fiz um esquecimento do meu passado de professora"; "O maior desafio é trabalhar com as famílias"; "Eu gosto do que me encanta, do que me tira da realidade"; "Onde quer que eu esteja, sempre terá uma igreja para eu ir"; "O comunitário tem a ver com o fazer junto, sofrer junto, tudo junto".

As categorias analisadas apontaram que as relações estabelecidas entre adultos e crianças nas creches e pré-escolas pesquisadas estão fortemente marcadas pelas concepções de criança e educação construídas por essas mulheres ao longo de suas trajetórias pessoais e profissionais. São influenciadas também pelas experiências de formação continuada em cursos de graduação, por projetos promovidos por entidades não governamentais e universidades na Baixada Fluminense e, principalmente, pela convivência com educadoras mais experientes dentro das próprias instituições.

Cuidar de crianças quando ainda não sabiam cuidar de si mesmas. Cuidar dos irmãos, de seus próprios filhos, dos filhos dos outros, da casa e das crianças na creche. Cuidar, cuidar, cuidar! Mas a brincadeira, que nunca desiste da criança, também estava lá guardada nas memórias. Brincar na rua, com a vizinha, debaixo da amendoeira, dançar na chuva, ouvir histórias – elementos que fizeram a infância ser ótima; que trouxeram a sensação de terem sido crianças de verdade! Cuidar e brincar. Brincar e cuidar. A brincadeira aparece como o lugar do estar *com*, do encontro. E o encontro, para Buber (1974), não é uma experiência, mas uma relação. O encontro é a vida atual – aquela em que se atua, em que há compromisso – que se realiza no *entre,* que é um evento singular, único e como tal ele *acontece*. O encontro é um ato de acontecimento. A brincadeira, para a criança, é um acontecimento; o lugar de encontro com a alteridade, no qual ela mergulha de corpo inteiro, cria e se compromete com o enredo inventado.

A entrada na profissão nem sempre foi uma escolha. Ou melhor, nem sempre foi uma escolha profissional, mas pessoal determinada por motivos diversos. Às vezes, para fugir de momentos difíceis, a creche significou um refúgio. Outras vezes, foi sinônimo de sobrevivência, para não ser mais amarrada, molestada e violentada.

Mas o trabalho com as crianças pequenas foi também resultado da influência de uma professora com a qual há tanta identificação que até se escreve do mesmo jeito que ela. E se o início da trajetória foi imposto pela família, hoje, é uma escolha trabalhar com as crianças. E, para exercer o trabalho no campo da educação, o que não se sabe, se quer aprender.

O alcoolismo estava presente nas lembranças e, inevitavelmente, se fez presente no estudo. Como um intruso indesejado – na vida e também no texto de pesquisa –, mudou o rumo de muitas famílias e deixou marcas na autoestima dessas mulheres. Os poucos estudos que avaliam as famílias dos dependentes de álcool e/ou substâncias ilícitas demonstram evidências consistentes do impacto causado particularmente aos familiares mais próximos, tais como cônjuges, pais e filhos (Laranjeira 2014).

O maior desafio é trabalhar com as famílias que cobram aprendizagens que não são da educação infantil, que não querem que as crianças se sujem, que querem que se tornem adultas logo. Na outra ponta, educadoras que não construíram, academicamente, um espaço de argumentação possível de diálogo com as famílias, que demonstram não se sentir preparadas para defender as concepções de educação em que acreditam.

Fazer um esquecimento do passado de professora aprendido no curso normal foi o caminho para a construção de uma identidade profissional na educação infantil. Esquecer cadernos, quadros-negros, cadeiras enfileiradas e se familiarizar com brincadeiras, histórias, tintas, dar colo, acolher, inventar... Desafios cotidianos que, às vezes, se chocam com uma realidade dura de escassez de recursos materiais e experiências culturais. Gostar de tudo que encanta, que tira da realidade, é o caminho de resistência, onde a imaginação assume o lugar de protagonista e leva para longe da rotina marcada pela mesmice e pela repetição, reforçando a aversão às coisas prontas, que trazem para as crianças mais do mesmo.

A religiosidade se mistura com o trabalho comunitário e ganha o significado de missão, de compromisso ético e responsável e, por isso, onde quer que se esteja, sempre haverá uma igreja para ir. Não se trata da religião, de ser ou não "católica de banco", mas de ter valores dos quais não se pode abrir mão.

O comunitário é apontado como um modo de viver, de se relacionar com o mundo e com os outros. O *fazer junto* e *sofrer junto* se materializam por meio das iniciativas criadas como alternativa à desigualdade social e ao abandono pelo Estado. Se as creches comunitárias surgiram com uma finalidade bastante específica, as relações estabelecidas em seu interior extrapolaram um caráter utilitarista e passaram a se constituir como um modo de vida, uma maneira de estar com os outros.

Nas entrevistas, o lazer é identificado como ir à casa de parentes e amigos, ir à igreja, assistir a filmes em casa ou simplesmente não fazer nada. Uma entrevistada falou do gosto pela leitura e duas outras, do prazer em dançar. O cinema foi apontado por três como uma experiência eventual. Os momentos de lazer e as experiências com a cultura aparecem nas narrativas das profissionais, marcados, na maioria das vezes, por sua escassez, dificuldade de acesso e pela sua inexistência devido ao cansaço cotidiano de muitas horas de trabalho. Essa realidade aponta para a necessidade de formação cultural das profissionais, "que é capaz de nos humanizar e fazer compreender o sentido da vida além da dimensão didática do cotidiano" (Kramer 2005, p. 223), ampliando seus repertórios para o diálogo com o mundo e com as crianças no cotidiano das creches e pré-escolas.

As histórias denunciam a ambivalência que sempre está presente onde há pessoas. Onde não há espaço para relações de causa e efeito, nem determinismos. Onde os opostos convivem e criam novas possibilidades de existência. Onde dançar conforme a música é, virando pelo avesso, não cumprir o que está instituído.

Embora esteja disseminada a ideia de diálogo na formação de professores, esse conceito não parece ser aquele que, de verdade, inclui o outro, com seus valores, visão de mundo e história. A formação de professores de educação infantil não tem sido marcada por um comportamento dialógico dos sujeitos envolvidos nesse processo. Temos, muitas vezes, um monólogo disfarçado de diálogo (Buber 2009), que tem aparência de diálogo, mas não sua natureza. Essa essência fica comprometida pela urgência dos professores em receber uma receita e na pouca disponibilidade dos formadores em se abrir para uma escuta verdadeira do outro, para a inteireza do outro. Se o aluno cresce no encontro com a pessoa do professor em toda a sua inteireza (Buber 2004), em sua espontaneidade e exemplo, é necessário, no trabalho de formação de professores, considerar a pessoa que o professor é. Ou seja, sua história de vida, seus valores, sua visão de mundo.

É necessário romper com uma concepção de formação como transmissão de conteúdos e técnicas, onde há um sujeito que aprende e outro que ensina. Se, ao contrário, compreendemos que a educação é concebida como prática social que tem como finalidade a formação humana, ela pressupõe a relação dialógica e deve acontecer no lugar onde se está, no cotidiano, na prática e não apenas na teoria; uma vivência concreta que se realiza nesse mundo; uma ação que auxilia a pessoa no encontro consigo mesma e com o outro. Nesse sentido, pensar a formação de professores como formação humana presume a necessidade de que ela se caracterize como encontro, que garanta um tempo para a escuta e para que as pessoas se tornem presença umas para as outras. A formação precisa, então, se dar no âmbito do inter-humano, ou seja, onde o sentido não se encontra em um dos dois parceiros, nem nos dois em conjunto, mas somente no jogo *entre* os dois.

Para romper com o automatismo e a repetição de práticas engessadas, a formação de professores também precisa se humanizar, incluindo as histórias e as experiências de cada professor; ela precisa ser marcada pelas muitas vozes que a compõem, abrindo espaço para o diálogo, para a formação cultural, tornando o professor responsável e responsivo, capaz de estabelecer relações dialógicas e autênticas com as crianças. Narrar é reativar a vivência, é olhar para o passado com a experiência do presente. E, nesse sentido, escutar a própria história ao recontá-la constitui-se como processo formativo. Recontar uma história é atualizá-la para aquele que escuta e para si mesmo; é um ato ético.

Permear os encontros de formação com as histórias de cada um, as histórias de cada comunidade, de cada grupo é se abrir para o concreto, para a realidade. É entrar em relação com o outro. E, se as interações são um dos eixos norteadores do currículo da educação infantil, as relações devem ser, antes de qualquer outra coisa, o foco da formação de professores. Não para ensinar o que é relacionar-se com o outro, mas para relacionar-se. O aprendizado para o diálogo é um processo que precisa ir além do aprendizado intelectual, precisa ser vivido nas situações concretas do cotidiano, no encontro e no confronto com o outro.

Viver dialogicamente a formação também pode ser uma aposta para se construir uma relação mais dialógica entre produção de conhecimento intelectual e conhecimento de si, evitando desse modo o risco de se construir uma nova fronteira. A ideia de convidar as histórias a participarem dos contextos de formação é a de extrapolar essas fronteiras e esses limites, onde cada um possa se engajar com passado e presente, tornando possíveis novos sonhos e projetos de futuro.

Referências bibliográficas

BARRETO, E.S. de S. e GATTI, B.A. (2009). *Professores do Brasil: Impasses e desafios*. Brasília: Unesco.

BENJAMIN, W. (1994). *Obras escolhidas I*. São Paulo: Brasiliense.

BOSI, E. (1983). *Memória e sociedade: Lembrança de velhos*. São Paulo: T.A. Queiroz.

BRASIL (1996). Lei n. 9.394, de 20 de dezembro de 1996. Estabelece as Diretrizes e Bases da Educação Nacional. Brasília: Diário Oficial da União.

_______ (2006). Ministério da Educação. Secretaria de Educação Básica. Parâmetros Nacionais de Qualidade para a Educação Infantil, v. 1 e 2. Brasília: MEC/SEB.

_______ (2009a). Resolução n. 5, de 17 de dezembro de 2009, do Conselho Nacional de Educação. Fixa as Diretrizes Curriculares Nacionais para a Educação Infantil. Brasília: Diário Oficial da União.

_______ (2009b). Decreto n. 6.755/09, de 29 de janeiro de 2009. Institui a Política Nacional de Formação de Profissionais do Magistério da Educação Básica. Brasília.

BUBER, M. (1974). *Eu e tu*. Trad., introd. e notas de Newton Aquiles von Zuben. 2ª ed. São Paulo: Moraes.

_______ (2004). *El camino del ser humano y otros escritos*. Salamanca: Kadmos.

_______ (2009). *Do diálogo e do dialógico*. São Paulo: Perspectiva.

_______ (2011). *Qué es el hombre?*. México: FCE.

CAMPOS, M.M.; FÜLLGRAF, J. e WIGGERS, V. (2006). "A qualidade da educação infantil brasileira: Alguns resultados de pesquisa". *Cadernos de Pesquisa*, v. 36, n. 127, abr., pp. 87-128.

FREIRE, P. (1996). *Pedagogia da autonomia: Saberes necessários à prática educativa*. São Paulo: Paz e Terra.

_______ (2004). *Pedagogia do oprimido*. Rio de Janeiro: Paz e Terra.

KRAMER, S. (coord.) (2001). "Relatório da pesquisa: Formação de profissionais da educação infantil no estado do Rio de Janeiro". Rio de Janeiro: Ravil.

_______ (2005). *Profissionais de educação infantil: Gestão e formação*. São Paulo: Ática.

KRAMER, S.; CORSINO, P. e NUNES, M.F.R. (2011). "Políticas públicas municipais de educação infantil: Um balanço da década". Trabalho apresentado na 34ª Reunião Anual da Anped. Natal. [Disponível na internet: http://34reuniao.anped.org.br/images/trabalhos/GT07/GT07-998%20int.pdf, acesso em 5/12/2018.]

LARANJEIRA, R. (org.) (2014). II Levantamento Nacional de Álcool e Drogas (Lenad) – 2012. São Paulo: Instituto Nacional de Ciência e Tecnologia para Políticas Públicas de Álcool e Outras Drogas (Inpad)/Unifesp.

NÓVOA, A. (1988). *A formação tem de passar por aqui: As histórias de vida no projeto Prosalus*. Lisboa: Universidade de Lisboa.

NUNES, M.F. (1995). "Os interpretativos do mundo: Histórias de vida de professoras alfabetizadoras". Dissertação de mestrado em Educação. Rio de Janeiro: Uerj.

PENA, A. e TOLEDO, L.P.B. (2012). "Formação de professores de creches comunitárias: Uma experiência na baixada fluminense/RJ". Trabalho apresentado no IV Congresso Internacional Cotidiano – Diálogos sobre Diálogos. Niterói: Faculdade de Educação/UFF.

PENA, A.C. (2015). "Para explicar o presente tem que estudar a história do passado: Narrativas de profissionais de escolas comunitárias de educação infantil da Baixada Fluminense". Tese de doutorado em Educação. Rio de Janeiro: PUC-Rio.

2
"DEIXA EU ESCREVER MEU NOME AÍ?": O ASSENTIMENTO COMO ESTRATÉGIA ÉTICA E METODOLÓGICA NA PESQUISA COM CRIANÇAS

Silvia Néli Falcão Barbosa

> *Em nosso jardim havia um pavilhão abandonado e carcomido. Gostava dele por causa de suas janelas coloridas. Quando em seu interior, passava a mão de um vidro a outro, ia me transformando. Tingia-me de acordo com a paisagem na janela, que se apresentava ora chamejante, ora empoeirada, ora esmaecida, ora suntuosa.*
>
> Walter Benjamin (1995, p. 101)

Ao longo de vários anos de experiência na pesquisa com crianças, o maior desafio que tenho enfrentado é o de garantir a esses pequenos sujeitos seu lugar e sua autoria nesse processo de construção de sentidos. O exercício de compreender e ser compreendida pelas crianças foi uma inquietação na pesquisa de mestrado (Barbosa 2009), o que me levou a continuar indagando o lugar da criança como sujeito da pesquisa. Assim, este capítulo resulta da minha pesquisa de doutorado, que aconteceu em um município da Baixada Fluminense. O estudo analisou duas turmas de crianças de três anos em duas creches, uma pública e uma comunitária, para um estudo comparativo sobre o processo de institucionalização e a qualidade das relações cotidianas. Em ambas, é semelhante a inserção de crianças de três e quatro anos em unidades de creche em tempo integral, como opção educacional institucionalizada.

O convite deste capítulo é pensar, num primeiro momento, as escolhas metodológicas da pesquisa, levando em conta que, como mostra Walter Benjamin na epígrafe, a criança tem seu modo peculiar e intenso de olhar e significar o mundo. Em seguida, refletir sobre o assentimento como estratégia metodológica na pesquisa com crianças que acontece em três planos: ser observadora, ser observadora participante e a relação de alteridade que resulta num lugar de quem também é observado pelas crianças.

Contornos e possibilidades metodológicas da pesquisa: A criança como sujeito que enuncia

Da entrada no campo ao desenrolar das observações e à consequente escrita de um texto, a etnografia se caracteriza como movimento de tradução (Gama 2010) do que está sendo vivido e significado pelos sujeitos da pesquisa, crianças e adultos. Nesse processo, o lugar da pesquisa e as atribuições dadas à pesquisadora, tanto pelas crianças quanto pelos adultos, foi algo que se evidenciou nos registros do campo. E a análise desse movimento é pertinente por identificar características etnográficas, o que inclui a observação participante, a estada prolongada no campo, registros e análise de conteúdo.

No processo de observação participante, a estratégia foi delimitar os espaços-tempos de interação, pois partilhar o mesmo espaço físico, fazer parte da mesma ação social, não significa partilha de sentidos. Compartilha-se o mesmo espaço físico, mas não necessariamente o mesmo espaço interativo. A interação implica a construção mútua de sentidos (Corsaro 1985). Essa concepção orientou a escolha dos eventos da tese, nos quais o recorte recai sobre aqueles que privilegiam a partilha de significados.

A escrita de uma tese contextualiza a ação dos sujeitos da pesquisa. Isso envolve produzir sentidos e, muitas vezes, ler o que está nas entrelinhas, algo que só é possível pela "experiência de proximidade". Característica do exercício etnográfico, "salva o dito", não para fixá-lo, mas para revelar a natureza microscópica da ação social no cotidiano (Geertz 1989, p. 15). Nesse exercício, por meio da observação participante, o pesquisador é o principal instrumento da pesquisa (Ferreira 2010). Ao olhar para os registros, vejo que vivi uma experiência de proximidade e estranhamento, que começa com o acesso ao terreno e à pesquisadora como quem inscreve o discurso social num movimento de apreender para, em seguida, apresentar seus significados (Geertz 1989). O difícil exercício da etnografia é produzir sentido centrado não no pesquisador, mas no outro. Com isso, mesmo sem assumir a pesquisa como uma etnografia no seu sentido mais amplo, reconheço que há marcas do trabalho etnográfico presentes nesse processo.

Foram cerca de 30 horas de observação na creche comunitária e 50 horas na creche pública, sendo mais ou menos uma hora e quarenta minutos em cada dia, ao longo de um ano de estada no campo. Foram observadas as interações das crianças em diferentes horários da rotina, desde a entrada até a saída. A observação participante possibilita a "apreensão da visão de mundo, dos significados que os sujeitos da pesquisa atribuem à realidade que os cerca e às suas próprias ações" (Ludke e André 1986, p. 26), sempre levando em consideração que a escolha da metodologia deve ser apropriada aos grupos e contextos sociais e culturais e também ao tipo de investigação pretendida (Christensen e James 2005).

Também foi feita análise de documentos disponibilizados tanto pela Secretaria de Educação do município quanto pelas creches. Embora a pesquisa não tivesse como foco a análise documental, esses documentos ampliam a análise por serem fontes de informações, indicações e esclarecimentos. Abrem o leque de possibilidades para situar essas instituições nos contextos macro e micro da pesquisa e, consequentemente, compreender os processos de institucionalização que envolvem adultos e crianças nesses contextos.

Não é tarefa fácil estabelecer os limites da pesquisa como estudo que privilegia a voz das crianças. No entanto, desde o início, o desejo era compreender o processo de institucionalização levando em conta os significados dado por elas. E foi pelas crianças, mais do que pelos adultos, que o lugar de pesquisadora ganhou densidade. Lugar que assume a criança como sujeito que enuncia.

Na perspectiva da primazia das interações, a concepção de linguagem de Bakhtin toma lugar singular. Bakhtin/Voloshinov[1] (1930) defendem a natureza social da linguagem, assumindo o discurso como um fenômeno "biface", pois "os signos só podem aparecer em um terreno interindividual" (Bakhtin 2002, p. 35).

Para que todo e qualquer enunciado se realize, é necessária a presença daquele que fala e daquele que ouve. O que parece simples num primeiro momento, se complexifica ao adentrarmos a trama do movimento discursivo na perspectiva bakhtiniana da filosofia da linguagem. Para Bakhtin (2002, p. 41), "a palavra penetra literalmente em todas as relações entre indivíduos (...). As palavras são tecidas a partir de uma multidão de fios ideológicos e servem de trama a todas as relações sociais em todos os domínios", fazendo da palavra o fenômeno ideológico por excelência, "arena onde se confrontam os valores sociais contraditórios" (*ibidem*, p. 14). Por meio da palavra, diferenças e valores sociais são colocados, e nessa trama a língua vive e evolui. No movimento discursivo, a palavra assume lugar de produção de sentido, formando as unidades reais da cadeia verbal, que são as enunciações. Olhar para os enunciados das crianças em suas interações é um caminho para conhecê-las e também refletir sobre a importância do papel mediador das interações, das crianças com os adultos ou das crianças entre si,

1. Os estudos da linguagem reconhecidos como "teoria bakhtiniana" foram desenvolvidos por Mikhail Bakhtin e seu círculo de colaboradores. Muitos textos têm assinatura conjunta de Bakhtin e seus colaboradores, como é o caso desse texto de 1930. Durante muito tempo se pensou em pseudônimos, heterônimos ou assinaturas *ad hoc*, mas dados biográficos e estilísticos apontam para a existência real desses autores que compõem o chamado Círculo de Bakhtin (Brait 2003).

pois, para além do que está instituído, a criança está produzindo outros sentidos nas interações cotidianas na creche.

Na perspectiva bakhtiniana, "a enunciação realizada é como uma ilha emergindo de um oceano sem limites, o discurso interior" (Bakhtin 2002, p. 125). A situação e o auditório é que vão determinar as dimensões e as formas da enunciação. Todo e qualquer enunciado é constituído a partir do seu "endereçamento", pois todo enunciado tem "autor e destinatário" (*idem* 2010, p. 301). E "a língua passa a integrar a vida através de enunciados concretos (que a realizam)" (*ibidem*, p. 265).

Essa compreensão aponta para a natureza complexa e profunda do enunciado, no qual estão implicadas particularidades. Nessa perspectiva, o *outro* não é apenas um ouvinte que compreende passivamente, mas alguém que tem papel ativo na comunicação, seja para concordar, discordar, aquiescer etc. É essa compreensão ativamente responsiva que gera a resposta, a réplica. Assim, os enunciados são elos de uma corrente complexa e organizada de outros enunciados. Nessa alternância dos sujeitos do discurso, os enunciados ganham concretude e são delimitados, indicando a segunda particularidade a ser destacada, que é a conclusibilidade do enunciado. E essas questões devem ser levadas em conta quando nos colocamos como observadores das interações das crianças.

Segundo Bakhtin (2010, p. 275), "cada réplica, por mais breve e fragmentária que seja, possui uma conclusibilidade específica". A réplica exprime certa posição do falante que suscita uma resposta, ou seja, uma posição responsiva. Essa resposta é dada pela inteireza acabada do enunciado. Esse acabamento acontece porque cada enunciado se realiza a partir de um tema que é determinado pela intenção discursiva do falante. Consequentemente, o tema do enunciado e o projeto de discurso do falante determinarão a escolha da forma do gênero na qual será construído o enunciado (*ibidem*).

Assim, assumir a criança como sujeito que significa de modo singular o mundo à sua volta é também assumi-la como alguém que produz enunciados, que dá respostas a partir do lugar único que ocupa no mundo, um lugar axiológico, que permite responder axiologicamente a cada manifestação daqueles que a rodeiam; uma posição responsiva, consequência da compreensão ativa do enunciado do outro (Bakhtin 2010). Assim, muda-se o estatuto: de indivíduo enunciado por um texto *a priori*, a criança torna-se sujeito da enunciação (Certeau 1994). Não mais natureza infantil, mas sujeito de uma condição histórica e cultural.

Esse modo de compreender as crianças possibilitou o surgimento de uma afinidade entre a pesquisadora e as crianças, desde a entrada anônima no campo até a relação de alteridade que se estabeleceu ao longo do ano de 2011. Uma relação de afinidade que colocou a pesquisadora em diferentes planos de observação, o que será analisado no próximo tópico.

O assentimento como estratégia metodológica

Nas duas instituições, a autorização da pesquisa veio dos adultos, representados pelos pais, diretores e, no caso da creche pública, pela Secretaria de Educação. Na creche comunitária, no ato da matrícula, os responsáveis assinaram uma autorização de pesquisa e cessão de imagem. Na creche pública, esse documento foi iniciativa da pesquisadora, visando salvaguardar os direitos das crianças (Ferreira 2010), posto que elas não têm a capacidade legal de autorizar o uso da imagem ou do registro de suas interações e de seus depoimentos. Assim, ao chegar às creches, tinha autorização dos adultos e responsáveis, mas que em nenhum momento considerou a participação das crianças nessa decisão, o que me levou a repensar o modo de entrada nesse campo.

Como reposicionar as crianças como sujeitos da investigação? Como informá-las sobre a pesquisa? Essa não é uma questão simples, principalmente em se tratando de crianças bem pequenas. Uma saída para o impasse foi considerar que, na pesquisa com crianças,

> mais do que falar em consentimento informado, talvez seja mais produtivo falar em assentimento para significar que, enquanto actores sociais, mesmo podendo ter um entendimento lacunar, impreciso e superficial acerca da pesquisa, elas são, apesar disso, capazes de decidir

> acerca da permissão ou não da sua observabilidade e participação, evidenciando assim a sua agência. (Ferreira 2010, pp. 164-165)

A ideia da autora é de que o pesquisador converse com as crianças no sentido de receber o seu *assentimento* para que esteja junto com elas observando e anotando. A autora identifica três lugares em sua pesquisa com as crianças: "observadora, observadora participante e participante observadora" (Ferreira 2010, p. 170). O lugar de *observadora*[2] é adensado pela postura *participante* enquanto

> crescente competência sociocultural que o(a) investigador(a) tem de compreender o conteúdo subjectivo das interacções das crianças e de estar simbolicamente implicado(a) nele, de modo a ser capaz de partilhar comumente da significação que dá sentido às ações e atos observados. (*Ibidem*)

Segundo Ferreira (2010, p. 170), nesse processo, crianças e pesquisador(a) são "alvos de observação mútua". E, em se tratando da etnografia com crianças, a observação participante implica "construir uma perspectiva de 'dentro' das culturas infantis", e estar pronta a ouvir o convite para ser *participante observadora.* Diferentemente de Ferreira (2010), minha presença foi apenas anunciada, e o assentimento das crianças foi se dando ao longo do campo. Nas duas creches, entrei em sala sem uma apresentação formal às crianças.

Primeiro plano: Ser observadora

Chego à creche comunitária. A professora já me conhece[3] e, com um bom-dia apressado, continua a receber as crianças e encaminhá-

---

2. "Observação: ato de ver ou de olhar com atenção; de considerar; de examinar; de notar." *Dicionário Houaiss da Língua Portuguesa*. Objetiva, 2009.
3. Eu já havia feito um trabalho de avaliação externa para um projeto de intervenção nessa creche.

las para o café. Alguns sorrisos e olhares são as primeiras interações, mas, num momento em que a professora sai da sala, dois meninos vêm reclamar: "Tia, ele me bateu...", "Tia, ele não quer me dar o brinquedo...". (Caderno de campo, creche comunitária, 24/3/11)

Nesse momento eu era apenas um adulto em turma, sem nome. Minha posição era de *observadora.*

A primeira ideia é de uma diferença de lugar; o adulto está ali para dar encaminhamento às queixas das crianças. Mesmo sem saber meu nome, o *tia* dá conta de estabelecer contato. No final da manhã, a professora fez uma roda por iniciativa própria e me apresentou formalmente às crianças, como pesquisadora, o que gerou um novo vínculo com elas:

> *Estou sentada na cadeira.*
> – Gente, vamos dar as mãos para fazer a roda, bem bonita.
> *Levanto-me e entro na roda. Francisca*[4] *ri surpresa e diz:*
> – Olha aí, até a Silvia vai sentar na roda. Então senta e faz perninha de chinês.
> *As crianças sentam e Francisca olha para mim (que estou sentada com "perninha de chinês") e diz:*
> – Olha aí, a Silvia sabe.
> *As crianças olham e riem. Ingrid, ao meu lado, põe a mão na minha perna e me olha. Francisca chama a atenção para o Samuel:*
> – Olha só, Samuel, a Silvia usa óculos que nem você.
> *Ele abaixa a cabeça para me olhar rapidamente, por cima dos óculos, com olhar verificador. Ingrid, ao meu lado, diz:*
> – Eu vou te chamar de Silvia.
> *Eu respondo:*
> – E eu vou te chamar de Ingrid.
> *Ela faz sinal de positivo com o polegar e eu também. Colamos os polegares. Ela sorri, me fitando nos olhos.*
> (Caderno de campo, creche comunitária, 24/3/11)

4. Os nomes são fictícios.

A fala da professora cria identificações entre a pesquisadora e as crianças: alguém que tem "um nome", "sabe fazer perninha de chinês" e "usa óculos como o Samuel". Isso faz de mim uma observadora participante e abre espaço para que Ingrid tenha liberdade de me chamar pelo nome – palavra que identifica o sujeito, que o tira do anonimato. A pesquisadora tem nome. Ser nomeado é uma experiência de alteridade (Amorim 2004). Em seguida, eu explico às crianças que estarei ali observando o que elas fazem e anotando em meu caderno.

A partir daquele momento, progressivamente deixei de ser requerida apenas para resolver questões de queixas ou disputas por parte das crianças.

Na entrada, a mãe de Samuel havia solicitado, com veemência, que Francisca o fizesse usar os óculos. A apresentação da professora e a identificação com Samuel coloca a pesquisadora na altura das crianças. No entanto, não resolve uma questão crucial em qualquer pesquisa social, que é o compromisso de informar os seus objetivos e as consequências sociais e políticas aos sujeitos da pesquisa a fim de obter seu consentimento (Ferreira 2010). Essa questão é delicada mesmo entre os adultos, que por vezes dão outros significados para a presença do pesquisador.

Na creche pública, no primeiro dia de observação em sala e nos subsequentes, nenhuma apresentação formal foi feita por iniciativa dos adultos. Apenas fui incluída na sala. A responsável pelo turno me levou até a turma e de modo rápido disse para uma das auxiliares: "Olha, ela tá fazendo uma pesquisa e vai observar a turma". Pronto. Sem maiores explicações, sentei em uma cadeira e a sensação era de que ninguém percebeu minha presença. Ao longo da estada no campo, percebi que a presença de um adulto novo na sala, sem que fosse dada nenhuma explicação às crianças era um procedimento comum. As crianças na instituição muitas vezes são "participantes cativos" (Pugsley, *apud* Ferreira 2010) de situações que lhes são impostas e, como pesquisadora, deveria ter atentado para isso. A relação com as crianças construiu assentimentos e vínculos que me colocaram em um lugar diferenciado dos demais adultos, de modo que as crianças sabiam mais de mim e eu delas, do que as demais relações estabelecidas com os adultos na creche. A seguir, serão apresentadas algumas situações nas duas creches que mostram como foi se construindo a relação entre as crianças e a pesquisadora.

Segundo plano: Ser observadora participante

Na creche comunitária, a primeira criança a me tratar fora do lugar do adulto-tomador-de-conta foi Samuel, no mesmo dia da apresentação, em que nos tornamos semelhantes pelos nossos óculos:

> *Eu estou sentada, observando as crianças em um momento livre na sala. Samuel, que tem um carrinho e um tigre pequeno de pelúcia diz, dando-me o tigre:*
> – Toma esse, agora a gente vai brincar.
> *Ele começa a movimentar o carrinho e eu faço o mesmo com o tigre; fazemos seus respectivos barulhos. O tigre tem algo duro na barriga. Parece um daqueles dispositivos de fazer som quando a gente aperta.*
> – Ih, Samuel, o que é isso duro aqui na barriga do tigre? – *digo isso para ver se ele sabe se é algo que faz som ou não, mas a resposta vem firme e pontual, e é melhor do que minha expectativa:* – É o estômago do tigre.
> *Entendi, estamos brincando.*
> (Caderno de campo, creche comunitária, 24/3/11)

Num primeiro momento, associei a relação que Samuel estabeleceu comigo apenas como consequência de nossa proximidade. Mas a espontaneidade com que ele me colocou como parceira da brincadeira foi ressignificada à medida que os registros do campo mostraram a professora Francisca, do período da manhã, como adulto solicitado para mediar disputas e ouvir queixas, mas também para ser parceiro de muitas brincadeiras. Não havia estranhamento em um adulto que brinca. O pensamento lógico da pesquisadora-adulta não atentou para o enquadre: “Agora vamos brincar”, mas foi reconduzido ao lugar da imaginação pela lógica do menino. Ao brincar, Samuel libertava-se das coisas postas e imaginava, criava um mundo próprio (Benjamin 1995). Nesse momento, me tornei uma *participante observadora.*

Na creche pública, esse brincar também apareceu na relação entre pesquisadora e crianças, mas no início não aconteceu com naturalidade. No segundo dia de observação, me aproximei de uma mesa na qual havia lugar vago:

> *Após terminar a atividade de pesquisa da cor azul, a professora coloca uma música e começa a distribuir pequenos pedaços de massinha para as crianças. Não há uma consigna. Quando ela chega à mesa na qual estou, estendo a mão para receber um pouco de massinha. Tanto a professora quanto as crianças me olham com espanto.*
> (...)
> *Larissa, que está do meu lado, faz algo e me diz:*
> – Eu estou fazendo uma panelinha.
> Pesquisadora: E eu posso colocar uma comida aí na sua panelinha?
> *Ela me olha e diz "pode", com um sorriso nos lábios, inclinando a cabeça e levantando as sobrancelhas em um assentimento que se traduz em graça.*
> *Eu faço três bolinhas e coloco na panelinha.*
> (Caderno de campo, creche pública, 13/4/11)

O estranhamento de um adulto que brinca vem das crianças e também dos adultos. Larissa, como as demais, brinca com a massinha e vai dizendo o que faz. Em todo o período de observação na creche, esse movimento das crianças nunca foi alvo de intervenção ou relação dos adultos. Por isso, Larissa acha graça, analisa, mas aceita me incluir na brincadeira, e eu me torno um *outro* para ela. Com o passar dos dias, o estranhamento cede lugar ao "estatuto de adulto participante atípico" para a pesquisadora (Corsaro 2005). No segundo mês de observação, chego e as crianças estão nas mesas, com bloquinhos de madeira. É dia de reunião de pais e a turma fica com as auxiliares. Aproximo-me de uma das mesas:

> *Ana Beatriz está com um bloquinho, "passando desodorante". Passa e cheira o sovaco.*
> Pesquisadora: Você está passando desodorante?
> *Ana Beatriz balança a cabeça positivamente e depois pergunta:*

– Quer passar?
Pesquisadora: Quero.
Ana Beatriz: Toma aí.
Eu passo o desodorante e devolvo. Ana Beatriz fala:
– Faz assim ó, que é pra espalhar – *mexendo os braços para trás e para frente. Eu repito o movimento.*
Ana Beatriz: Você vai ficar cheirosa.
Pesquisadora: É, tem que passar desodorante.
Danielle: Passa brilho – *me entregando outro bloquinho.*
Pesquisadora: Obrigada.
Eu passo o brilho e depois passo sombra. Pego um bloquinho quadrado e faço de espelho.
Ana Beatriz: Passa mais, aqui – *apontando para os meus olhos.*
Pesquisadora: Não está aparecendo?
Ana Beatriz balança a cabeça dizendo não e eu passo mais.
Aline: E aqui – *tocando a face, e entendo que é o blush.*
Pesquisadora: Está bem, vou passar o blush.
Termino e pergunto:
– Fiquei bonita?
Ana Beatriz, Aline e Danielle balançam a cabeça dizendo que sim. Luisa ri, com certo ar de incredulidade. (Caderno de campo, creche pública, 13/5/11)

Na creche pública, as crianças passavam grande parte do tempo sentadas às mesas, normalmente com bloquinhos de madeira, pinos de plástico duro ou massa de modelar, um tempo explícito de espera e de ocupação da turma. Na maioria dos momentos eu ficava à parte, observando e anotando. Essa aproximação explícita no evento acima causou estranhamento apenas para Luisa, sempre desconfiada. Aqui não havia apenas identificação pela brincadeira, mas também uma questão de gênero, levando em conta a maquiagem do universo feminino. E, como adulta que aceitou brincar com as crianças, não ocupava mais apenas o lugar de observadora, mas também daquela que é observada pelas crianças. Na transformação dos bloquinhos, mais do que tempo de espera, está o processo de apropriação, reinvenção e reprodução de informações do mundo adulto, característica da cultura de pares (Corsaro 2011).

Uma característica da pesquisa com crianças é a impossibilidade de se estar com elas sem que seja estabelecida uma relação de proximidade (Corsaro 2005). Elas são curiosas e abertas para o outro que está diante delas, o que nos leva ao terceiro plano.

Terceiro plano: A relação de alteridade

Nas duas creches, as tentativas de aproximação dos mundos infantis e a aceitação das crianças produziram um lugar de participante observadora para o meu exercício de pesquisadora. O estabelecimento de um estatuto participante é crucial para qualquer método interpretativo, e isso inclui criar elos de confiança com os sujeitos da pesquisa (Corsaro 2005).

Além de ser solicitada para brincar, a minha presença no cotidiano assumiu um lugar de confiança. Igor, na creche comunitária, desde os primeiros dias chorava constantemente. Toalhinhas, ora verde, ora amarela, eram suas companheiras inseparáveis. Não havia muita atenção a esse choro, a não ser para dizer: "Não precisa chorar". Mas era um choro sentido. Muitas vezes nossos olhares se cruzavam. Eu observava e, com o olhar, tentava dizer: "Calma, Igor, vai ficar tudo bem". Não sei se pelos olhares, ou pela disponibilidade, um dia aconteceu:

> Igor ainda chega choroso. Já é abril. Mais tarde num momento de brincadeira no pátio, ao envolver-se com as outras crianças, Igor está brincando no grupo, com a toalhinha na mão. Num determinado momento vem e deixa a toalhinha amarela a meu lado, sobre o banco, com um olhar de quem diz: "Toma conta aí". Sinto-me importante por ser guardadora da sua toalhinha amarela. (Caderno de campo, creche comunitária, 15/4/11)

As crianças estabeleceram uma relação aberta e sincera com o pesquisador, muitas vezes confiando-lhe mais do que palavras. Isso colocava o pesquisador numa posição de responsabilidade que transcendia os resultados da pesquisa: o de ser alguém confiável para a vida. No entanto, no evento descrito anteriormente, o que foi bonito de ver é que, enquanto a toalhinha amarela era a ligação de Igor com a casa, a brincadeira era o elo com a creche.

A confiança por vezes também parece ser a ressignificação do lugar adulto como aquele que pode ser parceiro nas transgressões. No segundo dia de observação na creche pública, as crianças estavam nas mesas com massa de modelar. André fez um revólver e começou a brincar. Quando percebeu que eu estava olhando, disse: "É um avião, é um avião". De certo modo, ele afirmava não *aceitar* minha observação que expunha sua brincadeira, repreendida pelos adultos anteriormente. No entanto, em agosto, a transgressão aconteceu sem o incômodo de ser observado:

> Hoje é conselho de classe em meio período e as crianças chegam às dez horas, mas algumas chegaram mais cedo. Fico para observar as crianças que estão sentadas junto à mesa de alvenaria, ao lado da pia de escovação de dentes. Não sei se porque estou aqui, as duas serventes que tomavam conta das crianças foram embora. André sobe em cima da mesa e depois salta do outro lado. Olha para mim e depois torna a subir. As meninas ficam olhando e rindo. André se sente o centro das atenções e pula mais uma vez. Chega uma auxiliar de serviços gerais e André e as meninas se encolhem nas cadeiras, rindo, com cara de quem fez besteira. André me olha com um olhar matreiro de cumplicidade. (Caderno de campo, creche pública, 22/8/11)

André nunca se aproximou muito de mim. Na maioria das vezes, ele era o único menino na turma. Mas o evento mostra que o revólver que virou avião no semestre anterior agora se manifestava no pulo sobre a mesa sem que a minha presença representasse restrição ao movimento. Não foi sem questionamentos que assisti ao pulo transgressor. Diante da conclusão de que era algo que não oferecia perigo, resolvi apenas observar. Ele e mais quatro meninas da turma passaram quase duas horas aguardando o término do conselho de classe, sem que tivessem uma proposta de acolhimento. Teria isso aberto espaço para a transgressão? O pulo foi uma afirmação do seu lugar de menino no meio de tantas meninas?

O que parece simples coloca o pesquisador diante de um dilema ético. Ser confiável para as crianças significa ocultar dos adultos algumas coisas. No entanto essa confiança requer bom senso do pesquisador, que não pode abdicar de seu lugar de adulto e por isso responsável pela segurança das crianças (Ferreira 2010).

A posição de participante observadora também me deu outro *status*, o de ser colocada em lugar de igualdade:

> *Kleiton chega perto de mim, que estou escrevendo no caderno de campo.*
> Kleiton: Deixa eu escrever meu nome aí?
> Silvia: Não pode, este é o meu caderno e eu estou usando agora.
> Kleiton: Então escreve você.
> *Eu escrevo CLEITON e ele diz:*
> – Não é assim, é assim... – *mostra, escrevendo algo com o dedo na letra C, com um tom de quem quer ser enfático. Eu olho para a chamada e vejo que é com K. Conserto a letra e ele fica satisfeito.*
> – É, é assim.
> *Depois me pergunta:*
> – Você sabe o jogo da velha? Eu sei, meu tio me ensinou, é assim ó – *e faz a cruz com o dedo e depois diz para mim*:
> – Me da aí a caneta que eu faço.
> *Como não? Eu dou a caneta e ele faz a cruz e uma bolinha e sorri satisfeito. Eu faço o x e ele diz um tanto surpreso:*
> – Você sabe! (Caderno de campo, creche pública, 15/8/11)

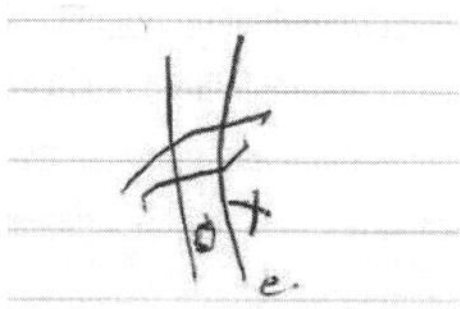

Muitas vezes no campo tive de escolher entre deixar as crianças escreverem no meu caderno ou não. Eu já não era uma simples observadora, mas participava, observando com eles o cotidiano. O que o evento explicita é que Kleiton, um dos mais novos na turma, sabia que seu nome começa com K. Esse conhecimento parecia ser da escola. Seu nome estava na chamada que era feita todos os dias. No entanto, o jogo da velha era um conhecimento que vinha de casa, passado pelo tio. Seu espanto foi que eu soubesse, ou que eu soubesse algo que ele sabia, mas que não vinha da escola? Os saberes das crianças que vinham da cultura fora da escola (família, mídia, vizinhança), como a maquiagem, o revólver ou o jogo da velha, na maioria das vezes não tinham lugar na creche, a não ser nas brincadeiras e conversas que não recebiam a atenção dos adultos. Nesse momento, a pesquisadora se tornava *uma igual*, a partir do que a criança trazia, pois tinha saber semelhante, que transcendia esse cotidiano e que poderia ser partilhado. Ver e compreender as crianças, ser vista e compreendida por elas foi um exercício que me acompanhou e desafiou em todo o trabalho de campo. E as crianças sabiam mais de mim como pesquisadora do que os adultos, e eu também me tornei foco da observação delas:

> *(Na creche comunitária, num momento em que as crianças estão se preparando para escovar os dentes.)*
> *Elias chega perto de mim, olha para o meu pé e diz:*
> – Onde está o teu sapato?
> *Olho para o meu pé e lembro que é a primeira vez que venho de sandália. Eu sempre estou de tênis.*
> Então respondo: Hoje eu vim de sandália porque está calor.
> *Ele olha para o meu pé e depois para mim, como quem confere, e vai escovar os dentes.* (Caderno de campo, creche comunitária, 12/8/11)
>
> *Ana Beatriz vê o meu cordão, pega no pingente de coração e pergunta:*
> – Ué, consertou?
> Pesquisadora: Não, esse é outro cordão, aquele era colorido, esse eu ganhei do meu marido. *(Na semana anterior o pingente em forma de coração do meu cordão de contas coloridas havia arrebentado.)* (Caderno de campo, creche pública, 9/6/11)

As duas situações são de observações sutis, que não têm referência a um fato específico, mas demonstram que as crianças estavam atentas aos detalhes do cotidiano, e a minha presença não passou despercebida. Mesmo nos momentos em que eu era apenas observadora, também estava sendo observada, e as crianças sabiam que minha ocupação ali era registrar as coisas que aconteciam na creche. As minhas respostas satisfizeram a curiosidade de Elias e Ana Beatriz, mas, diferentemente de Elias, que ouviu a explicação e foi escovar os dentes, Ana Beatriz tomou outra atitude:

> *Ana Beatriz segura o meu cordão por alguns instantes, me olha e em seguida conta um fato da sua vida:*
> – Olha, o meu pai, eu, a gente morava junto. Mas o meu pai e a minha mãe se separaram. O meu pai mora com a minha vó Maria e a minha mãe mora sozinha e eu também moro sozinha.
> Pesquisadora: Você mora sozinha?
> Ana Beatriz: Não, eu moro com a minha mãe e com o meu tio. A minha mãe mora com ele e eu também.
> (Caderno de campo, creche pública, 9/6/11)

Ana Beatriz debruçou sobre minhas pernas, segurou o meu cordão por alguns instantes, me olhou e em seguida contou um fato de sua vida pessoal. Não me pediu segredo, ficou evidente que se estabeleceu uma relação de intimidade e confiança. Nesse momento eu não era apenas alguém que observava o que as crianças faziam, mas alguém que partilhava o que elas sabiam de si.

As diferentes relações que se estabelecem com as crianças no contexto da pesquisa trazem ao pesquisador a difícil tarefa de ser parceiro, confidente, sem abdicar de seu lugar de observador que procura sentidos que envolvem ditos e não ditos. Essa relação de confiança só é possível quando reconhecemos as crianças como sujeitos de alteridade. Não estamos ali apenas para observá-las, mas, na relação de proximidade, nos deixarmos ser alterados pela instigante presença de quem, como diz Benjamin (1995) sabe ver num pavilhão abandonado a delicadeza das cores que se mostra pela janela empoeirada.

Se, por um lado, as crianças me viam como parceira de confidências, nas duas creches, de modo geral, os adultos esperavam que eu lhes desse respostas para a sua prática. Em um dos dias na creche pública, a turma estava apenas com Maria Assunção, uma das auxiliares. Como isso não lhe era comum, ela ficou sem ação. Fomos para o refeitório tomar café e outra auxiliar comentou sobre a minha presença: "Ainda bem que ela está aqui hoje". Maria Assunção me olhou e depois respondeu: "Não, ela não faz nada, ela só anota". Já as crianças sabiam que eu anotava o que via e me passavam informações. Isso era visível, pois, em diferentes momentos, as crianças vinham me dar indicações sobre o que eu devia anotar. Num dia, na creche comunitária, as crianças estavam lendo livros de literatura infantil. Thiago, cada vez que abria um livro, cantava para si mesmo: "E agora, minha gente, uma história eu vou contar...". Nesse momento, parei de escrever e fiquei observando. Renata, que estava ao meu lado, se voltou para mim e disse: "Vai, escreve aí, escreve. Já escreveu?".

Na creche pública, esse movimento também me acompanhou. Além de pedir constantemente para escrever no meu caderno, o que não acontecia com frequência na creche comunitária, também me davam orientações para essas anotações:

> Ana Beatriz: O que você está escrevendo aí?
> Pesquisadora: O que acontece na creche.
> Ana Beatriz: Então pode escrever que eu vou falar o nome das crianças que não veio. Vai, escreve aí: André, que está doente e o Nathan não veio não sei por quê. (Caderno de campo, creche pública, 9/6/11)

Ana Beatriz informou algo de que eu não sabia e nem poderia saber somente observando o cotidiano: André estava doente. Numa turma em que a maioria era de meninas (nesse dia eram treze meninas e três meninos), a ausência de dois meninos era algo que importava. O que acontecia na creche dizia respeito às crianças e era por elas percebido. Ninguém havia comentado a ausência de André. Diariamente, a professora fazia a chamada e quem não estivesse presente tinha o nome virado no quadro. Mas, mesmo sem estar presente, o nome de André apareceu aqui para falar que sua ausência dizia respeito também a algo que acontecia na creche.

Enfim...

Se, por um lado, as crianças não podem assumir a responsabilidade legal por sua participação na pesquisa, temos, como pesquisadores, que garantir o lugar ético e responsável de lhes dar um lugar de visibilidade tanto quanto aos adultos.

Sustentar as crianças e os adultos como sujeitos da pesquisa, que têm voz, é assumir que eles têm algo a dizer, a criticar, a enunciar.

Ambos têm opiniões, ideias, experiências a compartilhar entre si. O que anotei em cada momento do campo levou em consideração essa relação de alteridade. A escrita é fundamental na descrição dos acontecimentos cotidianos (Erickson 1989) e companheira inseparável do pesquisador na observação participante. No entanto, reconhecer o lugar de alteridade que as crianças ocupam nesse processo é uma decisão do pesquisador que assume as crianças como atores sociais, que produzem cultura, que ressignificam o mundo à sua volta. Uma posição que envolve bom senso, ética e sensibilidade.

Reconhecer as crianças como capazes de expressar sentimentos e pensamentos é assumir que "há realidades sociais que só a partir do ponto de vista das crianças e dos seus universos específicos podem ser descobertas, apreendidas e analisadas" (Sarmento e Pinto 1997, p. 65). E é assim que o pesquisador que se ocupa de observar as crianças e suas interações tem que estar ciente de que será por elas observado e que sua escrita terá as marcas desses sujeitos crianças que têm um lugar que lhes é próprio.

Essa postura do pesquisador abre espaço para o assentimento como estratégia ética e metodológica na pesquisa com crianças, pois, embora não possa prescindir dos trâmites legais, também não deve desconsiderar os sentidos que as crianças produzem para a presença do pesquisador no campo.

Referências bibliográficas

AMORIM, M. (2004). *O pesquisador e seu outro: Bakhtin nas ciências humanas*. São Paulo: Musa.

BAKHTIN, M.A. (2002). *Marxismo e filosofia da linguagem: Problemas fundamentais do método sociológico da linguagem*. São Paulo: Hucitec.

_______ (2010). *Estética da criação verbal*. São Paulo: Martins Fontes.

BAHKTIN, M. e VOLOSHINOV, V.N. (1930). "Estrutura do enunciado". Trad. Ana Vaz, para fins didáticos, s.p.

BARBOSA, S.N.F. (2009). "O que você está escrevendo? Na pesquisa com crianças, o exercício de compreender e ser compreendido". *In*: KRAMER,

S. *Retratos de um desafio: Crianças e adultos na educação infantil.* São Paulo: Ática, pp. 24-35.

BENJAMIN, W. (1995). *Obras escolhidas II.* São Paulo: Brasiliense.

BRAIT, B. (2003). "Interação, gênero e estilo". *In*: PETRI, D. (org.). *Interação na fala e na escrita.* São Paulo: Humanitas, pp. 125-157.

CERTEAU, M. (1994). *A invenção do cotidiano: Artes de fazer.* Petrópolis: Vozes.

CHRISTENSEN, P. e JAMES, A. (2005). "Pesquisando as crianças e a infância: Culturas de comunicação". *In*: CHRISTENSEN, P. e JAMES, A. (orgs.). *Investigação com crianças: Perspectivas e práticas.* Porto: Escola Superior de Educação de Paula Frassinetti, pp. XIII-XIX.

CORSARO, W. (1985). *Friendship and peer culture in the early years.* Norwood: Ablex.

_______ (2005). "A entrada no campo, aceitação e natureza da participação nos estudos etnográficos com crianças pequenas". *Educ. Soc.*, v. 26, n. 91. Campinas, pp. 443-464.

_______ (2011). *Sociologia da infância.* 2ª ed. Porto Alegre: Artmed.

ERICKSON, F. (1989). "Métodos cualitativos de investigación sobre la enseñanza". *In*: WITTROCK, M.C. (org.). *La investigación de la enseñanza, II: Métodos cualitativos y de observación.* Barcelona: Paidós, pp. 195-301.

FERREIRA, M. (2010). "'Ela é nossa prisioneira!': Questões teóricas, epistemológicas e ético-metodológicas a propósito dos processos de obtenção da permissão das crianças pequenas numa pesquisa etnográfica". *Reflexão e Ação*, v. 18, n. 2, jul.-dez. Santa Cruz do Sul: Edunisc, pp. 151-182.

GAMA, D.R.N. (2010). "A etnografia enquanto tradução: Diálogos entre Bronislaw Malinowski e Walter Benjamin". *A Parte Rei, Revista de Filosofía*, n. 70, jul. [Disponível na internet: http://serbal.pntic.mec.es/AParteRei/nogueira70.pdf, acesso em 5/12/2018.]

GEERTZ, C. (1989). *A interpretação das culturas.* Rio de Janeiro: LTC.

LUDKE, M. e ANDRÉ, M. (1986). *Pesquisa em educação: Abordagens qualitativas.* São Paulo: EPU.

SARMENTO, M.J. e PINTO, M. (1997). "As crianças e a infância: Definindo conceitos, delimitando o campo". *In:* PINTO, M. e SARMENTO, M.J. (coords.). *As crianças: Contextos e identidades.* Minho: Universidade do Minho, pp. 9-29. (Infans – Centro de Estudos da Criança)

3

UMA LEITURA ÉTICA DA POLÍTICA DE EDUCAÇÃO INFANTIL SOBRE OS DIREITOS DAS CRIANÇAS

Maria Fernanda Rezende Nunes

Às vezes o espelho aumenta o valor das coisas, às vezes anula.
Nem tudo o que parece valer acima do espelho
resiste a si próprio refletido no espelho.
Ítalo Calvino (1994, p. 25)

Os grupos de pesquisa Infância, Formação e Cultura (Infoc), da Pontifícia Universidade Católica do Rio de Janeiro (PUC-Rio), e Educação Infantil e Políticas Públicas (Eipp), da Universidade Federal do Estado do Rio de Janeiro (Unirio), têm uma parceria interinstitucional, desde 2005, envolvendo a pesquisa no âmbito do estado do Rio de Janeiro. Este capítulo foi construído, por um lado, a partir de uma releitura de pesquisas produzidas nessa parceria sobre os direitos das crianças e, por outro, contou com estudos de pós-graduandos sobre o tema, os quais tive o privilégio de orientar.

Os grupos de pesquisa anunciados congregam graduandos e pós-graduandos que se aventuram na difícil arte de pesquisar a educação infantil, a formação de professores, a infância e a cultura. Há, em cada um dos grupos, uma pesquisa que baliza e orienta o trabalho do grupo, nos estudos, nas discussões teórico-metodológicas, no levantamento de literatura, no trabalho de campo, nos artigos e livros publicados. Concomitantemente, cada integrante desenvolve seu trabalho tendo por inspiração, na maioria dos casos, a pesquisa em curso. Assim, o trabalho é de mão dupla, ou seja, tanto os discentes se beneficiam da experiência da pesquisa, como a pesquisa é ressignificada pelo trabalho dos alunos, ampliando seu universo para novos enunciados.

Isso posto, o primeiro item tece as demandas, as análises e as questões para as políticas públicas de educação infantil e o segundo e o terceiro trazem, respectivamente, a perspectiva dos gestores do município do Rio de Janeiro e a das crianças sobre os direitos à educação.

O sistema público e o modo como as crianças são culturalmente percebidas em cada sociedade afetam a concretização de seus direitos. O discurso social e político atual é de uma infância de direitos, e concretizá-lo ainda é um desafio na realidade de alguns municípios. Percebe-se que as conquistas legais permitem dimensionar a complexidade e os inúmeros desafios que se apresentam para a política de educação voltada para as crianças de zero a seis anos. Em cada região, a forma da lei toma diferentes dimensões, a partir das configurações do campo de disputa local, que trazem uma narrativa, um acabamento particular para a legislação nacional.

Para Benjamin (1995, p. 268), em cada época e lugar, "o caminhar não é apenas a expressão do desejo de alcançar uma meta, mas também de sua realização". Segundo essa concepção, a política vai se construindo na expressão de vários atores que sintetizam uma narrativa, seja pelos discursos, documentos oficiais, deliberações, propostas pedagógicas, planejamentos, seja pela prática com as crianças. O filósofo compreende a narrativa de forma bem peculiar, e por isso essa ideia é trazida para se pensar os desafios atuais da educação infantil. Por um lado, como pontua o autor (*idem* 1994, p. 205), "a narrativa não está interessada em transmitir o 'puro em si' da coisa narrada como uma informação ou um relatório. Ela mergulha a coisa na vida do narrador para em seguida retirá-la dele". Por outro, "o narrador retira da experiência o que ele conta: sua própria experiência ou a relatada pelos outros. E incorpora as coisas narradas à experiência dos seus ouvintes" (*ibidem*, p. 201). Com isso, os avanços obtidos originam ideias a partir de outras ações e embates, produzindo novas demandas para a política pública e para o compromisso formativo da criança.

A educação infantil no período 2005-2015: Indagações de pesquisa

Na apresentação do livro intitulado *Educação infantil e diferença* (Abramowicz e Vandenbroeck 2013, p. 12), Anete Abramowicz defende a ideia de que "a educação infantil deveria se constituir como um espaço de diáspora, que não é a pátria idealizada e homogênea, mas uma inflexão territorial e temporal (em uma concepção de tempo que junta a história dos que vieram com aqueles que já estão e com os que virão) operada pelos coletivos sociais (...)". A pertinência da ideia, do movimento de romper com a educação e a pesquisa idealizada e homogênea, se faz presente na intenção de várias propostas pedagógicas para a educação infantil, onde infância e experiência e educação e cuidado sejam binômios de criação. Entretanto, a fragilidade de muitos sistemas de ensino em relação ao conhecimento e à organização faz o inverso do intuito: uma educação subalternizada, bem pouco criativa e criadora.

Neste item, trago os principais temas que atravessaram a legislação na década e que, em certa medida, afetam ou foram afetados pela educação infantil – escolaridade obrigatória, idade de ingresso no ensino fundamental, brincadeira e interações como eixo do currículo, leitura e escrita e programas e ações do Ministério da Cultura (MEC), especialmente a formação e a infraestrutura. Os temas entraram na agenda legislativa nesta década, embora já estivessem presentes no cenário das pesquisas, do ensino e no contexto das práticas há mais tempo. No entanto, entrar na agenda significa assumir a importância institucional, tanto no legislativo quanto no executivo. Como afirma Bobbio (1992), é no interior da escola que se coloca a educação à disposição das crianças.

Com a concretização do Fundo de Manutenção e Desenvolvimento da Educação Básica e de Valorização dos Profissionais da Educação – Fundeb[1] (Brasil 2007), a realidade da educação infantil, principalmente a das creches, que, historicamente, estavam à margem dos sistemas de ensino, se transforma. Uma das mudanças sofridas na Proposta de Emenda Constitucional[2] para a criação do fundo foi a inclusão das creches das redes pública e privada, que podem receber recursos, conforme indica o parágrafo 1º do art. 8º da lei n. 11.494 (*ibidem*):

> Admitir-se-á, para efeito da distribuição dos recursos previstos, em relação às instituições comunitárias, confessionais ou filantrópicas sem fins lucrativos e conveniadas com o poder público, o cômputo das matrículas efetivadas na educação infantil oferecida em creches para crianças de até 3 (três) anos.

Desde 2005, referendam-se, nas legislações nacionais, o movimento de ampliação do ensino fundamental de oito para nove anos e o ingresso das crianças de seis anos no primeiro ano, além da expansão da escolaridade obrigatória dos 4 aos 17 anos. A despeito das diferentes análises sobre o tema, o contexto é bastante paradoxal. Valendo-me da alegoria trazida por Benjamin a respeito do quadro *Angelus Novus*, de Paul Klee, tido como retrato da modernidade, diria que as leis que garantem os direitos das crianças representam o vento que sopra na direção do futuro, enquanto o sentido da infância, como referência para a educação, representa os destroços que ficaram para trás. O vulto tomado pela discussão sobre o corte etário para o ingresso no ensino fundamental, nos ministérios públicos brasileiros e em vários tribunais regionais, é revelador das distintas e distantes concepções de educação e infância presentes nas legislações e no cotidiano.

---

1. Emenda constitucional n. 53/06, que tem por objetivo proporcionar a elevação e uma nova distribuição dos investimentos em educação.
2. PEC 277/2008, de autoria da senadora Ideli Salvatti (PT/SC), transformada na Emenda Constitucional 59/2009.

Enquanto progredimos, nos afastamos da ideia que deu origem à educação infantil? A resposta deve ser tomada com precaução, no sentido de que a desarticulação da ideia com o seu tempo histórico torna a experiência atrofiada e a narrativa vazia de significados. Em Calvino, podemos perceber, com base no primoroso relato de Marco Polo a Kublai Khan sobre as incontáveis cidades do imenso império do conquistador mongol, os riscos da desagregação dos sentidos, a palavra petrificada, a narrativa que não traz conselhos:

> (...) foi inútil a minha viagem para visitar a cidade: obrigada a permanecer imóvel e imutável para facilitar a memorização, Zora definhou, desfez-se e sumiu. Foi esquecida pelo mundo. (Calvino 1994, p. 20)

O conselho de Marco Polo ao imperador é que

> de uma cidade não aproveitamos as suas sete ou setenta e sete maravilhas, mas a resposta que dá às nossas perguntas. Resposta que não informa, mas que abre o diálogo para outras conjecturas. A cidade, tal como a narrativa, não conta o seu passado, ela o contém como as linhas da mão, escrito nos ângulos das ruas, nas grades das janelas. (Calvino 1994, p. 14)

E, desse modo, tentando fugir da correnteza das legislações, tentamos ver os relampejos do passado em busca de uma educação emancipadora.

O que se observa é uma entrada precoce num ensino fundamental sem adequações para os que estão chegando – mobiliário, equipamentos, currículo etc. –, acrescida também pelas avaliações em nível nacional, da preocupação com a alfabetização. Como condição e consequência, imputa-se à educação infantil a tarefa de preparar para a alfabetização. Na esteira da pergunta sobre o tema – alfabetização, letramento, leitura do mundo –, é promulgado o Pacto Nacional pela Alfabetização na Idade Certa (PNAIC), com a finalidade de promover a alfabetização dos estudantes até oito anos de idade, ao final do 3º ano do ensino fundamental da educação básica pública, aferida por avaliações periódicas (Brasil 2013).

Vale destacar que essa lei dispõe sobre o apoio técnico financeiro da União aos entes federados. A adesão ao pacto foi surpreendente, quase ato contínuo à lei, pois, publicada em novembro de 2012, em fevereiro de 2013, 5.319 municípios brasileiros já haviam aderido ao pacto. Contudo, sabemos que, na medida em que o sistema educativo é um campo de disputa no qual se estabelecem hierarquias, a valorização de um campo representa a desvalorização de outro que lhe é supostamente inferior, ou seja, os interesses em jogo permeiam essa disputa. A educação infantil pode ser olhada a partir do pacto, não com ele.

Atuando como forte ator no âmbito do discurso, temos as Diretrizes Curriculares Nacionais para a Educação Infantil (Brasil 2009), que trazem como eixos norteadores as interações e as brincadeiras. Debortoli (2005), em pesquisa de doutoramento sobre identidade e a importância da interação no fazer pedagógico, aponta o fato de que o discurso do brincar tem feito surgir, especialmente na educação infantil, um ideário pedagógico que faz da brincadeira um de seus conteúdos, de seus meios e, muitas vezes, uma finalidade.

O brinquedo e os materiais diversos são colocados em sala sem que haja uma reflexão sobre sua utilização, como se sua simples presença garantisse a brincadeira. As professoras defendem a inclusão do brincar a partir de quatro categorias: (i) brincadeira pedagógica; (ii) recreação: dinâmicas criadas para ensinar brincadeiras; (iii) brincadeira livre e (iv) brincadeiras dirigidas, consideradas pelas maneiras "certas" de brincar. Em ensaio sobre a história dos brinquedos, Benjamin revela que "as crianças, quando brincam, se defrontam o tempo todo com os vestígios que as gerações mais velhas deixaram. O brinquedo é confronto, não tanto da criança com os adultos, mas destes com a criança" (Porto 2008, p. 26).

A formulação das diretrizes permite, por um lado, firmar a legitimidade do discurso da importância do brincar na constituição do sujeito criança, "abrindo a possibilidade de múltiplas janelas de interpretação, compreensão e ação sobre a realidade" (Borba 2012,

p. 66). O brincar é experiência de cultura e, portanto, a arena por meio da qual valores, conhecimentos, formas de ser e estar são constituídos e reinventados pelas crianças. Por outro, levanta questões sobre o currículo, o fazer pedagógico e a identidade dos professores.

Outro tema de destaque nesta década refere-se à leitura e à escrita na educação infantil. O decreto n. 7.084, que dispõe sobre programas de material didático (Brasil 2010, p. 3), como o Programa Nacional do Livro Didático (PNLD), traz, como objetivos, entre outros, "melhoria do processo de ensino e aprendizagem nas escolas públicas (...); garantia de padrão de qualidade do material de apoio à prática educativa (...); fomento à leitura e o estímulo à atitude investigativa dos alunos". A redação explicita tensões presentes no cotidiano das creches e pré-escolas e no âmbito acadêmico: o que é livro didático na educação infantil?

Em relação a programas e ações, destaca-se o Programa de Formação Inicial para Professores em Exercício na Educação Infantil (Proinfantil), com o tema da formação, e o Programa Nacional de Reestruturação e Aparelhagem da Rede Escolar Pública de Educação Infantil (Proinfância), com o tema do espaço e de equipamentos. O primeiro caracterizou-se como um amplo programa de formação de professores em exercício no ensino médio, modalidade normal, e o segundo se originou da necessidade de expansão das matrículas em creches e pré-escolas com uma infraestrutura de qualidade. O Proinfantil teve início em 2005 e foi concebido como um programa a distância, com módulos presenciais, regido pela ideia de que todos os professores em exercício devem ter a formação mínima exigida por lei, sendo, portanto, emergencial, com término previsto para 2011. Com 3.200 horas em quatro módulos de 800 horas, foi necessário que os estados o articulassem às suas políticas de formação para essa etapa da educação básica. Como muitos entenderam que a educação infantil não é responsabilidade do estado, e sim dos municípios, fizeram muito pouco para dimensionar a capacidade de atendimento à demanda existente. No total, 18 estados participaram do programa, com um ou mais grupos de formação. Ademais, a adesão dos municípios coube aos gestores municipais, de acordo com suas escolhas e prioridades políticas: "Era necessário dar condições para o professor cursista estudar (pagar deslocamentos, estadia e refeições nas fases presenciais) e contribuir mensalmente com as despesas das agências formadoras" (Corsino, Guimarães e Souza 2010, p. 9).

O tema referente a espaços e equipamentos, presente muito antes dos anos 2000, ganhou outro contorno político com o Proinfância. Formulado pelo MEC em convênio com os municípios, tem por objetivo "garantir o acesso de crianças a creches e escolas de educação infantil públicas, especialmente em regiões metropolitanas, onde são registrados os maiores índices de população nesta faixa etária" (Brasil 2011). É com esse argumento que o Proinfância se delineia na agenda da política pública, a partir da consideração de que a construção de creches e pré-escolas, bem como a compra de equipamentos e mobiliário, são fundamentais para a melhoria da qualidade da educação. Os dados disponibilizados pelo Fundo Nacional de Desenvolvimento da Educação (FNDE 2018) indicam os desafios que se impõem à execução dos convênios pelas municipalidades para a construção das creches e pré-escolas – apenas cerca de metade das obras financiadas pelo Proinfância conseguiram chegar à fase de finalização e solicitar recursos para compra de mobiliário e equipamentos. Observa-se que a gestão de recursos públicos é uma questão administrativa complexa, pois, no caminho entre a descentralização dos recursos e a conclusão das obras, há ainda muitos entraves que merecem ser levantados e pesquisados para subsidiar a formulação das políticas sociais.

Em relação às ações desenvolvidas pelo ministério, entende-se que a gestão local assume considerável relevância, definindo os contornos da política nacional nas municipalidades. Assim, as pesquisas tomaram o estado do Rio de Janeiro como caso para compreender os desafios e os impactos dos programas vividos pelos representantes da educação. Tais narrativas não seguem o curso temporal dos acontecimentos, pois serão tomadas a partir dos temas das pesquisas, levando em consideração que "o cronista que narra os acontecimentos, sem distinguir entre os grandes e os pequenos, leva em conta a verdade de que nada do que um dia aconteceu pode ser considerado perdido para a história" (Benjamin 1994, p. 223).

Direitos das crianças à educação: A perspectiva do município do Rio[3]

Ouvindo as gestoras das instituições pesquisadas e os responsáveis, a partir das entrevistas coletivas e das observações dos primeiros dias de ingresso das crianças no Espaço de Desenvolvimento Infantil (EDI)[4] e no programa Primeira Infância Completa (PIC),[5] a pesquisa "O lugar da família na creche: Os desafios na institucionalização da infância" (Gomes 2014) evidencia uma diversidade de enunciados. A materialidade do mundo real excede a possibilidade do pesquisador de falar sobre ela, escrutinizá-la, e é essa a riqueza que trazem as ciências sociais e humanas. Amorim (2001) apresenta a abordagem dialógica a elas aplicada. Por um lado, segundo a autora, o objeto da pesquisa que se pretende conhecer é "objeto já falado, objeto a ser falado e objeto falante" (Amorim 2001, p. 19). O pesquisador assume a autoria de discorrer sobre ele, ao mesmo tempo em que participa diretamente dessa relação polifônica. Em contrapartida, a autora inclui o silêncio como outra possibilidade de enunciação alteritária, e é nesse interjogo de voz e silêncio, entre texto e subtexto, que se produz o sentido. Desse modo, o discurso é, por definição, inacabável. Diante dessas reflexões, apresentam-se, a seguir, alguns eventos que expressam uma linha descontínua e ambígua, mas que marcam sentidos para se pensar a escola voltada para as crianças pequenas e os atores envolvidos nesse contexto.

A diretora do EDI, indagada sobre o perfil das crianças que frequentam a instituição, explicitou sua opinião sobre matricular bebês com menos de sete meses: "Acho um absurdo atender bebês dessa idade. As crianças já ficam muito tempo longe da família. As mães têm que trabalhar como todos nós, mas sempre demos um jeito, né? O bebê

3. Este item é parte do texto de Nunes e Gomes (2014).
4. Modelo de educação infantil da rede pública da cidade do Rio de Janeiro.
5. Programa da Secretaria de Educação da cidade do Rio de Janeiro que atende aos sábados as crianças em idade de creche e que ainda não conseguiram vagas na rede pública ou conveniada.

precisa do calor da família". Concluiu: "Algumas mães querem ficar o menor tempo possível com os filhos. É por isso que vemos esses meninos sem se importar com nada, soltos" (Diário de campo, EDI, 24/11/2012).

A diretora-adjunta do EDI também expôs sua opinião a respeito de matricular bebês: "O EDI tinha que ter mais vagas para o maternal. Há vagas para o berçário e as crianças vão passando do berçário para o maternal, não tendo muita possibilidade de sobrar vaga para as outras etapas. Acho errado ter mais berçário. No Sambódromo, vão abrir turmas de pré-escola" (Diário de campo, EDI, 20/10/2012).

A diretora comenta que, na inauguração do EDI, em 2011, a demanda foi maior para bebês. Recebeu bebês com seis meses, mas, em 2012, passou a matricular crianças maiores, pois, segundo ela, o "EDI é um espaço de desenvolvimento infantil, mas está funcionando como creche" (Diário de campo, EDI, 26/1/2012).

Fazendo uma análise desses enunciados, há valores que saltam do discurso: "Creche é para mãe que trabalha", "as mães querem se livrar dos filhos", "o espaço de desenvolvimento infantil não é a creche" e "o EDI tem que ter mais vaga para o maternal", ou seja, crianças maiores.

A crítica em relação à mãe que não trabalha e "fica à toa" ou "quer se livrar do filho" também incide em comentários de alguns responsáveis ouvidos. Uma mãe perguntou: "Mães que trabalham teriam prioridade?". A diretora respondeu: "Infelizmente, não" (Diário de campo, PIC, 10/11/2012).

Há uma sobreposição de questões nas entrelinhas desses textos que coloca em relevo a lógica de que a creche é um equipamento de utilidade das famílias. É uma relação quase determinista: se não trabalha, logo não tem direito, é mãe irresponsável, que não quer saber dos filhos. Ao contrário, se trabalha, reconhece-se sua posição de mulher/mãe que luta pela subsistência de seus filhos e, portanto, o direito à creche é legítimo. Nesses discursos, acima de tudo, não se reconhece que a creche é um direito da criança. Nas observações da pesquisa, quando as crianças perguntavam por suas mães no processo de adaptação, as profissionais respondiam que estavam trabalhando. Passavam a repetir: "Cadê mamãe?

Foi *tabaiá*". Desse modo, é justificável deixá-las na creche, e é assim que os adultos procuravam confortá-las. Essa questão toca na função social da escola e na creche como direito da criança.

Em relação a priorizar o maternal, se a contingência de demanda é para bebês e se o EDI pesquisado pode ser considerado um recorte da rede, será que a estratégia é preparar as crianças para a pré-escola? Ao se considerar o percentual de crianças com 31 meses ou mais na rede regular (28,2%) e daquelas inscritas no PIC (4,8%), é relevante pensar nessa possibilidade. Além disso, especificamente no EDI pesquisado, a gestão não favorece o ingresso de bebês, fato que põe em discussão a influência da gestão nas políticas públicas estabelecidas. Pela afirmação da diretora de que "Espaço de Desenvolvimento Infantil não é creche", infere-se que, para ela, atender bebês não está associado à dimensão de educar, visto que, na sua concepção, eles precisam apenas de cuidados maternos. Há um resquício da lógica assistencialista, na qual o acesso à educação só se justifica se a "mãe" trabalha; do contrário, a criança e a família não teriam esse direito.

Tomando outro caminho, trazendo comentários das famílias, tanto no ingresso das crianças novas quanto nas entrevistas coletivas, seja no PIC seja no EDI, apreendem-se expectativas muito positivas em relação à creche. Os motivos pelos quais os responsáveis buscam a institucionalização dos filhos são variados:

> (...) Pelo desenvolvimento do meu filho.
> (...) Aqui tem brincadeira, as atividades ajudam a criar a coordenação motora, já consegue pegar numa coisa e fazer desenho.
> (...) Tem o desenvolvimento da autonomia. (Entrevista coletiva, EDI, 31/3/2012)

A responsável por uma menina de três anos comentou:

> Minha filha presta atenção ao que a professora pede. Outro dia, pediu o jornal para trazer para a creche, porque a professora estava trabalhando os nomes. (Entrevista coletiva, EDI, 31/3/2012)

Essa posição aparece também numa reunião do PIC, ocasião em que a diretora-adjunta perguntou sobre a expectativa dos responsáveis ao inscreverem os filhos no programa:

> Meu filho é tímido, tudo é novo. Quero que ele curta, se desenvolva e que tenha companhia de outras crianças. (Diário de campo, PIC, 5/5/2012)

Nesses enunciados, há uma clara compreensão de que a creche é um espaço de aquisição de bens culturais e de investimento no desenvolvimento integral da criança. É também uma oportunidade para a mãe aumentar sua escolaridade ou trabalhar. Por esse aspecto, em alguns depoimentos, percebe-se que também é sofrido para os responsáveis se separarem dos filhos:

> (...) se eu não fosse trabalhar, ficaria com ela. *Sai quase correndo e sorri um sorriso amarelo*. (Diário de campo, EDI, 13/02/2012)

> *Pai deixa a filha, que começa a chorar. Dá algumas informações para a agente auxiliar e diz à filha:* "Pai tá aqui embaixo". *Quando a porta se fecha, dá um tchauzinho e diz para mim:* "É necessário né?". (Diário de campo, EDI, 5/3/2012)

Outro valor expresso, tanto no EDI quanto no PIC, relaciona-se à confiança nas equipes:

> Pagava uma pessoa para tomar conta do meu filho. Comprava comida e via que ele estava sempre magro. Na creche, ele está bem. Quando ele chega bem em casa, sei que está sendo bem tratado. (Entrevista coletiva, PIC, 24/11/2012)

Com relação ao EDI, há uma valorização do trabalho desenvolvido:

> Mesmo que não trabalhasse, com certeza colocaria meu filho. (Entrevista coletiva, PIC, 31/3/2012)

A mãe de um menino de um ano e quatro meses, recém-matriculado, comenta:

> Por mais que você fica com a preocupação, com o coração apertado, a gente conversa com a diretora e com a professora. Teu filho está firme num lugar. Agora, estou mais tranquila. (Entrevista coletiva, PIC, 31/3/2012).

A confiança dos pais é um atributo que toca em questões associadas à constituição subjetiva do sujeito e traz, em seu bojo, uma série de propriedades, envolvendo as interações interpessoais e a condução dessas relações para caminhos que poderão desencadear ou não mudanças cognitivas, afetivas e sociais.

Tedesco (2004) traz interessantes contribuições, referindo-se a um novo modelo de política educativa, associado à equidade de oportunidades, defendendo a ideia de que há que se levar em conta o desenvolvimento de uma "política da subjetividade" nas ações que pretendam atingir as desigualdades sociais. Embora se refira diretamente à atenção ao educando, é possível fazer uma articulação com as questões aqui tratadas. Dentre as estratégias dessa política educativa, um dos elementos a serem levados em conta é a confiança. No aspecto pessoal, a construção da representação de si mesmo e dos outros é lenta e sólida. Nessa construção, quando as representações são tingidas por estigmas sociais, são duráveis e de difícil modificação (Tedesco 2004, p. 571). Nesse sentido, em contraposição à confiança dispensada pelos responsáveis ao trabalho da equipe no EDI, é possível identificar, nos discursos de gestores e professores, as expressões que demarcam essa questão.

Diante das ponderações de Tedesco, apresentamos mais alguns eventos:

> *As agentes auxiliares de creche começam a conversar:* "Criança desenvolve muito na creche". *A outra responde:* "É, eles parecem uns bichinhos, queriam bater na gente. Agora estão outros". (Diário de campo, EDI, 7/2/2012)

Em observação no EDI, na reunião de pais, ouviu-se de uma mãe o seguinte depoimento:

> *Possui dois filhos de 11 e 13 anos que tomam conta da irmã pequena. Pegam na creche, ficam com ela enquanto a mãe trabalha. Ano que vem a pequena irá para a escola e não sabe como fará se os filhos mais velhos não estudarem no mesmo horário que ela. Tinha uma moça que tomava conta, mas por problema de saúde não pode mais. Sua mãe faz hemodiálise e não pode tomar conta. Sua irmã também trabalha e possui uma filha pequena. Diz ela:* "Hoje minha filha de 13 anos está tomando conta da irmã e da priminha. Eu não queria transferir essa responsabilidade, como aconteceu comigo, mas não tem jeito. Não pode brincar".
> *Essa mãe contou que depois que cresceu, era responsável pela irmã:* "Tinha apenas 15 min. para chegar na escola da minha irmã e, se atrasasse, a diretora dizia que estava brincando e falaria com minha mãe". *Acontecia que ela não conseguia pegar ônibus e tinha que ir a pé:* "Não tive direito de brincar e está se repetindo com meus filhos". (Diário de campo, EDI, 24/11/2012)

Na apreensão desses textos, há desencontros de expectativas no discurso das gestoras, dos responsáveis, das professoras e das auxiliares de creche que tecem a trama das relações e constituem ações no cotidiano das instituições, atingindo diretamente bebês e crianças.

As pesquisas sobre a gestão escolar sinalizam que é preciso erguer uma ponte entre gestão política, administrativa e pedagógica (Setúbal 1997). O depoimento de uma supervisora, relatado na pesquisa "Formação de Profissionais da Educação Infantil no Estado do Rio de Janeiro" (Kramer e Nunes 2007, p. 441), mostra que "a ponte" é considerada necessária, embora ainda não tenha sido alcançada: "Parece que a gente, enquanto secretaria, enquanto órgão central, se distancia muito e fica muito na crítica [ao professor]. E não chega perto, não ouve, não há espaço, reúne todo mundo numa sala, traz um congressista". Outra supervisora adverte que, quando o *elas* torna-se *nós*, a palavra ganha outros sentidos, admite réplicas.

Direito da criança à educação: A perspectiva das crianças

Com o objetivo de compreender a visão das crianças sobre seu direito à educação infantil e sobre a escola, na pesquisa "Educação infantil e direito: O que dizem as crianças" (Tavares 2015), foram ouvidas 24 crianças de cinco e seis anos, da turma Infantil 5 B, numa instituição pública no município de Nova Iguaçu. Trata-se de crianças oriundas de famílias de baixa renda, cujos pais, majoritariamente, são empregados domésticos, pedreiros, trabalhadores informais e do comércio.

Durante as oficinas, algumas crianças apresentaram dificuldades na expressão de suas ideias e opiniões. Ainda que se repetisse a pergunta, dando exemplos para que pudessem entender, algumas pareciam fugir do assunto ou não compreender a questão. Segundo Campos (2008, p. 41), "é preciso saber relacionar as respostas das crianças ao meio ambiente no qual vivem seu cotidiano".

Anita, uma das crianças ouvidas, no cotidiano da turma interagia muito bem com os amigos. Entretanto, quando estava nas oficinas promovidas pela pesquisa, se mantinha introspectiva e não falava muito, mesmo quando solicitada a emitir uma opinião. Costumava "dar de ombros" e sorrir, mas poucas vezes se expressava de forma mais extensiva, era lacônica nas respostas (Tavares 2015). Essa é uma questão apontada por Corsaro (2005, p. 445), que afirma que "os adultos querem iniciar conversas com crianças, mas não se sentem à vontade com as respostas mínimas das crianças e sua tolerância para o que (para os adultos) parecem ser longos silêncios". Como afirma Tavares (2015, p. 93), "nem sempre os silêncios podem ser interpretados como incapacidade para expressarem sua opinião. Talvez seja apenas o tempo necessário para que as crianças reflitam a respeito das indagações e formulem, de fato, sua opinião".

Da mesma forma ocorreu com Itamar, quando indagado sobre o que seria brinquedo de menino:

> Pesquisador: Você brinca de quê?
> Itamar: De brinquedo de homem e de desenhar.
> Pesquisador: O que é brinquedo de homem?

Itamar: É boneco e carrinho de boneco.
Pesquisador: E o que seria brinquedo de menina?
Itamar: Quem brinca com negócio de menina.
Pesquisador: Mas o que é negócio de menina?
Itamar: Negócio de menina.
(Tavares 2015, p. 75)

Esses eventos evidenciam os pressupostos da sociologia da infância acerca das crianças e de suas infâncias, pois cada criança tem sua história de vida e contextos que implicarão o modo como vive e se relaciona com o mundo. Assim, como sujeitos "independentes e interdependentes" dos adultos, elas recebem e recriam, transformando as informações e vivências: "As crianças já são uma parte integrante da sociedade desde o seu nascimento, assim como a infância é parte integrante da sociedade" (Corsaro 2011, p. 16). Ademais, as crianças são agentes ativos, que constroem suas próprias culturas e contribuem para a produção do mundo adulto.

Cruz (*apud* Tavares 2015) foi pioneira nos estudos inseridos no âmbito da educação infantil que evidenciam a necessidade de reconhecer a competência dos discursos infantis e a urgência de ouvi-los. Afirma "as ideias de criança como pessoa completa, competente, curiosa e criativa, com direito a ser ouvida e atendida nas suas necessidades específicas" (*ibidem*, p. 7). A concepção da criança como incapaz de oferecer informações também é criticada por Sousa (*apud* Tavares 2015, p. 177), que pondera a força do rigor acadêmico como disfarce de muitos questionamentos: "A criança é um sujeito confiável? Como acessar o seu discurso? O que ela 'fala' tem importância?". Na realidade, tais discursos expressam a condição subalterna a que a infância tem sido submetida.

Vale registrar o que afirma Corsaro a respeito da marginalização e da subalternalização da criança na sociedade, vista como alguém que "virá a ser" e não "que é". Segundo o autor, "é comum que os adultos vejam as crianças de forma prospectiva, ou seja, raramente as crianças são vistas de uma forma que contemple o que são – crianças com vidas em andamento, necessidades e desejos" (Corsaro 2011, p. 18).

Por fim...

O impulso que me levou a essa releitura foi a compreensão de que os sentidos dados à educação infantil são fruto de um tempo histórico e que desarticular a tríade *marcos regulatórios*, *política de expansão* e *condições para o atendimento à criança* torna a experiência atrofiada e a narrativa vazia de significados.

Calvino traz à tona a importância da palavra "boa", aquela que abre a narrativa para múltiplos sentidos e interpretações, vivos de história e de experiência, que permitem o perfilar do tempo.

A atrofia da narrativa e da experiência, pela impossibilidade de lembrar e contar o entrecruzamento da história, na busca do futuro, aliena o sujeito da sua capacidade de se perceber como produtor de história. Por isso, me reconheço parte dessa história junto com os integrantes do grupo de pesquisa que me desafiam a ser pertencente e fazedora da história narrada da educação infantil, que brota e se enraíza numa extensa coletividade. Espero ter seguido o conselho e que novas interpretações e formulações para as crianças sejam concretizadas.

Referências bibliográficas

ABRAMOWICZ, A. e VANDENBROECK, M. (orgs.) (2013). *Educação infantil e diferença*. Campinas: Papirus.

AMORIM, M. (2001). *O pesquisador e seu outro: Bakhtin nas ciências humanas*. São Paulo: Musa.

BAKHTIN, M. (2010). *Estética da criação verbal*. São Paulo: Martins Fontes.

BENJAMIN, W. (1994). *Obras escolhidas I*. São Paulo: Brasiliense.

________ (1995). *Obras escolhidas II*. São Paulo: Brasiliense.

BOBBIO, N. (1992). *Estado, governo, sociedade: Por uma teoria geral da política*. São Paulo: Paz e Terra.

BORBA, A.M. (2012). "A brincadeira como experiência de cultura". *In*: CORSINO, P. (org.). *Educação infantil: Cotidiano e políticas*. Campinas: Autores Associados, pp. 65-74.

BRASIL (2007). Lei n. 11.494 de 20 de junho de 2007. Regulamenta o Fundo de Manutenção e Desenvolvimento da Educação Básica e de Valorização dos Profissionais da Educação (Fundeb). Brasília: Presidência da República.

_______ (2009). Resolução n. 5, de 17 de dezembro de 2009, do Conselho Nacional de Educação. Fixa as Diretrizes Curriculares Nacionais para a Educação Infantil. Brasília: Diário Oficial da União.

_______ (2010). Decreto n. 7.084/2010 de 27 de janeiro de 2010. Dispõe sobre os programas de material didático e dá outras providências. Brasília: Diário Oficial da União.

_______ (2011). Programa Nacional de Reestruturação e Aparelhagem da Rede Escolar Pública de Educação Infantil (Proinfância). Brasília: MEC. [Disponível na internet: http://portal.mec.gov.br/index.php/?option=com_content&view=article&id=12317, acesso em 18/7/2017.]

_______ (2013). Lei n. 12.801, de 24 de abril de 2013. Pacto Nacional pela Alfabetização na Idade Certa (PNAIC). Brasília: Presidência da República.

_______ (s.d). Fundo Nacional de Desenvolvimento da Educação. Sistema Integrado de Monitoramento, Execução e Controle – Simec: Módulo Obras 2.0. Banco de Dados Eletrônico. Brasília. [Disponível na internet: http://simec.mec.gov.br/painelObras, acesso em 17/3/18.]

CALVINO, I. (1994). *As cidades invisíveis*. São Paulo: Companhia da Letras.

CAMPOS, M.M. (2008). "Por que é importante ouvir a criança? A participação das crianças pequenas na pesquisa científica". *In:* CRUZ, S.H.V. (org.). *A criança fala: A escuta de crianças em pesquisas.* São Paulo: Cortez, pp. 35-42.

CORSARO, W. (2005). "A entrada no campo, aceitação e natureza da participação nos estudos etnográficos com crianças pequenas". *Educ. Soc.*, v. 26, n. 91. Campinas, pp. 443-464.

_______ (2011). *Sociologia da infância*. 2ª ed. Porto Alegre: Artmed.

CORSINO, P.; GUIMARÃES, D. de O. e SOUZA, M.P. de C. (2010). "Programa de Formação Inicial para Professores em Exercício na Educação Infantil/Proinfantil: Um panorama". *Salto para o Futuro*, ano XX, boletim 20, dez. Brasília: MEC.

DEBORTOLI, J.A. (2005). "Educação infantil e conhecimento escolar". *In*: CARVALHO, A. *et al.* (orgs.). *Brincar(es)*. Belo Horizonte: Ed. UFMG; Pró-Reitoria de Extensão/UFMG, pp. 65-80.

GOMES, R.M. (2014). "O lugar da família na creche: Os desafios na institucionalização da infância". Dissertação de mestrado em Educação. Rio de Janeiro: Unirio.

KRAMER, S. e NUNES, M.F. (2007). "Gestão pública, formação e identidade de profissionais de educação infantil". *Cadernos de Pesquisa*, v. 37, n. 131, maio-ago., pp. 423-454.

NUNES, M.F. e GOMES, R.M. (2014). "Family and school: Challenges for the creation of a new way of looking at work with early childhood in the education network of the city of Rio de Janeiro". *Psychology*, v. 5. Irvine, pp. 1.446-1.453.

PORTO, C.L. (2008). "O brinquedo como objeto de cultura". *Salto para o Futuro: Jogos e Brincadeiras – Desafios e Descobertas*, ano XVIII, boletim 7, maio. Brasília: MEC.

RICCI, A.N. (2016). "Crianças, fotografias e práticas: O que dizem os espaços físicos da educação infantil". Dissertação de mestrado em Educação. Rio de Janeiro: Unirio.

SETÚBAL, M.A. (1997). "Escola como local de encontro entre políticas nacionais e locais". *Cadernos de Pesquisa*, n. 102, nov. São Paulo, pp. 121-136.

TAVARES, L.H. de J. (2015). "Educação infantil e direito: O que dizem as crianças". Dissertação de mestrado em Educação. Rio de Janeiro: Unirio.

TEDESCO, J.C. (2004). "Igualdad de oportunidades y política educativa". *Cadernos de Pesquisa*, v. 34, n. 123, set.-dez. São Paulo, pp. 555-572.

4
APRENDER A SER: O ENCONTRO DO *EU PESQUISADOR* E DO *EU PROFESSOR* NA PESQUISA COM HISTÓRIAS DE VIDA

Alexandra Pena
Amanda Izaias da Silva
Pedro Lontra
Rafaela Trugilho

Ser significa ser para o outro e, por meio do outro, para si próprio.
Bakhtin (2003, p. 341)

Tornar-se pesquisador requer o outro

Contar o percurso de formação como pesquisadores passa pela narrativa das histórias de vida dos nossos sujeitos de pesquisa. Atravessadas, uma narrativa se torna condição de existência da outra: se somos hoje pesquisadores em formação, é porque há sujeitos que generosamente compartilham suas histórias de vida conosco, despertam nossa escuta sensível, mobilizam com novas reflexões e convocam a constantemente aprender e ressignificar nossa condição de pesquisadores/as e professores/as em formação.

Fazer pesquisa com a metodologia de histórias de vida requer atenção e escuta sensível do pesquisador, visando "(...) produzir um conhecimento que se situe na encruzilhada de vários saberes, quer dizer, um conhecimento compartilhado dialogicamente que requer, sobretudo, uma compreensão da narrativa como espaço de produção da linguagem entre entrevistador e entrevistado" (Jobim e Souza e Kramer 2008, p. 20). Conhecimento esse que, portanto, se dá através da *relação entre pesquisador e sujeito pesquisado.*

Essa relação, no entanto, sobretudo no caso do pesquisador em formação – bolsistas e voluntários do Programa Institucional de Bolsas de Iniciação Científica (Pibic) –, é marcada por aprendizados e desconhecimentos, algumas vezes por parte do pesquisador, outras por parte dos sujeitos pesquisados, e outras ainda pelas instituições que recebem a pesquisa. No contexto da pesquisa em ciências humanas, em que sujeitos e contextos são vivos e dinâmicos, todos nos tornamos *educandos* na arte de fazer pesquisa, tarefa fundamental também para o professor.

O presente capítulo busca socializar algumas das dúvidas que podem surgir – e surgiram entre nós – entre pesquisadores de primeira ou de muitas viagens. Angústias sobre como agir, qual é o nosso papel, como pesquisar nos assaltaram e seguem nos assaltando no contato com o campo. Compartilhamos aqui não só as dúvidas que surgiram da prática, mas também as sugestões que encontramos na reflexão com o grupo de pesquisa Infância, Formação e Cultura (Infoc), por meio da extensa e rica teoria produzida sobre a pesquisa em ciências humanas com base nas histórias de vida.

Apresentamos, no primeiro momento, nossa relação com os sujeitos de pesquisa. Em seguida, tratamos das perguntas que surgiram no campo. Por fim, encerramos com a reflexão sobre como a formação em pesquisa influencia nossa formação docente.

Tornar-se pesquisador requer fazer pesquisa

A pesquisa a que fazemos referência ao longo do capítulo se intitula "Linguagem e rememoração: Crianças, famílias, professores/as e suas histórias", projeto atual do grupo de pesquisa Infoc da Pontifícia Universidade Católica do Rio de Janeiro (PUC-Rio), iniciado em 2016 com apoio do Conselho Nacional de Desenvolvimento Científico e Tecnológico (CNPq) e da Fundação de Amparo à Pesquisa do Estado do Rio de Janeiro (Faperj).

Nesse projeto, o grupo retoma a metodologia das *histórias de vida*. Dessa forma, valoriza-se a escuta sensível das narrativas dos sujeitos entrevistados, colocando a linguagem no centro do processo metodológico como fenômeno social (Kramer 2016) e tomando-a como o indicador mais sensível de todas as transformações sociais (Bakhtin 2003), buscando, assim, compreender a relação recíproca entre indivíduo e contexto social (Jobim e Souza e Kramer 2008).

A opção metodológica pelas histórias de vida se alinha aos autores de referência do grupo: a narrativa evoca a centralidade da linguagem (Benjamin 1994) e a palavra se torna mediadora do processo dialético entre o individual e o social (Bakhtin 2003). É fundamental que o encontro pesquisador-sujeito, que provoca essa narrativa, tenha como elemento-chave a capacidade "de 'escutar' o outro, de estabelecer um 'diálogo autêntico'" (Buber 2009), pois, de acordo com o autor,

> não existem somente grandes esferas da vida dialógica que na sua aparência não são diálogo, mas existe também o diálogo que não é diálogo enquanto forma de vida, isto é, que tem aparência de um diálogo, mas não a sua essência. Aliás, parece, às vezes, que esta última espécie é a única que existe. (*Ibidem*, p. 53)

Assim, a história narrada deve ser escutada com cuidado para que seja percebida de forma autêntica, ou seja, de maneira dialética e dialógica. Nesse aspecto, é possível aproximar Buber, Bakhtin e

Benjamin como marcos teóricos de importante auxílio para a tarefa do pesquisador que trabalha com histórias de vida. O *encontro* entre pesquisador e pesquisado do ponto de vista buberiano é o que permite uma escuta autêntica, complementada pela concepção de linguagem de Bakhtin e pela contribuição da análise das narrativas de Benjamin, formando um arcabouço filosófico que permite a reflexão necessária para a formação e a aprendizagem do pesquisador, além de orientar na busca do objeto de estudo.

Pelas histórias de vida, buscamos encontrar as marcas do cuidar e ser cuidado nas falas de professores, crianças e famílias, indicadas nas relações entre crianças e adultos. Essas marcas são evidenciadas em relatos de presença e ausência de cuidado na vida desses adultos que lidam diariamente com crianças em creches, pré-escolas e escolas de ensino fundamental e educação infantil. Pensar o cuidado na educação é uma questão de grande relevância, pois a tarefa de educar é também uma tarefa de cuidar. Cuidado que nos informa, forma e reforma. Cuidado que nos provoca e humaniza. É possível educar sem cuidar? Existe uma forma certa de cuidar? Uma espécie de cuidado autêntico? Se existe, como chegar até ele? Como provocar essas narrativas? E qual é mesmo o papel do pesquisador?

Essas questões seguem nos inquietando e não temos respostas para todas elas. Porém é o cuidado que as interliga, cuidado que é capaz de nos humanizar e nos formar.

A trajetória da pesquisa em si já é pautada pelo cuidado, ou seja, pelo olhar para o outro em sua incompletude, uma vez que cuidando do outro estamos cuidando de nós mesmos. Desde as primeiras etapas, fomos convidados a ter uma postura cuidadosa entre nós e com nossos sujeitos de pesquisa, postura essa que também é assumidamente ética.

Entendemos que cuidar e ser cuidado faz parte da ética que nos constitui como pessoas que se relacionam, que dialogam com o outro. Assim, pela relação e pelo diálogo, a pesquisa se fez e diversos questionamentos surgiram. O tópico a seguir se dedica a trazer alguns deles para a discussão.

Tornar-se pesquisador suscita questionamentos

Como provocar a narrativa do outro?

O campo de pesquisa sempre traz novidades, para as quais, às vezes, parece não haver resposta imediata. Uma das primeiras provocações surgiu durante o contato com as crianças no pátio de uma das instituições pesquisadas – ou, como dizia a diretora da escola, durante o "papo de parquinho". Interpelada por elas com diferentes questões – "O Luís e a Carol[1] namoram"; "Na minha barriga tem o 'Samuel'"; "Ano que vem minha mãe vai comprar um caderno para eu escrever as letras, as vogais"; "Meu nome é Diana, com A de Diana" –, a inquietação que surgia era sobre como poderíamos direcionar nossas conversas para pensarmos sobre o cuidado, que perguntas fazer às crianças, que respostas lhes dar. Acreditamos, contudo, que os momentos informais de conversa, mesmo no contexto da pesquisa, prescindem de um direcionamento; na verdade, talvez o mais cuidadoso nesse momento – uma vez que o cuidado não é para nós somente objeto da pesquisa, mas também está presente no ato de pesquisar – seja acolher tais questões da forma como se dão, com naturalidade, pelo diálogo. Trata-se de tomar conhecimento íntimo, isto é, requer uma postura receptiva, um aceitar, um ver o outro não como um objeto; é uma tomada de conhecimento profundo, que pode ser algo sobre mim ou sobre o outro, dito em uma linguagem real e concreta (Buber 2009).

Vivemos ainda um desafio ético como pessoas, professores e pesquisadores, pois na pesquisa estamos lidando com crianças e adultos, pessoas que carregam consigo suas histórias de vida. Nesse sentido, é importante pensarmos a respeito do que consideramos como dado de pesquisa, o que fazemos com esses dados e como agimos diante de situações que desafiam nosso agir ético em relação às pessoas e à própria pesquisa. Na pesquisa com adultos, por exemplo, conversas informais não são consideradas por nós como dados de pesquisa, mas

1. Os nomes citados neste capítulo são fictícios.

somente aquelas em que o sujeito tem consciência de que está sendo observado/gravado.

O agir ético deve sempre embasar nossa atuação, e, também nessa dimensão da pesquisa, contamos com o apoio de nosso referencial teórico. Para Buber (2004), é preciso que esse agir ético ultrapasse nosso discurso e possa ser observado em nossas ações.

> "Em que se baseia tua visão de mundo?" quer dizer: com que amplitude e com que densidade de experiência pessoal, de saber vital em torno das coisas e em torno da própria pessoa (...). "O que fazes com a tua visão de mundo" quer dizer: se não somente defende e faz prevalecer sua visão de mundo, ou se também a vive e experimenta segundo pode em qualquer momento... A verdade de uma visão de mundo não se prova nas nuvens, mas na vida vivida: verdadeiro é o que se testemunha. (*Ibidem*, p. 36)

Anotar ou não anotar: Eis a questão

Este tópico, especialmente, diz respeito a uma grande dificuldade para o iniciante na pesquisa, pois o caderno de campo é um grande aliado do pesquisador: é onde ele escreve suas observações, angústias, surpresas; é como um diário, porém o que nos aflige é não sabermos o momento certo de deixar o caderno de lado para vivenciar o encontro com as pessoas à nossa volta e como anotar o que precisa ser anotado.

Buscando um caminho para solucionar essa dúvida, foram definidas algumas possibilidades com o grupo de pesquisa: as anotações deveriam ser feitas após a observação, logo que o pesquisador deixasse o campo, para não se esquecer das informações mais preciosas. Assim, estaríamos livres durante a observação para estar de fato com os sujeitos, atentos e presentes e, em seguida, registrarmos o que tiver sido mais significativo ao longo da observação. Como sugere Buber (2009, p. 41),

> ele se coloca numa posição que lhe permite ver o objeto livremente e espera despreocupado aquilo que a ele se apresentará. Só no início

> pode ser governado pela intenção, tudo que se segue é involuntário. Ele não anota indiscriminadamente e se esquecer de anotar é bom. Confia no trabalho orgânico que conserva o que merece ser conservado. Não dá atenção a traços (...). O interessante (...) não é importante. Todos os grandes artistas eram contempladores.

Além disso, acordamos que os fatos viriam separados das nossas opiniões: em uma folha, registramos a situação observada; em outra, nossa impressão sobre ela. Assim, não deixamos de captar também a nossa leitura do cuidado ou do descuido no que observamos, uma vez que a objetividade da pesquisa não é atravessada pela neutralidade do pesquisador, mas por sua tomada de posição ética.

Pesquisador: Professor, amigo, estagiário?

É importante estar sempre atento ao papel ético do pesquisador, que não é professor nem aluno e não deve atuar em nenhum desses papéis no campo de pesquisa. Mais do que um apontamento teórico, o papel do pesquisador nos foi objeto de questionamento durante a prática de observação. Saber como estar presente sem causar a ruptura das atividades desenvolvidas na turma (roda, brincadeiras, leituras) e sem assumir o papel do professor foi uma das questões levadas ao grupo para discutir e encontrar caminhos possíveis.

Após a observação em uma das instituições, sentada na recepção da escola e escrevendo em seu diário de pesquisa, uma das bolsistas de iniciação científica foi interpelada pela diretora, que tinha uma tesoura na mão e folhas de papel ofício impressas com desenhos de pombas. A diretora fez a seguinte proposta: "Você poderia cortar essas pombas para mim?". Sem saber como reagir, a pesquisadora em formação pondera: "Posso, até a hora que a outra pesquisadora voltar!" (Caderno de campo, maio/2017).

Esse relato evidencia uma incompreensão quanto à pesquisa na escola. Nem sempre os profissionais da instituição conhecem os objetivos da pesquisa, achando que o pesquisador está ali para apontar erros, vigiar. É um paradigma que a pesquisa tem de quebrar, pois só é possível chegar às narrativas pelo estabelecimento de laços de confiança entre pesquisador e pesquisado.

Por outro lado, às vezes a confiança é tão prontamente estabelecida que o pesquisador passa a ser identificado como amigo pelos sujeitos – fala recorrente entre as crianças. Esta é outra questão: como se distanciar como pesquisador? Podemos ou não ser amigos?

Sobre essa mesma pesquisa, Barbosa, Pena e Salutto (2016, p. 1) dizem:

> Da entrada no campo ao desenrolar das observações, há questões para se pensar a etnografia e a pesquisa como movimento de se compreender e interpretar o que está sendo significado pelas crianças. O lugar da pesquisa, as atribuições dadas à pesquisadora, tanto pelas crianças quanto pelos adultos, foi algo que se evidenciou no campo.

Esse relato evidencia o lugar do pesquisador e dos indivíduos na pesquisa, a sintonia ou não que vai existir entre as pessoas, a maneira como se veem, os lugares que lhes são atribuídos e os cuidados que devem ser tomados para que haja um diálogo respeitoso entre ambos. Exercitar um papel ético na pesquisa é proporcionar a abertura e o encontro com esses sujeitos, por meio do diálogo autêntico que se dá pela escuta do outro e do estabelecimento de uma relação de confiança e acolhimento.

Tornar-se pesquisador e tornar-se professor

> *Ensinar exige pesquisa. Não há ensino sem pesquisa e pesquisa sem ensino. Esses que-fazeres se encontram um no corpo do outro. Enquanto ensino continuo buscando, reprocurando. Ensino porque busco, porque indaguei, porque indago e me indago. Pesquiso para constatar, constatando, intervenho, intervindo educo e me educo. Pesquiso para conhecer o que ainda não conheço e comunicar ou anunciar a novidade.*
>
> Freire (1996, p. 14)

O campo de pesquisa tem se mostrado bastante rico em diversos aspectos. Uma das discussões do grupo sobre a natureza do cuidado foi desencadeada justamente pela fala de uma professora que, ao ser informada sobre o objetivo da pesquisa, declarou que não poderia ser uma das entrevistadas, pois ela era "da autonomia, não do cuidado". Seriam essas relações excludentes, ou promover a autonomia dos alunos também deve ser visto como uma forma de cuidar? A dimensão do cuidar de si/do outro está em todos os lugares; é preciso saber direcionar nosso olhar para captá-la, para perceber de que forma se demonstra em determinado contexto.

Tem sido muito significativo para nós, bolsistas e voluntários na iniciação científica, podermos nos projetar como futuros professores tendo contato com exemplos de profissionais que, em sua prática docente, demonstram tanto respeito e consideração pelas crianças. Vemos práticas que queremos incorporar às nossas no futuro, como escutar a voz das crianças, valorizar as relações de cuidado entre elas, reconhecer o espaço importante da brincadeira nessa relação etc.

Este capítulo nasce de algumas inquietações que surgiram durante as nossas observações nas escolas que compõem a pesquisa, ainda em andamento. Mais do que inquietações, são reflexões surgidas no campo, feitas por pesquisadores que estão se iniciando no fazer pesquisa, e assim conhecendo um novo modo de ser professor. As experiências que tivemos, as atitudes de professores que observamos ajudam a construir o nosso *Eu pesquisador* e o nosso *Eu professor*, pois entendemos que ser professor é ser pesquisador, ou seja: a inquietação, a curiosidade, a busca, tão presentes no ato de pesquisar, atravessam também nossa formação docente.

O encontro entre essas duas dimensões se faz necessariamente no encontro com os sujeitos de pesquisa. *Encontro* que, para Buber (2011), é o reconhecimento do outro em toda a sua alteridade, do mesmo modo que reconhece a si mesmo. A partir desse reconhecimento mútuo, de si e do outro, se estabelece uma relação essencial que penetra o outro, quebrando sua solidão em um encontro rigoroso e transformador (*ibidem*).

Encontro é estar em "recíproca presença" (*ibidem*, p. 151); não é uma experiência, mas uma relação que se realiza no *entre,* e só nele.

A possibilidade de "encontrar" o outro por meio de nossas inquietações parece imprescindível para nossa formação docente e humana, tendo em vista que, antes de sermos professores e pesquisadores, somos pessoas e trazemos também nossas histórias de vida. Não somos neutros, e, exatamente por isso, precisamos ser éticos em nosso campo de pesquisa e de trabalho.

Referências bibliográficas

BAKHTIN, M. (2003). *Estética da criação verbal.* São Paulo: Martins Fontes.

BARBOSA, S.N.F.; PENA, A. e SALUTTO, N. (2016). "Autorização e autoria: Ética e sensibilidade na escolha no campo". Trabalho apresentado no 5º Seminário de Grupos de Pesquisa sobre Crianças e Infâncias/Grupeci, Florianópolis.

BENJAMIN, W. (1994). *Obras escolhidas I.* São Paulo: Brasiliense.

BUBER, M. (2004). *El camino del ser humano y otros escritos.* Salamanca: Kadmos.

_______ (2009). *Do diálogo e do dialógico.* São Paulo: Perspectiva.

_______ (2011). *Qué es el hombre?*. México: FCE.

FREIRE, P. (1996). *Pedagogia da autonomia: Saberes necessários à prática educativa.* São Paulo: Paz e Terra.

JOBIM E SOUZA, S. e KRAMER, S. (orgs.) (2008). *História de professores: Leitura, escrita e pesquisa em educação*. São Paulo: Ática.

KRAMER, S. (2016). "Linguagem e rememoração: Crianças, famílias, professores/as e suas histórias". Projeto de pesquisa, PUC-Rio.

5
DES/ACERTOS, SILÊNCIOS E CONFLITOS ÉTICOS: O QUE VOCÊ FAZ COM OS RESULTADOS DA SUA PESQUISA?[1]

Sonia Kramer

> *"Em que se baseia tua visão de mundo?" quer dizer: com que amplitude e com que densidade de experiência pessoal, de saber vital em torno das coisas e em torno da própria pessoa (...) "O que fazes com a tua visão de mundo" quer dizer: se não somente defende e faz prevalecer sua visão de mundo, ou se também a vive e experimenta segundo pode em qualquer momento... A verdade de uma visão de mundo não se prova nas nuvens, mas na vida vivida: verdadeiro é o que se testemunha.*
>
> Martin Buber (2004, p. 36; trad. nossa)

É do filósofo Martin Buber (2004, p. 32) a pergunta que origina o título deste texto: "O que fazes com a tua visão de mundo?". Escuto na pergunta: o que você faz com o seu conhecimento? Que resposta ética – e, portanto, responsável – você dá ao mundo e às outras pessoas?

1. Texto apresentado no 5º Seminário Grupeci, em Florianópolis (Kramer 2016).

O debate sobre questões éticas – na pesquisa em geral e na pesquisa com crianças em particular – é cada vez mais presente e acirrado no cenário acadêmico contemporâneo, motivado por inúmeras razões. De um lado, são aspectos relativos à investigação na área médica e os decorrentes e conflitantes interesses do ponto de vista religioso, político e econômico. Descobertas no campo da genética, formas alternativas de reprodução *in vitro* e cirurgias de mudanças de sexo evocam posições e imposições díspares, mesmo em países – como o Brasil – onde é clara constitucionalmente a separação entre Igreja e Estado.

De outro lado, emergem no debate interesses de organizações e instituições que, situadas em instâncias administrativas públicas ou privadas, têm (ou gostariam de ter) maior ou menor visibilidade e transparência no que se refere a suas práticas, de acordo com seu maior ou menor compromisso e responsabilidade com o conjunto da sociedade. É nesse segundo caso que se situam a pesquisa nas áreas humanas e sociais e os projetos de educação voltados a crianças e adultos que com elas atuam em diversos contextos. Aqui se coloca a questão da ética e da diversidade na pesquisa educacional com crianças e infâncias, seus limites e possibilidades.

Para refletir sobre o tema, o texto está organizado em dois tempos. O primeiro trata de autoria e autorização, entre outras velhas e novas questões éticas da pesquisa com crianças. O segundo fala de conflitos entre instituições e pesquisadores ao entrar em campo e ao sair. Diante de práticas exigidas pelas instituições relativas à "ética", o texto indaga: afinal, onde estamos? O que estamos fazendo com nosso conhecimento? O que fazemos com os resultados das nossas pesquisas? As reflexões circulam ora entre a ética do pesquisador e os obstáculos das instituições, ora entre demandas e necessidades das instituições e limites do pesquisador.

Autoria e autorização? Autorização sem autoria? Velhas questões, novos problemas

> *Como a comunidade é a matriz dos valores (ethos em grego e mores em latim significam costumes), quer dizer, normas de conduta estabelecidas pela coletividade, os indivíduos*

que negam o vínculo que os liga à comunidade são, de fato, pessoas que renegam a ética.
Leandro Konder (2002, p. 226)

Manter relações de acolhimento e confiança entre pesquisadores e pesquisados exige *teoria* e *sensibilidade*. Essa concepção orienta os projetos do grupo de pesquisa sobre Infância, Formação e Cultura (Infoc), que tenho coordenado desde o final dos anos 1980, baseados em Walter Benjamin, Mikhail Bakhtin e Lev Vygostky e – nos últimos anos – em Martin Buber, seus conceitos de diálogo, presença e resposta responsável. Para os autores, são três as esferas da dimensão humana: cognitiva (o conhecimento); artística ou estética (a arte); ética (o agir). Essa visão de homem, de mundo e de sociedade fornece a base para pensar a ética da pesquisa nas ciências humanas e sociais e seu compromisso pessoal, social e político.

Superar qualquer suposta neutralidade, redefinir critérios de cientificidade e de rigor científico, manter o compromisso com o outro e com a produção de conhecimento são o estofo dessa abordagem que valoriza a diversidade, o outro, o encontro, a partilha.

Essa abordagem vem sendo delineada, entre outros, por Amorim, Jobim e Souza, Freitas, parceiras no estudo de Benjamin, Bakhtin e Vygotsky – nós quatro influenciadas pelas aulas, pelas obras e pela presença de Leandro Konder e Hilton Japiassu. Com eles aprendemos que – nas ciências humanas – o objeto é sempre um sujeito que fala.[2]

Nessa direção, em um texto escrito no final dos anos 1990, analisei questões éticas da pesquisa com crianças de diversas idades, grupos e contextos (Kramer 2002). Com base na concepção de infância como categoria social e das crianças como atores sociais, sujeitos da história e da cultura, três dilemas presentes na prática da pesquisa com crianças foram então discutidos: nomes verdadeiros ou fictícios de crianças observadas ou entrevistadas; autorização do uso de imagens em

---

2. Ver, entre outros: Japiassu (1991); Konder (2002); Amorim (2002); Freitas, Souza e Kramer (2003); Jobim e Souza (1994) e Kramer (2007).

fotografias, vídeos ou filmes; implicações e impacto social de resultados de trabalhos científicos. O texto indagava: como contribuir e devolver os resultados, evitando que crianças e jovens sofressem com repercussões desse retorno em instituições educacionais que frequentavam e eram estudadas nas pesquisas? Essas questões continuam na ordem do dia e – o que parece mais grave – passaram a ordenar os dias, o cotidiano, o fazer das pesquisas.

Mais tarde, outros textos sobre questões éticas foram elaborados, no grupo de pesquisa Infoc, focalizando aspectos teóricos e metodológicos, com base em Bakhtin, contribuições de Vygotsky para a pesquisa com crianças e impasses vividos por pesquisadores diante de formas rudes de falar e agir dos professores para as crianças,[3] beneficiando-se de estudos, artigos e trabalhos acadêmicos que se ocuparam, em âmbito nacional e internacional, ao longo dessas décadas, de questões éticas na pesquisa com crianças. Um breve levantamento permite conhecer o que dizem.

Muitos trabalhos referenciados na sociologia da infância[4] discutem os desafios da ética na pesquisa com crianças e refletem sobre metodologias investigativas com as crianças e suas culturas, e propõem estudos com vozes das crianças por elas próprias; apresentam a etnografia das infâncias como possibilidade de aceitação dos adultos nos grupos infantis para a compreensão de suas culturas de pares; e como base teórica para outros modos de fazer pesquisa que articulem ciência e estética, razão e emoção, fantasia e realidade.

Pesquisadores da área da saúde têm se debruçado também sobre essas questões. Assim, Kipper (2016) discute a ética na pesquisa com crianças e adolescentes, em estudo voltado a normas e diretrizes diante do dilema: defender a proteção especial de crianças e adolescentes *ou* não excluí-los de benefícios oferecidos pelos avanços em ciência e tecnologia. Também Sigaud (2009) analisa aspectos éticos e estratégias para a

3. Ver: Silva, Barbosa e Kramer (2008); Kramer (2009); Kramer e Santos (2011).
4. Ver: Corsaro (2005); Sirota (2006); Sarmento (2005); Ferreira (2010); Cruz (2008); Quinteiro (2002) e Delgado e Muller (2005).

participação voluntária da criança em pesquisas de saúde. Gaiva (2009) revisa a conceituação teórica e a regulamentação em pesquisa na área da saúde com foco na criança e nos cuidados que pesquisadores devem ter para construir um olhar ético. Dada a vulnerabilidade biopsicossocial das crianças, a pesquisa evoca, diz o autor, questões éticas próprias que devem ser respeitadas.

Estudos recentes nas ciências humanas e sociais analisam formas de participação infantil. Agostinho (2008) ancora-se no paradigma da infância que compreende as crianças como atores sociais sujeitos de direitos e a instituição educativa como espaço de contraposição à exclusão social. Francischini e Fernandes (2016) discutem a visibilidade que resulta das imagens da infância, construídas sócio-historicamente, do reconhecimento das crianças como atores sociais e propõem cuidados éticos, considerando a criança como sujeito de direitos.

Dornelles e Fernandes (2015) apontam nuances luso-brasileiras éticas e metodológicas, com ênfase na visibilidade na pesquisa com crianças, em discursos acadêmicos e em práticas sociais, e pensam como concretizar uma ética viável e significativa para as crianças, nas pesquisas no Brasil e em Portugal. Para as autoras, ouvir as crianças sobre seus modos de vida é um elemento inovador, que respeita sua imagem como sujeito ativo de direitos. Em outro texto, Fernandes (2016) traz o estado da arte e os desafios a serem enfrentados para construir uma ética viável na pesquisa. Para a autora, é indispensável considerar questões de poder entre adultos e crianças, hierarquias protocolares e a maneira como contribuem para a invisibilidade das crianças na pesquisa.

Com base em Foucault, Marcello (2015) indaga como pensar numa ética da verdade sobre a infância como movimento inseparável da construção de uma verdade como ética e propõe duas discussões: infância-esquecimento, como outra forma de pensar o tempo da infância; infância-viagem, como outra forma de pensar o espaço da infância.

Ferreira (2010) defende a etnografia como metodologia útil para ouvir as vozes das crianças na produção de dados sociológicos e reflete sobre questões epistemológicas, teóricas, metodológicas e éticas. Sua abordagem do princípio teórico e ético de obter consentimento informado em sua prática com crianças pequenas visa discutir tensões e limites entre aquela noção e a de assentimento, durante a observação participante. A análise de configurações que o assentimento e as recusas das crianças podem assumir ao longo da pesquisa evidencia o processo contingente, heterogêneo e dependente da relação social da pesquisa que vai sendo construída, tal como das interpretações que as crianças tecem sobre a pessoa que pesquisa.

Também Barbosa (2014) problematiza a ética na pesquisa com crianças. Ressalta como, no Brasil, todas as pesquisas com crianças precisam de aprovação prévia dos comitês de ética, e encontram problemas para serem aprovadas, pois envolvem a legislação em três aspectos: conceito de criança vulnerável; o método etnográfico (há exigências de metodologia definida antes da entrada em campo); restrições a captar e divulgar imagens de produtos feitos pelas crianças. A autora propõe a discussão dessas tensões para ser construída uma ética não só de pesquisas *nas* ou *sobre* as crianças, mas *com* e *para* as crianças, que possa proteger e afirmar sua capacidade como sujeitos de direito. E Pereira (2015) discute nossa responsividade na pesquisa com crianças e o conhecimento interdisciplinar que delimita o campo dos estudos da infância. Indaga: que especificidades a pesquisa com crianças instaura na ampla tarefa da ciência? Que contornos o debate sobre a ética adquire quando circunscrito ao campo interdisciplinar de estudos da infância?

Esses trabalhos, estudos teóricos e a trajetória de diversos grupos e projetos têm contribuído para apontar questões éticas na prática da pesquisa. Da minha parte, e com o benefício do diálogo, em especial com Corsino, Jobim e Souza, Santos, Nunes, Rocha, com teses e dissertações do grupo de pesquisa Infoc, tem sido possível sugerir cuidados metodológicos e éticos como requisitos para a prática de pesquisa em que as crianças sejam vistas, ouvidas e entendidas como sujeitos, atores, pessoas.

Esses requisitos se referem ao que precisamos compreender, conhecer, ver e escutar. Explicitam a relevância de entender a pesquisa com crianças como processo sensível de criação, ação humana interativa entre crianças e adultos e enfrentar barreiras que impedem por vezes a aceitação do pesquisador pelas crianças. Ao mesmo tempo, destacam a necessidade de conhecer as crianças e seus contextos, indagar sobre quem são, como vivem, como se dá sua educação, que significados e valores são atribuídos à infância e às crianças no contexto investigado, sobre a visão de mundo e de educação das famílias e instituições que frequentam; identificar experiências, sentimentos, valores, saberes, conceitos e preconceitos.[5]

Ressaltam ainda que é essencial observar, ver e ouvir as produções infantis, a narração das histórias e a criação literária; pintura e desenhos; dramatização e expressão musical; jogos e brincadeiras. Ações e produções infantis são material de pesquisa a ser inventariado, registrado, fotografado. É, sobretudo, necessário *ver e escutar as crianças* quando falam de coisas engraçadas de modo divertido e de temas difíceis ou assustadores para os adultos (morte, perda, doença) e a escuta precisa estar acurada para esses momentos. Ao mesmo tempo, muitas crianças se calam sobre maus-tratos que lhes são impostos e situações que lhes são incompreensíveis. Lacunas, evasivas, as lágrimas que não escorrem precisam ser entendidas como não ditos carregados de significados.

Colocar as crianças no centro da cena não nos exime de conhecer seus contextos, os cenários, e exige ao mesmo tempo acolher e estabelecer laços de confiança. Nas práticas com crianças e na pesquisa com crianças não pode haver lugar nem tempo para a indiferença.

De outro lado, sintonizado com os trabalhos e pesquisadores citados, o presente texto partilha em especial das preocupações de Cruz (2008), pela sensibilidade com as crianças; de Ferreira (2010), porque evidencia a dinâmica e o movimento da pesquisa que nenhum formulário ou procedimento burocrático consegue captar ou apreender; de Carvalho e Muller (2010), pela ênfase dada à ética na escuta e aos laços de confiança que o pesquisador deve estabelecer com as crianças; de Barbosa (2014), por problematizar conflitos burocráticos e restrições impostas para o pesquisador pelas instâncias e instituições onde se realiza a pesquisa; de Pereira (2015), por trazer à tona nossa responsividade e a resposta epistemológica, estética e ética que somos convocados a dar.

---

5. Kramer (2009) e Kramer e Rocha (2011).

E o convite para fazer esta apresentação motiva a reflexão e a escrita sobre outro problema que, como muitos pesquisadores, observo e enfrento na prática da pesquisa: além do preparo teórico e prático e da entrada no campo, o que é (ou não é) feito na saída. Refiro-me à devolução dos resultados da pesquisa, tema focalizado no segundo tempo do capítulo, a seguir.

Para entrar em campo: O guardião diante do portal. E para sair? Miniconto de Kafka?

> *Diante da Lei está um guardião. Vem um homem do campo e pede para entrar na Lei. Mas o guardião diz-lhe que, por enquanto, não pode autorizar-lhe a entrada. O homem considera e pergunta depois se poderá entrar mais tarde. – "É possível" – diz o guardião. – "Mas não agora!". O guardião afasta-se então da porta da Lei, aberta como sempre, e o homem curva-se para olhar lá dentro. Ao ver tal, o guardião ri-se e diz. – "Se tanto te atrai, experimenta entrar, apesar da minha proibição. Contudo, repara, sou forte. E ainda assim sou o último dos guardiões. De sala para sala estão guardiões cada vez mais fortes, de tal modo que não posso sequer suportar o olhar do terceiro depois de mim".*
>
> Franz Kafka (2009)

O que importa na pesquisa em educação? Qual seu tempo, quer dizer, sua história? Fazemos pesquisa em educação para conhecer o mundo e, sobretudo, para transformá-lo.

Devolver resultados de pesquisa sempre foi – e continua sendo –, no meu entendimento, parte da pesquisa e dever do pesquisador. *Devolução indireta*, com a escrita de relatórios, textos, livros e apresentação de trabalhos a muitos que se beneficiam com a leitura e análise crítica. *Devolução direta* para aqueles que autorizam o estudo, dão entrevistas, fornecem dados e se oferecem para ser observados e entrevistados, na forma de recomendações escritas, apresentadas e distribuídas como subsídios para políticas públicas e para quem as define, aprova, implementa, ou seja, para responsáveis por órgãos públicos no executivo, no judiciário, para parlamentares e para gestores e profissionais de educação nas diferentes instituições.

A devolução indireta em publicações e eventos acadêmicos não depende totalmente do pesquisador. Em tempos de produtivismo como o nosso, a competitividade é intensa e agressiva, com incentivo à produção de papéis, tanto por parte de agências de fomento quanto das universidades. Ranqueadas e alinhadas como em um turfe, dessa produção derivam recursos, bolsas, prêmios, inclusão, eliminação. Mas de todo modo a devolução indireta decorre mais do esforço árduo (nem sempre bem-sucedido) do pesquisador em divulgar seu trabalho do que de relações institucionais com os pesquisados, sejam sujeitos ou instituições.

Empenhada em ambas – na devolução direta às instituições ou às políticas e na publicação de resultados de pesquisa[6] que entendo como parte do processo da pesquisa –, é sobre a devolução direta que este momento do capítulo e da fala se detém.

A autorização para fazer a pesquisa, isto é, o direito de estudar, avaliar, compreender a instituição, suas políticas, suas práticas e seus profissionais corresponde(ria) ao dever de dar a conhecer os resultados, a história, os aspectos positivos e negativos, os problemas, as ambiguidades.

Devolver, dar a ler, expor-se é tão relevante quanto delinear o projeto, conseguir ou não financiamento, começar o estudo teórico, entrar em campo e sistematizar dados quantitativos e relatos ou eventos de observação, análise de documentos e políticas. Entregar relatórios para os sujeitos das pesquisas, apresentar oralmente e distribuir textos contendo conclusões e sugestões a instituições e profissionais pesquisados, secretarias de educação a que pertencem, câmaras de vereadores, assembleias legislativas, sindicatos e partidos políticos: eis o foco do compromisso ético como o entendo, com cuidados e assumindo posições que impeçam que as

6. Ver: Kramer (2007); Kramer (2001); Kramer (2005 e 2009); Kramer e Leite (1996); Kramer, Nunes, Corsino (2011); Nunes, Corsino e Kramer (2013); Kramer, Nunes e Carvalho (2013).

crianças ou os jovens sejam ou continuem a ser expostos a riscos nas suas instituições.

Ver, volver, revolver, devolver: as estratégias metodológicas das pesquisas com as crianças estão assentadas fundamentalmente sobre o ato de olhar e de escutar.

> Ver: observar, construir o olhar, captar e procurar entender, reeducar o olho e a técnica. Ouvir: escutar o dito e o não dito, valorizar a narrativa, entender a história. Ver e ouvir: ações de pesquisa cruciais para compreender gestos, discursos e ações. Esse aprender de novo a ver e a ouvir (a estar lá e estar afastado; a participar e anotar; a interagir enquanto observa a interação) requer sensibilidade, atenção aos valores e à teoria, produzidas na pesquisa, na trajetória vivida e no cotidiano. (Kramer *et al.* 2016, p. 141)

Várias situações em que fiz, com o grupo de pesquisa, a devolução de resultados se mostraram importantes momentos de interação, diálogo e partilha; algumas, porém, evidenciaram relações delicadas; outras, pelas consequências negativas ou desfechos absurdos, passei a considerar tragicômicas. Eram/são situações kafkianas, palavra em honra do autor que escolhi para abrir este momento do capítulo por me ajudar ao longo do tempo a enfrentar alguns contextos.

Os próximos parágrafos trazem relatos dessa trajetória de pesquisadora nos seguintes contextos: quando a devolução constitui a pesquisa; quando devolver é obrigação; quando a devolução gera constrangimento; quando o silêncio e a omissão impedem a devolução. Neles, o agir ético, o silêncio ou o confronto ficam evidenciados. Em alguns, há interação, ação compartilhada, reciprocidade. Em outros, omissão, descaso, indiferença.

Quando a devolução constitui a pesquisa

Relato 1. Contexto de uma pesquisação, *devolução constitutiva da pesquisa.* Eram idos de 1979, momento político de transição democrática, após longo período da ditadura militar. Acari, Rio de Janeiro, contexto de extrema pobreza. Pesquisa solicitada pela comunidade que – ao receber recursos do Ano Internacional da Criança – define como prioridade "esgoto, saúde e creche". Mestranda do departamento de educação – naquela época a única "de creche"! –, passo a coordenar o projeto. Um dia, em roda, conversando com as crianças, alguma coisa me pica o ombro. Um menino de quatro anos arranha a minha pele com gestos mínimos e fortes. Digo "ai" e ele, intrigado com minhas sardas, pergunta, sorrindo com os olhos: "É ferrugem? Sai?". O menino negro e a pesquisadora branca se olham e se acolhem.

Hoje, falamos mais de direitos e diversidade, diálogo e aproximação. Mas, olhando para trás, vê-se um belo projeto. Do ponto de vista da religião: a creche funcionava em uma igreja protestante, a professora era do Quilombo e o projeto da PUC, universidade católica, e tinha uma supervisora judia. Do ponto de vista da opção política: decisões tomadas em conjunto com a Associação de Moradores e as professoras de Acari e Vila Rica, comunidades que, situadas em lados opostos do Rio Acari, já se configuravam como rivais na disputa do tráfico de drogas. Do ponto de vista pedagógico: reflexão, brincadeira, literatura e construção de conhecimento eram eixos do trabalho. Do ponto de vista pessoal, nasceu ali preciosa amizade com Maria Fernanda Nunes, mais importante parceira de pesquisa, projetos de intervenção e políticas públicas.

Quando devolver é obrigação

Relato 2. Ano de 1985, pesquisa em duas turmas de alfabetização, crianças de seis anos, mesma professora, escola pública, município do Rio de Janeiro. Nos critérios definidos pela secretaria de educação, *devolver era obrigação*, compromisso, responsabilidade: para pesquisar, você assinava um papel se comprometendo a apresentar resultados e sugestões para professores, diretores, profissionais das escolas e da secretaria. Devolver significava muito para os sujeitos que eram considerados participantes da investigação, colaborando com seu saber e suas dificuldades no conhecimento sobre a escola e as crianças.

É certo que em outros projetos – então como agora – vivi relações de conflito e desconfiança. Mas, no contexto dessa pesquisa, o compromisso político estava claro para a professora que me recebeu durante um ano em suas duas turmas. Esclareço: em um conselho de classe conturbado, com acusações de professores e da supervisora aos pais e crianças, quando a supervisora me pediu para dizer o que estava achando da escola e das crianças, a professora pesquisada reagiu: "Não, eu quero que você diga o que está achando desta reunião".

Um ano depois, pequeno auditório da Secretaria de Educação do município do Rio de Janeiro. Sessenta pessoas presentes, entre elas a supervisora e as professoras da escola pesquisada. Ainda que houvesse questionamentos e discordância do pesquisador quanto a práticas observadas, uma postura de respeito e valorização mútua marcou aquele debate.

Relato 3. Há situações em que o *dever de devolver* aos pesquisados os resultados do estudo é decisão prévia da equipe de pesquisa. Para isso, deve haver condições políticas e pessoais, em termos de recursos materiais e decisões quanto a formas de distribuição do poder nas estratégias da pesquisa e de retorno dos seus achados. Esse foi o caso de longos estudos do Infoc:[7] relatórios com resultados e recomendações da pesquisa que traçou o balanço da educação infantil feita durante uma década pelos municípios do estado do Rio de Janeiro foram distribuídos a mais de 30 coordenadores de educação infantil presentes na apresentação da pesquisa. Logo em seguida, os relatórios foram enviados às secretarias municipais que não compareceram e colocados disponíveis no *site* do grupo.

De acordo com os gestores presentes – que haviam preenchido questionários, dado entrevistas individuais e coletivas e aberto as instituições para a observação –, o relatório que tinham em mãos se tornou documento de força e pressão diante de prefeitos, moradores de seus municípios e profissionais situados em várias instâncias e lugares de poder.

Na minha experiência de pesquisa, esse foi o mais trabalhoso e complexo modo de agir, reagir e interagir tanto na pesquisa macro – mais

7. Ver: Kramer (2001); Kramer, Nunes e Corsino (2011) e Nunes, Corsino e Kramer (2013).

longe das crianças – quanto nas pesquisas micro, bem pertinho delas e das formas sutis de opressão e invisibilidade, como mostra o relato a seguir.

Quando a devolução gera constrangimento

Relato 4. Retirado de *Retratos de um desafio* (Kramer 2009), o trecho transcrito a seguir evidencia o desconforto da pesquisadora durante o processo de pesquisa e o momento da devolução. Não por acaso, o texto teve como título "Porque Narciso acha feio o que não é espelho". Nele ficam à mostra necessidades, desafios e conflitos na pesquisa com crianças e adultos.

> A professora da outra turma tem feições muito duras, o rosto amarrado de raiva. Sem motivo aparente, ela se dirige para algumas crianças, diz "você não está sabendo brincar" e vai colocando cada criança de castigo, sentada no chão, do lado dela. No chão de cimento, frio, tarde chuvosa, seis crianças ficam de castigo sentadas ao lado dos pés da professora, que está de pé, com a sua bolsa pendurada. Aos poucos, sem razão aparente, ela manda as crianças saírem do castigo. Nem a presença da pesquisadora – alguém que ela nunca viu, mas que não tem idade para ser estagiária – a constrange. Ao final de uns dez minutos, a professora libera as crianças uma a uma, dizendo: "Vê se agora você vai saber brincar".
>
> Final do dia, as crianças estão sentadas na rodinha (a professora chama de rodinha, mas as crianças ficam sentadas de frente para o quadro, em três filas, sentadas no chão, uma fila atrás da outra, como se estivessem em carteiras, mas sem carteiras). Rimos muito e conversamos sobre seus desenhos, se têm irmãos e as idades, como eles vêm para a escola, quem leva para casa, quem vem buscar. As mães, pais ou outros adultos vêm até a porta da sala "tirar" as crianças. Outra surpresa ou incompreensão da pesquisadora que não entende por que "tirar" da escola: "tirar" não é designado para coisas, para objetos?
>
> Uma semana depois, hora de descer para o leite: a turma da "outra" professora desce também. Ela chama as crianças para beberem o leite: "Ei, menina!"; "Psiu"; "Ei"; "Vem cá"; "Você, menina, chama aquela outra para tomar o leite". A cena faz lembrar o filme *Abril despedaçado*. O "psiu, menina" incomoda a pesquisadora. Em seguida, as duas turmas vão para o pátio. Carla parece se surpreender

> de novo com a coincidência. Avisa as crianças que elas não vão ficar na recreação porque "o pátio está cheio, e não está legal".
> As três professoras circulam pela escola com suas bolsas penduradas: Adriana, que coloca as crianças de castigo no chão; Márcia, que está no refeitório quando passamos; e Carla que, ao sair para o lanche, pega a bolsa no armário. Bolsas penduradas nos ombros, segundo Carla, visam evitar roubos, já ocorridos. Como signos, denunciam a escola como lugar de passagem, como se as professoras estivessem prontas para ir embora a qualquer momento. Também a pesquisadora, ao transitar, descer ou subir, vê-se nessa condição. (Kramer 2009, pp. 44-45)

Em outro momento, a (boa) professora da turma pergunta a um menino assim que volta do banheiro: "Lavou a mão? Pegou no pinto tem que lavar". Crianças colocadas de castigo e formas rudes de falar e agir dos professores mostram descaso e indiferença, que, na devolução, foram apresentadas e recebidas com constrangimento e desconforto. Não havia como escapar.

Quando o silêncio, a ausência, a omissão impedem a devolução

Relato 5. Ano de 1999. Pesquisa sobre futuras professoras, jovens de 14/15 anos, escolas de ensino médio e escolas em que faziam estágio. Longa tentativa de devolução.

> Os resultados foram entregues primeiro às escolas e depois à Secretaria de Educação do estado do Rio de Janeiro a que as escolas estavam vinculadas. Mas a devolução não seria simples. Os resultados – apesar do cuidado e do respeito na escrita – apresentavam um retrato difícil de olhar. (...) Hoje, reafirmo que essa pesquisa foi a mais difícil de desenvolver em toda a minha trajetória. Não apenas porque o que encontramos não nos agradou. É verdade que grande parte do que vimos, assistimos e ouvimos provocou inquietação na equipe, dúvida e medo até. Estaríamos deixando escapar aspectos positivos? Faltou um dos mais importantes requisitos da investigação qualitativa, empatia com os sujeitos pesquisados? (...) Porém, o mais doloroso não foi ver "os erros dos outros". Não se trata de ressentimento ou acusação. O

> problema está em que aqueles professores das escolas pesquisadas saíram de faculdades de pedagogia ou de letras; o rosto que vimos, no espelho de suas práticas, foi o nosso. Os achados da pesquisa mostram nossos próprios erros: o que estamos fazendo ou ensinando na formação dos formadores? A fundamentação teórica da pesquisa possibilitou essa visão do outro como parte de nós. Mas também a conjuntura política, o momento em que a pesquisa foi realizada e o contexto em que se situam as escolas (o estado do Rio de Janeiro) interferiram. Doeu em nós ver a omissão do Estado, a ausência de alternativas dos dirigentes. (Kramer e Oswald 2001, pp. 207-208)

Antes como agora, é difícil lembrar que no dia marcado para a apresentação e distribuição dos resultados, auditório para cem pessoas, equipe de filmagem, não havia ninguém para assistir. Uma hora depois de esperar diante de um auditório vazio, uma funcionária, perplexa como nós, informou que a secretaria esquecera de enviar os convites.

Relato 6. Um relato ainda. No projeto de pesquisa que acaba de ser iniciado no grupo Infoc – "Linguagem e rememoração: As crianças, seus/suas professores/as, suas famílias, suas histórias" – a decisão de pedir autorização para fazer a pesquisa a cada creche e escola (todas públicas), para então pedir autorização à Secretaria de Educação, atrasou o ingresso em campo e colocou o projeto no centro da disputa político-eleitoral. E uma estranha apreciação oral foi emitida pela funcionária da secretaria: o projeto estava aprovado, mas para ser realizado só no ano seguinte. Contudo, nenhuma instância pública pode se opor à entrada de pesquisadores. O ministério público pode ser acionado em caso de recusa, mas... É isso que queremos? Como fica a relação ética a partir de entraves desse tipo? Todo o debate sobre questões éticas que temos empreendido não fica assim distorcido?

Enfim, o que você faz com o seu conhecimento? Onde você está?

> *"Em que se baseia tua visão de mundo?" quer dizer: com que amplitude e com que densidade de experiência pessoal, de saber vital em torno das coisas e em torno da própria pessoa...*

"O que fazes com a tua visão de mundo" quer dizer: se não somente defende e faz prevalecer sua visão de mundo, ou se também a vive e experimenta segundo pode em qualquer momento... A verdade de uma visão de mundo não se prova nas nuvens, mas na vida vivida: verdadeiro é o que se testemunha.

Martin Buber (2004, p. 36; trad. nossa)

O momento e o cenário em que se dá a escrita deste texto se configuram como de grande exigência burocrática para entrar na pesquisa, forte esforço ético de pesquisadores para fazer a investigação e se conectar com crianças e adultos e nenhuma exigência de instituições, profissionais e órgãos públicos ao sair.

Parece que a "ética" se converteu no nome de um formulário, um parecer, um conjunto de normas ou de uma autorização para chegar à instituição, ficar e ir embora deixando pouco e devolvendo quase nada. Tornou-se a "ética" um pedaço de papel sem sentido ético? Não se pedem cópias dos trabalhos, nem são enviados para os sujeitos pesquisados? Menção à secretaria? Convites aos professores? Contrapartida? Recomendações às práticas e às políticas?

Nossas pesquisas permitem dizer que ouvir e ver as crianças, durante o processo da pesquisa, pressupõem cuidados éticos, posição que expressa o compromisso político e científico de ecoar a voz das crianças, sua fala, sua cultura, sua linguagem, seu pensamento, suas crenças e seus valores. Por outro lado, os registros da pesquisa têm também como objetivo superar a invisibilidade em que as crianças muitas vezes são colocadas nas práticas cotidianas nas creches, pré-escolas e escolas (Kramer 2009).

As manifestações infantis devem ser acolhidas pelo pesquisador: riso ou choro; ternura, raiva, medo ou vergonha; cuidado, carinho, respeito. A confiança, o entendimento da linguagem, a consideração pela legitimidade da expressão infantil, a concepção da criança como sujeito ativo e criativo se configuram também como princípios éticos da pesquisa e têm como decorrência certas práticas individuais e coletivas, técnicas de abordagem, formas de autoridade, reações de simpatia e cumplicidade dos pesquisadores diante de maus-tratos, negligência, deboche ou humilhações.

E, em todos os casos, a ética do pesquisador deve prevalecer sobre exigências burocráticas e autocráticas de sistemas e instituições na entrada, no processo da pesquisa e na saída. Nossa visão de mundo deve nos impelir a retornar aos sujeitos as conclusões das pesquisas. Mas, assim como o tema da autoria e da autorização contém um paradoxo (pedimos autorização aos adultos, mas a pesquisa é feita com as crianças), cabe explicitar o paradoxo da devolução: a pesquisa é com crianças, para vê-las e escutá-las. Questões éticas as afetam, como aos adultos, mas a devolução, as contribuições, as recomendações, as sugestões são dirigidas às crianças *e sobretudo* aos adultos, profissionais, instituições e políticas públicas que devem responder com ações práticas e políticas.

Não podemos esquecer que, onde quer que estejamos – no trabalho direto com as crianças, na gestão de instituições, de órgãos públicos e privados, na formulação de políticas, na concepção, prática e finalização de uma pesquisa – diante da lei e de qualquer suposto guardião – somos todos responsáveis. A indiferença é inaceitável.

> Valores éticos capazes de inspirar uma resistência concreta às distorções ideológicas precisam ser propostos a seres humanos concretos, quer dizer, a indivíduos que não abrem mão de seus interesses, que não renunciam facilmente a seus desejos. Esses indivíduos, com suas respectivas singularidades, com seus interesses e desejos pessoais, contribuem para que a grande comunidade a que pertencem possa ser pensada, aproximativamente, em toda a sua concretude, isto é, em toda a riqueza das suas diferenças internas, nas suas contradições. (Konder 2002, p. 236)

É com essa reflexão de Leandro Konder sobre ideologia e ética, que este capítulo interrompe a exposição e convida ao debate.

Referências bibliográficas

AGOSTINHO, K.A. (2008). "Pesquisa com crianças em contextos pré-escolares: Reflexões metodológicas". Caxambu: Trabalho apresentado na 31ª Reunião Anual da Anped. [Disponível na internet: http://31reuniao.anped.org.br/1trabalho/GT07-4062--Int.pdf, acesso em 5/12/2018.]

AMORIM, M. (2002). "Vozes e silêncio no texto de pesquisa em ciências humanas". *Cadernos de Pesquisa*, n. 116, jul. São Paulo, pp. 7-19.

BARBOSA, M.C.S. (2014). "A ética na pesquisa etnográfica com crianças: Primeiras problematizações". *Práxis Educativa*, v. 9, n. 1, jan.-jun, pp. 235-245.

BUBER, M. (2004). "Formación y cosmovisión". *In*: BUBER, M. *El camino del ser humano y otros escritos*. Salamanca: Kadmos, pp. 32-38.

CARVALHO, A.F. e MÜLLER, F. (2010). "Ética na pesquisa com crianças: Uma problematização necessária". *In*: MÜLLER, F. (org.). *Infância em perspectiva: Políticas, pesquisas e instituições*. São Paulo: Cortez, pp. 65-84.

CORSARO, W. (2005). "A entrada no campo, aceitação e natureza da participação nos estudos etnográficos com crianças pequenas". *Educ. Soc.*, v. 26, n. 91. Campinas, pp. 443-464.

CRUZ, S.H.V. (org.) (2008). *A criança fala: A escuta de crianças em pesquisas*. São Paulo: Cortez.

DELGADO, A.C.C. e MULLER, F. (2005). "Sociologia da infância: Pesquisa com crianças". *Educ. Soc.*, v. 26, n. 91, maio-ago. Campinas, pp. 351-360.

DORNELLES, L.V. e FERNANDES N. (2015). "Estudos da criança e pesquisa com crianças: Nuances luso-brasileiras acerca dos desafios éticos e metodológicos". *Currículo sem Fronteiras*, v. 15, n. 1, jan.-abr., pp. 65-78.

FERNANDES, N. (2016). "Ética na pesquisa com crianças: Ausências e desafios". *Revista Brasileira de Educação* [*on-line*], v. 21, n. 66, pp. 759-779.

FERREIRA, M. (2010). "'Ela é nossa prisioneira!': Questões teóricas, epistemológicas e ético-metodológicas a propósito dos processos de obtenção da permissão das crianças pequenas numa pesquisa etnográfica". *Reflexão e Ação*, v. 18, n. 2. Santa Cruz do Sul: Edunisc, pp. 151-182.

FRANCISCHINI, R. e FERNANDES, N. (2016). "Os desafios da pesquisa ética com crianças". *Estudos Psicológicos*, v. 33, n. 1. Campinas, pp. 61-69.

FREITAS, M.T.A. (2002). "A abordagem sócio-histórica como orientadora da pesquisa qualitativa". *Cadernos de Pesquisa*, São Paulo, n.116, pp. 21-39.

FREITAS, M.T.; SOUZA, S.J. e KRAMER, S. (orgs.) (2003). *Ciências humanas e pesquisa: Leituras de Mikhail Bakhtin*. São Paulo: Cortez.

GAIVA, M. (2009). "Pesquisa envolvendo crianças: Aspectos *éticos*". *Revista Bioética*, v. 17, n. 1. Brasília, pp. 135-146.

JAPIASSU, H. (1991). *As paixões da ciência.* São Paulo: Letras e Letras.

JOBIM E SOUZA, S. (1994). *Infância e linguagem: Bakhtin, Vygotsky e Benjamin.* Campinas: Papirus.

KAFKA, F. (2009). *O processo*. Alfragide: Dom Quixote.

KIPPER, D.J. (2016). "*Ética em pesquisa com crianças e adolescentes: à procura de normas e diretrizes virtuosas*". *Revista Bioética* [*on-line*], v. 24, n. 1, pp. 37-48.

KONDER, L. (2002). *A questão da ideologia*. São Paulo: Cia. das Letras.

KRAMER, S. (coord.) (2001). "Relatório da pesquisa: Formação de profissionais da educação infantil no estado do Rio de Janeiro". Rio de Janeiro: Ravil.

_______ (2002). "Autoria e autorização: Questões éticas na pesquisa com crianças". *Cadernos de Pesquisa*, n. 116, jul. São Paulo, pp.42-59.

_______ (2005). *Profissionais de educação infantil: Gestão e formação*. São Paulo: Ática.

_______ (2007). *Por entre as pedras: Arma e sonho na escola.* São Paulo: Ática.

_______ (org.) (2009). *Retratos de um desafio: Crianças e adultos na educação infantil.* São Paulo: Ática.

_______ (2016). "Des/acertos, silêncios e conflitos éticos: O que você faz com os resultados da sua pesquisa?". Trabalho apresentado no 5º Seminário de Grupos de Pesquisa sobre Crianças e Infâncias/Grupeci (mesa Ética e diversidade na pesquisa educacional com crianças: Limites e possibilidades), Florianópolis.

KRAMER, S. e LEITE M.I. (1996). *Infância: Fios e desafios da pesquisa.* Campinas: Papirus.

KRAMER, S. e OSWALD, M.L. (orgs.) (2001). *Didática da linguagem: Ensinar a ensinar ou ler e escrever*. Campinas: Papirus.

KRAMER, S. e ROCHA, E. (orgs.) (2011). *Educação infantil: Enfoques em diálogo.* Campinas: Papirus.

KRAMER, S. e SANTOS, T.R.L. (2011). "Contribuições de Lev Vigotski para a pesquisa com crianças". *In:* MARCONDES, M.I.; OLIVEIRA, I.A. e TEIXEIRA, E. (orgs.). *Abordagens teóricas e construções metodológicas na pesquisa em educação*. Belém: Ed. da Uepa, pp. 17-36.

KRAMER, S.; CORSINO, P. e NUNES, M.F.R. (2011). "Políticas públicas municipais de educação infantil: Um balanço da década". Trabalho apresentado na 34ª Reunião Anual da Anped. Natal. [Disponível na internet: http://34reuniao.anped.org.br/images/trabalhos/GT07/GT07-998%20int.pdf, acesso em 5/12/2018.]

KRAMER, S.; NUNES, M.F. e CARVALHO, M.C. (orgs.) (2013). *Educação infantil: Formação e responsabilidade.* Campinas: Papirus.

KRAMER, S.; NUNES, M.F.N. e CORSINO, P. (2011). "Infância e crianças de 6 anos: Desafios das transições na educação infantil e no ensino fundamental". *Educação e Pesquisa* [*on-line*], v. 37, n. 1, pp. 69-85.

KRAMER, S. *et al.* (2016). "Encontros e desencontros de crianças e adultos na educação infantil: Uma análise a partir de Martin Buber". *Revista Proposições*, v. 27, n. 2, maio-ago. Campinas, pp. 135-154.

MARCELLO, F.A. (2015). "Infância-esquecimento e infância-viagem: Foucault e a ética da pesquisa com crianças". *Currículo sem Fronteiras*, v. 15, n. 1, jan.-abr. pp. 127-141.

NUNES, M.F.; CORSINO, P. e KRAMER, S. (coord.) (2011). "Educação infantil e formação de profissionais no Estado do Rio de Janeiro (1999-2009)". Relatório de Pesquisa. Rio de Janeiro: Traço e Cultura.

_______ (2013). "Educação infantil e políticas municipais: Um estudo longitudinal". *Cadernos de Pesquisa*, v. 43, n. 148. São Paulo, pp. 152-175.

PEREIRA, R.M.R. (2015). "Por uma ética da responsividade: Exposição de princípios para a pesquisa com crianças". *Currículo sem Fronteiras*, v. 15, n. 1, jan.-abr., pp. 50-64.

QUINTEIRO, J. (2002). "Sobre a emergência de uma sociologia da infância: Contribuições para o debate". *Perspectiva*, v. 20. Florianópolis, pp. 137-162.

SARMENTO, M.J. (2005). "Gerações e alteridade: Interrogações a partir da sociologia da infância". *Educação e Sociedade*, v. 26, n. 91, maio-ago. Campinas, pp. 361-378.

SIGAUD, C.H.S. *et al.* (2009). "Aspectos éticos e estratégias para a participação voluntária da criança em pesquisa". *Revista da Escola de Enfermagem USP* [*on-line*], v. 43, n. esp. 2, pp. 1.342-1.346.

SILVA, J.P.; BARBOSA, S.N.F. e KRAMER, S. (2008). "Questões teórico-metodológicas da pesquisa com crianças". *In*: CRUZ, S.H.V. (org.). *A criança fala: A escuta de crianças em pesquisas.* São Paulo: Cortez, pp. 79-101.

SIROTA, R. (org.) (2006). *Éléments pour une sociologie de l'enfance.* Rennes: Presses Universitaires de Rennes.

Especificações técnicas

Fonte: Times New Roman 11 p
Entrelinha: 14 p
Papel (miolo): Offset 75 g
Papel (capa): Cartão 250 g
Impressão e acabamento: Paym